段和段
DUAN & DUAN

点石成金

知识产权律师办案实务

上海段和段律师事务所 著

知识产权出版社
全国百佳图书出版单位
—北京—

图书在版编目（CIP）数据

点石成金：知识产权律师办案实务／上海段和段律师事务所著．—北京：知识产权出版社，2021.5

ISBN 978-7-5130-7415-5

Ⅰ.①点…　Ⅱ.①上…　Ⅲ.①知识产权法—案例—中国　Ⅳ.①D923.405

中国版本图书馆CIP数据核字（2021）第020563号

责任编辑：刘　睿　刘　江　　**责任校对**：王　岩

封面设计：博华创意·张　冀　　**责任印制**：刘译文

点石成金

——知识产权律师办案实务

上海段和段律师事务所　著

出版发行：知识产权出版社有限责任公司　　**网　　址**：http：//www.ipph.cn

社　　址：北京市海淀区气象路50号院　　**邮　　编**：100081

责编电话：010-82000860转8344　　**责编邮箱**：liujiang@cnipr.com

发行电话：010-82000860转8101/8102　　**发行传真**：010-82000893/82005070/82000270

印　　刷：天津嘉恒印务有限公司　　**经　　销**：各大网上书店、新华书店及相关专业书店

开　　本：720mm×1000mm　1/16　　**印　　张**：21

版　　次：2021年5月第1版　　**印　　次**：2021年5月第1次印刷

字　　数：304千字　　**定　　价**：88.00元

ISBN 978-7-5130-7415-5

《点石成金》编委会

编委会

段祺华　创始合伙人

办公地点：上海

专业领域：资本市场，包括国际贸易、直接投资、合资和合作企业、公司、证券、银行、项目融资、仲裁和诉讼、保险等。

段祺华律师是段和段律师事务所创始人之一，曾担任美国威廉·克斯诺及吉布斯律师事务所法律顾问和华东政法学院（现华东政法大学）香港法研究室副主任，1991 年至今为美国华盛顿州律师协会法律顾问。荣获首届“东方大律师”称号、全国优秀律师、首届全国华侨华人专业人士“杰出创业奖”等荣誉。

郭国中　合伙人

办公地点：上海

专业领域：知识产权、公司法、技术交易、投融资等。

郭国中律师毕业于上海交通大学，15 年精业于知识产权法律服务，同时是专利代理师、商标代理人、技术经纪人，并担任专利团队负责人，有丰富的知识产权挖掘布局与诉讼维权经验。现为全国知识产权师资成员、全国第一期专利信息实务人才、中国三星级专利代理人、中国强国知识产权论坛 2019 年“十佳”专利律师、中知（北京）认证有限公司特聘专家、首届中国国际进口博览会知识产权论坛演讲专家、上海律师协会知识产权专委会委员、上海市知识产权服务之星、上海市科技创业导师、上海企业发展服务专家志愿团特聘专家、上海交通大学知识产权学堂特聘专家。

宋羽　合伙人

办公地点：上海

专业领域：知识产权侵权案件、侵犯商业秘密案件、反不正当竞争案件等。

宋羽律师1983年毕业于复旦大学，有近30年的出庭诉讼实践经验，曾为上海市第一律师事务所、上海专利律师事务所律师；是我国第一代专利代理人。现为上海律师协会、中国知识产权协会和国际商标协会（INTA）会员，任中国知识产权协会常务理事、《知识产权》杂志理事会副理事长。

王啸波　合伙人

办公地点：上海

专业领域：国际投资、融资与资本市场、收购与兼并、公司法律、国际业务及争议解决等。

王啸波律师获英国牛津大学法学硕士学位，并获得英国政府“志奋领”奖学金。处理过100多个外商直接投资和并购项目，其中有多个财富500强公司。现为中华全国律师协会国际业务委员会委员，曾任上海市律师协会国际投资与反垄断业务研究委员会副主任。被评为全国涉外律师领军人才，《商法》年度“法律精英100强”。

宋永泉　合伙人

办公地点：上海

专业领域：企业并购、海内外首次公开募股、上市公司重组、公司债券、基金及投资、银行、信托、房地产、国际诉讼与仲裁等。

宋永泉律师1993年毕业于杭州大学，获法学学士学位；1996年毕业于武汉大学法学院，获法学硕士学位；1999年毕业于武汉大学法学院，获法学博士学位。对企业并购具有深入研究，拥有丰富的从业经验，著有《网络交易法律实务》。

刘春泉　合伙人

办公地点：上海

专业领域：网络电子商务及知识产权、民航、企业日常法律顾问、外商投资等。

刘春泉律师毕业于上海外国语大学，从业 20 年，专长知识产权及互联网电子商务，代理众多重大疑难商事诉讼仲裁案件，协助企业知识产权布局，数据、网络安全合规，电子商务合规等，并有丰富刑辩经验。曾被聘为商务部电子商务专家咨询委员会委员，2018 年起连续被聘为上海市委网信办网络安全及信息化咨询专家，现为中国法学会网络信息法学研究会理事。

周勋　顾问

办公地点：上海

专业领域：知识产权代理、商标法领域等。

周勋，从事国内外商标战略布局、商标规划、商标注册、驳回复审、商标异议、商标管理、商标监控、商标撤销、商标变更、商标转让、商标许可、商标权益的合法争取等商标确权授权法律工作。近年来，参加了一系列国际知识产权研讨会和交流会，与国际同行及知识产权专家进行广泛交流，对国内外知识产权制度进行了深入研究，掌握了丰富的国内外知识产权理论和实务执业经验。

作者简介

凌昇昊 段和段律师事务所合伙人，主要执业领域为企业风控与合规、文创产业与互联网领域知识产权保护、民用航空与交通运输、商事争议解决，为能源、机场、文旅、医疗、教育行业企业提供企业风控、劳动事务、合规管理、品牌发展等公司治理法律解决方案，现担任上海市现代商务促进中心副秘书长、上海市律师协会法律合规业务研究委员会委员等社会职务。

叶丽文 2012 年获法律执业资格证书，现所属国际贸易投资与反垄断部。执业专业领域为公司及外商投资、资本市场、并购，为境内外投资、收购兼并、合规等提供法律咨询，代表客户就并购、政府部门审批等事宜提供法律服务。精通法语和英语，发表《初探法国司法体系》《法国法律的起源和法律渊源》《中法两国的刑事和民事法庭设置之比较》等论文。

刘晓玲 英国布里斯托大学法学硕士，上海律协医疗健康委员会委员，主要执业领域为知识产权、外商投资、劳动人事、竞争与反垄断，所服务的行业涉及生物医药、医疗器械、汽车制造、文化传媒等。执业期间，为客户就专利权、商标权、著作权和商业秘密的保护提供全方位的法律服务，并代表客户处理与之相关的侵权纠纷案件。

郭海荣 1997 年毕业于复旦大学，现为上海段和段（青岛）律师事务所高级合伙人、执业律师，曾获得青岛市优秀律师等多项荣誉称号。自1998年起从事知识产权法律业务至今，成功代理多起商标权、专利权、著作权、商业秘密、反不正当竞争等知识产权诉讼案件；曾先后为2008年北京奥运会青岛奥帆赛、2014年青岛世界园艺博览会等大型项目提供知识产权专项法律服务，并发表《论续写作品的特性及其著作权问题》等多篇知识产权专业论文。

王　凯　上海段和段（青岛）律师事务所高级合伙人，青岛市优秀律师，青岛市律师协会投融资专业委员会副主任。主要业务领域为房地产与建筑工程、企业并购、公司法、投资和融资、金融不良资产处置、影视文化知识产权、人力资源法律事务及民商事争议解决等现代高端法律业务，并在上述领域具有长期研究和实务经验，尤其在房地产与建设工程领域及金融不良资产处置领域的法律服务具有较高知名度，曾出版多部理论著作及发表多篇论文。

瞿东亮　上海段和段（南京）律师事务所高级合伙人，拥有法律和电气工程及自动化专业双重教育背景，擅长公司法律事务、知识产权、不正当竞争案件及争议解决等。2020年代理一案例被南京律协评为“知识产权十佳案例”，2019年入选司法部“全国千名涉外律师人才”，2018年被江苏律协评为“年度优秀律师”，2014~2017年代理多起案件被中华商标协会评选为“优秀商标代理案例”，2014年被江苏律协评为“先进个人”，代理的多起案件被收录为经典案例，并在出版物公开刊发。代理客户处理的争议标的已经上千万美元。

周　茹　执业近20年，具有专利代理人资格，现为上海段和段（乌鲁木齐）律师事务所合伙人，新疆维吾尔自治区人民检察院推荐入围的最高人民检察院民事行政案件咨询专家、全国律师协会知识产权专业委员会委员、新疆律师协会知识产权专业委员会主任、新疆律师协会讲师团讲师、新疆律师协会“一带一路”研究会专家、新疆维吾尔自治区市场监督管理局推荐的新疆知识产权公共服务平台专家。执业期间代理上百起专利权、商标权、著作权、不正当竞争、技术开发合同等各类知识产权案件，并发表多篇知识产权专业文章。

序

2019年11月24日，中共中央办公厅和国务院办公厅印发的《关于强化知识产权保护的意见》明确指出："加强知识产权保护是完善产权保护制度最重要的内容，也是提高我国经济竞争力的最大激励。"在新经济发展形势下，知识产权是企业的核心竞争力。在国家实施创新战略和知识产权战略的大背景下，企业的知识产权制度是企业制度体系中主要的、关键的组成部分。企业知识产权的布局、运用、管理、维权等运营能力成为企业转型发展和在日趋激烈的市场竞争中取胜的核心要件。正可谓知识产权为企业发展"点石成金"。

《点石成金——知识产权律师办案实务》正是这样一本凝聚了一批知识产权专业人士智慧结晶的实用书籍，为企业在市场竞争中立于不败之地保驾护航。本书所登案例均出自上海段和段律师事务所知识产权法律服务团队，24篇案例承载着来自该团队知识产权律师、专利代理师、商标和版权专业人士的经验分享和专业解读。

全球化背景下技术创新的日新月异和文化创意的层出不穷，一直是知识产权及其立法发展与制度建设的原驱动力，本书既对首张黑洞照片这样的人类科学历史性事件做出了著作权立法建议上的回应，也对在国家社会经济活动中起到赋能作用的科创板的知识产权问题提出了极具操作性的务实见解，还对域名、商标等国际经贸合作中重要问题的妥善解决给出了深刻的解读与分析，更是对药品配方等关系全球人类健康命运共同体的知识产权现象进行了法理和情理上的全面有益探索。

这样一本好书，这样一个朝气蓬勃、人才济济的团队，均离不开一位优秀的团队领路人和风向标。2017 年秋天，我在上海市突出贡献专家协会知识产权专委会担任主任期间，一位朋友强力推荐郭国中为专委会专家成员。就此我认识并走近了时年 35 周岁，已是段和段专利团队负责人郭国中先生。

见证了他的优秀、睿智和专业，见证了他在知识产权道路上一路走来的坚持和收获，见证了他对知识产权公益事业的热衷与执着。正如他在荣获中国强国知识产权论坛 2019 年“十佳”专利律师的获奖感言中强调其对知识产权工作的态度：“赢在专业、重在坚持、贵在热爱”。秉承对知识产权的热爱，认真对待每一位客户、每一个案件，不负重托，摘得硕果累累。

本书多维度展现了知识产权人的专业智慧结晶，可谓是一本覆盖知识产权全领域的“百科全书”，值得借鉴和学习。感谢段和段知识产权法律服务团队的无私奉献。

星星之火可以燎原，相信在全体知识产权人的不懈努力与坚持下，知识产权定可以护航中国创新发展!

2021 年 3 月 7 日

目　录

综合篇

专利权篇

商标权篇

著作权篇

综合篇

“双创”企业知识产权风险防范与自我保护

■ 凌昇昊 施 晨

摘要：自从李克强总理在2014年夏季达沃斯论坛公开发出“大众创业、万众创新”号召后，创业与创新已然成为时代的主流，响应这一号召而成立或积极创新的企业，广义上都可以称为“双创”企业。“双创”企业的设立，往往基于其在某一细分领域内掌握独创性的理念、技术或产品。这些极具潜在价值的知识产权利益常与“双创”企业相生相伴。然而，与争分夺秒的产品研发、铺天盖地的市场营销相比，与其核心知识产权密切相关的法律架构、风控体系以及策略布局反而容易被筚路蓝缕的创业企业所忽视。创业企业风险防范意识的缺位与种种不严谨的权益保护体系设置，不仅会为长远发展埋下层层隐患，甚至可能会在企业扩张的关键节点爆发而对企业造成致命打击。

关键词：“双创”；知识产权；风控；合规

一、“双创”企业知识产权自我保护的必要性

（一）“双创”企业的含义与特征

“双创”一词，源于李克强总理2014年9月在夏季达沃斯论坛公开发出的“大众创业、万众创新”号召，旨在鼓励广大人民创业创新。创业创新早已成为时代主流，响应这一号召成立或积极创新的企业，广义上都可以称为“双创”企业——其中既有大型企业，也有中小微企业。从企业的规模和体量而言，由于大企业经营管理经验丰富、建有完备的风控

合规机制，抵御各种法律风险的能力较强。因此，本文将着重探讨中小微规模的“双创”企业（下文述及“双创”企业泛指中小微规模的“双创”企业）所易遭遇的知识产权法律风险及其应对措施。

对于企业而言，知识产权保护是一项系统性工作，不仅需要合理的制度，更需要参与者具备风险和权益的意识，而“双创”企业往往具有普遍的发展特征，在知识产权保护方面具有一定的独特性。

1. 成长阶段——初创期

“双创”企业往往是由核心产品、服务、技术或商业模式等要素作为起步的条件，在创始团队的基础上通过设立企业进入市场。

在企业形态方面，团队在设立之初往往仅有若干核心成员，组织架构简单，内部管理相对于成熟的企业而言尚不完善，有时甚至仅有一人主理。因此，“双创”企业不具备充足的人力资源和管理制度来应对知识产权方面的风险防控及权益保护工作。

在运营发展方面，“双创”企业设立之初，其产品或技术通常尚处于研发或持续完善阶段，或者尚未形成稳定收益，对业务和融资的需求较大。企业的绝大部分收益势必会用于研发投入或扩大经营规模，而对于小微型企业而言，甚至还需要将部分收益转化为员工薪酬，以实现企业发展的持续稳定。因此，“双创”企业往往在知识产权保护的投入方面力不从心，在企业盈利和风险损失的统筹兼顾中，更加注重前者。毕竟对初创企业而言，能够在市场中站稳脚跟，并实现可持续发展更为重要。

2. 核心竞争力——创新性

“双创”企业极具创新特征。比如，初创团队具有丰富的创意思想或创新理念；初创产品或技术具有显著的新颖性；企业能够吸收市场反馈并迅速作出持续性的创新突破；等等。“双创”企业的这一特性通常能够激发出大量具有巨大潜在价值的知识产权，包括著作权、专利权和商标权，尤其在品牌化运营方面，如今越来越多的“双创”企业已经注重从起步伊始就树立品牌形象，增加企业或产品的识别度，强化自身的商业价值。但在运营实践中，“双创”企业往往更关注商业诉求，而缺乏必要的法律风险识别能力。因此，有效构建企业知识产权的管理体系、切实强化知识产权风险防范是“双创”企业应当重视的课题。

3. 产业生命力——新兴行业领域

基于初创与创新的特征，“双创”企业从事的业务领域往往具有一定的前沿性，多分布于高新科技、互联网、文创等行业，在当前的时代大背景下，可期未来均大有潜力，是投资者广泛关注的行业领域。以文创产业为例，将传统零售、制造业与文化创意、品牌结合，形成新的知识产权或引入新的融合发展模式，已经在诸如文博、文娱行业形成潮流趋势。例如，故宫对其发布文创产品、影视剧周边商品的版权授权及专属商业品牌联合开发、非物质文化遗产的成果转化及传承等。

艺术家、设计师融合多元文化进行的艺术创作越来越受到产业规划师与商业开发者的青睐，品牌方的商品通过艺术创作在品质和美感上得到升华，艺术技艺本身也通过新兴商品的载体获得大众的认知和传播。近年来，跨界合作、联合出品的发展模式已得到市场的广泛认可，不少非遗技艺正是凭借成果转化和市场推广在这样的跨界中被不断传承。而在此类新兴领域的知识产权保护方面，极富价值的作品往往会面临被仿冒开发或未经授权而被商业化使用等新型知识产权风险。产业革新是时代所趋，离不开知识产权方面的铺垫与布局，新兴领域在知识产权的运用和保护方面也需要不断探索和解决新的问题，才能与时俱进、充满活力（见图 1、图 2、图 3）。

“双创”企业在开拓、探索知识产权效益的同时，也不得不面临知识产权侵权、权属争议等法律纠纷，很多时候所谓的“创新”一旦越过法律的边界即导致企业面临责任赔偿、商誉受损。因此，合理使用并保护知识产权权益，对于“双创”企业而言，其必要性不言而喻。

（二）从分类案例看“双创”企业在知识产权纠纷中的风险类别

对于传统的知识产权纠纷类型而言，争议类型主要集中在著作权、专利权和商标权三大类，而在市场经济多样化发展的当下，“双创”企业所涉及的行业、产业往往更为复杂，推动创新的新产品（新业态、新模式）

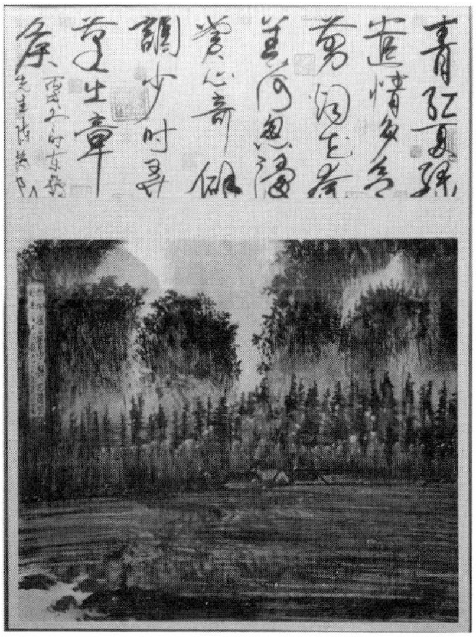

图1 “无边书法”创始人、海派艺术代表人物陈鹤良作品

（本图为画作的照片，由本文作者拍摄）

作品以东西方艺术创新融合见长，独树一帜的“无边书法”为传统文化赋予创新形式

图2 上海美术电影制片厂经典作品《黑猫警长》中的人物形象、各类国内外创意艺术摆件，跨界IP合作已经成为文创产业新潮流

（本图由本文作者拍摄）

知名IP与生产厂商合作出品文娱影视周边产品正在带动新的“网红”经济

图3　杯垫，英国文创产品

（本图由本文作者拍摄）

具有独创性的幽默画面由设计师创作呈现，通过署名加上付费授权保障权益

往往涉及交叉领域，从知识产权法律风险识别的角度而言，这对“双创”企业造成了更大的困难，本文试从如下几个案例，❶ 梳理分析“双创”企业在知识产权的保护措施以及争议纠纷中较为常见的几类风险及责任。

【案例1】重研发、轻保护——缺乏战略规划和权益保护意识

2017年9月，某App团队与B公司旗下团队关于某App发生知识产权纠纷。该App团队在网络平台上“爆料”B公司旗下团队以洽谈合作的名义，拿走其技术方案，抄袭其App。该App团队创业以来，将精力和资金集中于产品的研发和完善，但并未做好软件著作权等相关知识产权的保护布局，使得自身核心知识产权处于“不设防”的状态，导致市场份

❶ 本文仅就纠纷类型进行分析，故对相关主体名称进行了简化。部分案例源于笔者代理案件，由于保密原因，已隐去相关主体。

额遭到极大冲击。该 App 团队在维权过程中发现，自身产品运营稳定期内市场上有多个竞品相继推出，由于在初创阶段未能合理预估知识产权事先保护措施的重要性，当产品足够成熟而引起关注和模仿时，企业却面临无法使用知识产权的武器捍卫自己的创新成果的境地。

“双创”企业的发展规模和成长周期决定了初创期的资金和人力有一定的局限性，但企业的核心价值往往都与知识产权权益息息相关，实现企业的可持续发展离不开“企业掌舵人”的知识产权保护意识以及行之有效的保护策略。

【案例 2】抄袭和借鉴存在本质差异——法律对独创性的保护

云南滇绣因逼真、秀美的工艺闻名，而由国家级、省级工艺大师创作的作品更是佳作中的精品，不论在作品的题材还是选材上，都凝聚了非凡的构思创意和精湛技艺，有些大幅作品的创作过程甚至需要数年之久（见图 4）。而这些大师的作品，曾在一段时间内被旅游小商品市场大量抄袭——滇绣作品的画面被翻拍后复制成明信片或廉价的印刷画像，并以原创作品自称向游客出售。这类现象在全国各地并不鲜见，知识产权侵权持续一段时期后，令游客对于当地旅游市场上真正有价值的艺术品产生混淆，对于属地文化作品的艺术价值和匠艺传承也是一种损害。

云南省的文创市场已日趋成熟。例如，丽江、大理等旅游胜地涌现出一大批具有持续创新能力的文创企业在打造具有独特民族风情的旅游纪念品、文创工艺品，但其中也夹杂着不少无视知识产权牟利的商户，抄袭甚至照搬他人享有知识产权的作品。对这种侵权人而言，创作没有成本。用低价换市场将导致整个文创行业利益失衡，最终损害的是创作人的权益和属地旅游市场环境。越来越多的文创产业公司已经注意到保护知识产权的重要性，尤其在品牌化运营策略的影响下，运用法律武器保护自身权益，已是创业者普遍的需求。

【案例 3】着眼全球市场的企业须扩大权利保护范围——境内境外双重保障

2017 年 4 月，某专利权利人以 A 公司侵犯其名为“一种电动车控制

图 4　滇绣工艺大师制作滇绣作品

（本图由本文作者拍摄）

画面图案由美术设计师创作，绣制成型由工艺大师完成

系统及其操作方法”的发明专利权为由，将 A 公司诉至上海知识产权法院，索赔 50 万元。2017 年 9 月，上海知识产权法院作出一审判决，认为被控侵权的 A 公司单车车锁控制系统及其操作方法没有落入涉案专利的保护范围，不构成对涉案专利权的侵害，因此驳回了该专利权人要求 A 公司停止制造、使用 A 公司单车车锁控制系统，销毁已投放市场的 A 公司单车上的锁具及赔偿 50 万元的全部诉讼请求。2018 年 3 月，上海市高级人民法院对该案作出二审判决，A 公司最终胜诉。据悉，截至 2018 年 6 月，A 公司在国内外共提交专利申请 450 多件，已获得授权专利 200 多件，近两年专利申请量以每年超过 200% 的速度增长。能够取得知识产权保护实效的关键点正是在于企业对专利权利的认知足够充分，相关专利申请覆盖了相关行业多个核心技术领域。

类似于此类靠专利技术不断求新突破的企业，在做大做强的同时应当提前预估自己的专利权仅在国内受到保护是否足够，如共享单车等新兴事物从国内腾飞后迅速迈出国门走向境外市场，如果没有全球场景下的知识产权保护意识和策略，很可能企业在面临“走出去”时才发现，因未提前布局境外专利权利保护措施，将需要付出代价。“双创”企业往往由小及大，在成长周期的不同阶段，融资能力和业务发展规模、地域市场等方面都会因时制宜；而知识产权的风险防范和保护，常与企业的未来效益和长远价值密切关联，对于处于初创阶段的“双创”企业而言，是非常重要的选择题。

【案例4】免费使用不等同于使用免费——了解侵权的过错和责任

K音像图书出版公司发行音乐鉴赏CD，而在交付第三方设计、生产制作的过程中，CD制片方擅自从百度上截取多张乐器的照片作为CD封面进行设计并最终生产，其间从未经图片版权方许可或向其付费，甚至其设计人员没有意识到应核实图片的版权权属信息，最终权利人诉诸法律，向CD发行方K音像图书出版公司追究责任。K音像图书出版公司在承担侵权责任后，再向设计制作公司追偿。

上述案例均是“双创”企业发展过程中容易遭遇的典型知识产权纠纷，不同企业的处境和采取的应对方式不同，有的企业能充分拓展知识产权的效益实现可持续创新，有些则忽视知识产权的风险，付出高昂的代价，造成这种反差的根本原因便在于对知识产权的重视程度。若“双创”企业未对知识产权给予充分重视，将面临诸多法律风险，甚至可能直接危及企业生存。

二、“双创”企业常见知识产权风险

如上案例所见，“双创”企业受到发展阶段的客观情况所限，可能出现法律保护意识薄弱，缺乏有效的内部制度建设，容易遭遇多种知识产权风险，而这些风险既可能来自外部，也可能来自内部。在此，就互联网领域、高新技术产业以及文化创意等行业的“双创”企业中的常见知识产权法律风险类别进行介绍。

（一）外部风险

1. 遭他人捷足先登（搭便车式侵权）

在“双创”企业起步阶段，产品研发、业务拓展与成本控制这些显而易见的高优先级工作往往消耗了创业者大部分精力，各项资源也经常围绕这些任务展开，比如在商号和产品名称的保护方面，有些企业的产品成为“网红”“爆款”之后迅速为市场所熟知，但与企业商号、域名、新媒体品牌等资源未能合理衔接，导致他人利用，这些都是忽视知识产权能够为企业带来的长远利益所致。

“双创”企业往往总想着赶紧把产品研发出来，销售出去，产生收益，认为注册商标这种事以后再做也来得及，但殊不知此时隐患已悄悄埋下。等到经营的品牌和产品具有一定的知名度，回过头来想注册商标时，却发现商标已经被他人注册。尤其是我国商标法遵循的是申请在先原则，只有满足一定的例外条件，才可能推翻已申请注册的商标，知识产权保护意识不强的企业常常因此被迫更名，不仅前期付出的辛苦很可能功亏一篑，甚至还将面临巨额索赔。

苹果公司花费数千万美元与“iPad”商标相关权利人达成和解，最终合法取得“iPad”商标权，方才得以打入中国市场；❶ “嘀嘀打车”被“嘀嘀”商标权利人索赔数千万元人民币，无奈变成“滴滴打车”；❷ 在餐饮行业，网红奶茶“鹿角巷”❸ “阿姨奶茶”❹ 等时尚热门事物，若在知识产权保护上缺乏必要的措施，相关权利人都可能遭遇此类法律争议。

然而，即使满足一定的例外条件，比如“双创”企业是使用在先的在先权利人，商标所有权人具有恶意抢注的情节，在先权利人也需要通过提起异议、无效、撤销、诉讼等复杂的程序以尝试争夺商标权，或者获得继续使用标识的权利。相对于尽早申请注册，遭遇“搭便车”式侵权时

❶ 唯冠苹果 IPAD 商标案和解 苹果支付 6 千万美元 [EB/OL]. [2020-06-08]. https://www.yicai.com/news/1862394.html.

❷ 嘀嘀为何改名滴滴？原来与杭州这起商标侵权案有关 [EB/OL]. [2020-06-08]. https://zj.zjol.com.cn/news/353620.html.

❸ 焦点分析丨鹿角巷打假案尘埃落定，可惜奶茶店最好的时光已经过去 [EB/OL]. [2020-06-08]. https://36kr.com/p/1724848422913.

❹ 商标未注册山寨店横行 过半“阿姨奶茶”店非阿姨所创 [EB/OL]. [2020-06-08]. http://shipin.people.com.cn/n/2013/1129/c85914-23697280.html.

在先权利人往往将耗费更多的精力和财力，但即便如此，最终也未必能够得偿所愿。过往的案例不胜枚举，如伍伍壹公司先于拍拍贷公司将“拍拍贷”和“PPDAI”两部分注册为商标，核定使用服务项目包括金融服务等，拍拍贷公司因此被诉商标侵权。虽然最终由于拍拍贷公司在先使用这些标识，法院未支持伍伍壹公司的诉求，但拍拍贷公司也仅可在原使用范围内继续使用“拍拍贷”及“PPDAI”标识。[1]

除了商标权，其他知识产权保护的缺失也有着相似的风险。不论是专利权、著作权，还是其他知识产权，适当地注册登记相关知识产权后，对于主动维权和预防侵权的效果，与完全不设防时是不可相提并论的。尤其在当今互联网时代的背景下，许多“双创”企业所经营的业务都涉及多个交叉产业或行业领域，知识产权问题往往产生复合式影响。例如，企业网站域名（新媒体账户名）与企业商号、文字商标之间的关联，以及产生的价值和重要性与日俱增，相应的风险也愈加凸显。与自身品牌相匹配的域名（账户名）遭抢注，再以天价收购的例子屡见不鲜。加上新媒体时代，“双创”企业越来越注重运用网络媒介、社交平台进行市场营销，这些方面都会对企业在知识产权风险防控方面提出新的要求。

因此，“双创”企业在创业初期若未及时进行有效的知识产权规划和布局，可能需要加倍付出时间和经济成本去弥补漏洞，亦可能被竞争对手乘虚而入，乃至失去赖以生存的核心竞争力，可谓后患无穷。

2. 竞争对手商业诋毁，遭遇舆情危机

根据《海淀区法院涉网络名誉权案件审判白皮书（2013~2018）》统计，随着互联网技术、互联网媒体企业以及社交网络平台迅猛发展，海淀法院新收的涉网络名誉权纠纷案件数量呈不断上涨态势。如2018年前6个月的新收案件量已达200多件，与2017年全年案件量几近持平。其中，原被告双方为法人或其他组织的名誉权案件占比65%，主要集中于

[1] 参见上海市第一中级人民法院商标权纠纷二审民事判决书（2014）沪一中民五（知）终字第187号。

对涉及原告商誉的新闻报道引发的纠纷。2017 年，美团点评便曾向北京市海淀区人民法院提起诉讼，起诉某自媒体，称其在多个账号内发布与事实不符的文章，侵犯了美团点评的名誉权。一些炙手可热的互联网企业几乎都未能幸免。为呼吁倡导文明的商业环境，联合打击商业诋毁，美团点评、京东、新浪、搜狐、快手和 360 等企业还于 2017 年联合发布了《反商业诋毁自律公约》，由此可见涉网络名誉权侵权行为和商业诋毁行为之猖獗。

在“双创”企业日益发展壮大的过程中，难免有眼红的竞争对手以不正当的手段对其进行商业诋毁，给“双创”企业制造麻烦，削弱其竞争力。在互联网时代，社会舆论的传播极为迅速，不法的竞争对手常常以雇用“水军”、自媒体账号撰写虚假评论和“黑稿”的方式进行攻击，诱导不明真相的公众发声站队，利用舆论造势。此时，“双创”企业若不及时通过合法有效的手段应对舆情危机、澄清事实，便可能致使大量用户流失，竞争对手阴谋得逞。相反地，若抓住机会反击，打好这一场舆情危机的战役，便轮到竞争对手面临社会谴责，自食苦果。

因此，越来越多的“双创”企业开始注重加强舆情监测的布局工作，利用大数据精准定位企业的目标客户和潜在市场机遇，并能及时发现对外经营过程中的口碑反馈，高效应对突发事件。例如，汽车产业，相关大数据服务的涵盖范围不仅包括零部件制造环节、销售环节，而且会涉及前期设计环节和后市场服务环节。随着市场的精细化、专业化程度不断发展，知识产权领域也会随着时代进步而日益演变，相关法律风险防范与保护也日趋重要。

3. 产品上市遭仿冒——“山寨”与创新的界限

电子商务平台和社交媒体平台的出现使得人人皆可在网络上销售产品、提供服务。这也给图谋不轨之人“借用”他人辛勤劳动所创立起来的品牌、产品与服务提供了便利。销售假冒产品、仿冒软件界面/功能、抄袭作品的现象屡见不鲜，这些企图不付出劳动就分得一杯羹的不法分子几乎可以说是什么火就仿什么。比如在移动通信设备的发展历史中，“山寨机”已是一个人尽皆知的时代产物。一些手机代工制造企业，“设计”并生产出外观“酷炫、个性、另类”的手机，甚至在功能和外观上做到“集各家之所长”，产业初期的兴盛阶段确实在销售市场造成很大影响，令传统品牌厂商也深受其困，但由于技术支持和产品安全等方面的因素，最终还是无法改变“山寨机”被淘汰的命运。由此，产业创新需要真正的生命力，技术研发需要知识产权不断助力和推动，同时行业也需要企业在面临知识产权侵权时迅速采取行动予以制止和维权。对于“双创”企业而言，发现侵权情形，应当及时通过法律途径维护自身的合法权益，否则可能不仅自身收益被他人瓜分，前期研发、生产、宣传等成本难以收回，而且他人粗制滥造的产品对“双创”企业的品牌和口碑造成恶劣影响，直接败坏企业商誉。若自身发生侵害他人知识产权权利行为，一旦发现亦应当第一时间停止侵权，通过法律途径采用合理的方式消除影响，有时甚至可以与权利人达成商业合作，将危机转化为商机。

（二）内部风险

1. 商业秘密保护不力，员工在外另起炉灶

“双创”企业以创新性为其典型特征，在创新过程中产生的大量知识产权是其赖以生存的关键所在，“双创”企业往往选择申请专利，以获得法律给予的在一定时限内对该项专利的独享地位，有时也可以根据商业需要，选择将核心的技术信息和商业信息等作为商业秘密保护，永不公开，然而一旦泄露便可能造成无法挽回的损失。因此，对于商业秘密，加强保护本是理所应当，况且保护措施是否适当也是司法实践中认定某信息是否构成商业秘密的要件之一，将直接影响侵权与否的结论。但现实中，“双创”企业起初通常由相互熟悉的合作伙伴共同创立经营，构成初创团队，团队内部关系紧密，信任度较高，可往往碍于面子，不会制定规章制度或签订协议，在商业秘密方面加以约束，加之成本控制的顾虑，也不一定对商业秘密采取保护措施，由此导致企业的商业秘密处于完全“不设防”的状态。一旦初创团队内部发生矛盾，当初的合作伙伴或心术不正的员工很容易就钻了漏洞，带走商业秘密另起炉灶，直接将企业的客户变成自己

的客户，最终演变成企业的竞争对手。

【案例5】H公司是一家由比利时企业作为股东在华投资设立的高新技术产品制造公司，企业工厂常年满负荷运转，但多年来利润呈逐步下降趋势。企业聘请外部调查公司开展了调查工作后发现，公司新加坡籍总经理私自在企业工厂周边开办自己的工厂，产品流水线、生产工具、包装均完全照搬H公司。该总经理在经营过程中，带领客户参观H公司的工厂，订单排产却安排在自己的工厂，从而使自己的产品价格更低，持续非法牟利。在该案例中，企业通过前期的商业调查，后续施行了法律合规调查以及财务专项审计等手段，从而发现并立即通过法律手段止损，恢复企业的正常运作。

2. 职务成果制度缺失，归属不明，激励不足

如前所述，“双创”企业在创新过程中将产生大量知识产权，那么这些知识产权是归属于企业还是研发该知识产权的员工？企业使用该知识产权所获得的经济利益与员工是否有关？如何界定、分配员工在职期间运用公司的生产工具、资料处理个人事务并获得的成果收益？包括“双创”企业在内的很多企业都鲜有注意到这些问题，而这恰恰是创新型企业的又一大隐患。大多数企业已经有了初步的概念，即企业员工完成本职工作或主要利用企业的物质技术条件所产生的智力成果是职务成果，应归属于企业。但“双创”企业如果没有对职务成果的归属进行妥善的约定，导致核心知识产权归属存在争议，则此类纠纷未来依然可能威胁企业的生存。

“双创”企业中，做得较好的企业能够将知识产权管理制度和人力资源管理制度合理衔接。当职务成果成功申请为知识产权，或者投入使用产生经济利益时，企业会依照内部制度给予相关员工一定的奖励和报酬。这类企业往往不仅能很好地保障核心团队人员长久稳定，还能在创新发展中不断增加知识产权的产出和效益。相反，如果企业没有对此类权益进行事先约定，甚至并不认为需要向员工支付这部分费用，那么无疑将大大削弱员工的积极主动性和企业凝聚力，往往造成“军心”涣散、企业发展停滞不前的危险局面，甚至引发劳动纠纷。

3. 市场推广用语和素材使用不当

市场推广一直是“双创”企业较为重视的，现如今，随着自媒体和社交网站的兴起，市场推广不需要付出过多成本，“双创”企业也越来越乐于做这项工作，却少有“双创”企业在对外推广前会从法律合规角度审核宣传材料，大多关注于是否蹭到了热点，是否足够吸引眼球。事实上，在推广过程中，稍有不慎，便有可能招致讼累，甚至行政调查和处罚。

由于广告语使用不当，可能招致讼累，并因构成虚假宣传等不正当竞争行为，或将承担相应的民事责任。加多宝与王老吉之争、二手车直卖网的“遥遥领先”“全国领先”等宣传用语、企业公众号上推文的表情包等，这类典型案例折射出企业在宣传和营销中的法律风险，归根结底还是知识产权法律风险防范的意识需要加强。

同时，“双创”企业在初创阶段，为了扩大知名度和影响力，涉及公众的对外广告方面也存在风险点。虚假宣传也可能触犯广告法，构成虚假广告，工商行政管理部门有权依法根据情节轻重对广告主处以罚款，甚至吊销营业执照。

此外，在宣传材料甚至商标中，使用字体、图片和标识等素材无法避免。有的素材可以免费商用，有的则需支付一定版权费用后方可商用。然而，“双创”企业的市场推广人员法律意识薄弱，常常随意使用网络上搜索到的素材，侵犯他人的著作权，导致企业向相关权利人承担侵权责任，赔偿损失。这样的案例数不胜数，像方正字体、视觉中国等公司就有专门的维权团队从事版权维护工作。司法实践中，这类侵权的赔偿金额通常与作品设计在营利方面起到的作用成正比，多可达上百万元，少则数千元不等。对于“双创”企业，不仅需要耗费大量精力去应对，而且停止侵权、赔偿损失等侵权责任的承担也可能对企业发展造成重创。因此，切不可抱有侥幸心理，图一时方便、一点小利，而埋下重大隐患。

三、“双创”企业如何自主保护自己的知识产权

1. 培养维权意识

保护知识产权的关键在于确保“双创”企业管理层以及每位员工具有充分的维权意识，而维权意识的建立应当基于对知识产权价值和保护意义的深刻理解，而非强行灌输。

知识产权作为无形资产，并不像有形资产的价值那样较容易被识别和确定，但随着企业的发展，知识产权的价值将越来越大，可能远超有形资产，成为企业的核心价值所在。根据全球知名品牌咨询公司 Brand Finance 发布的《2018 年世界最有价值品牌排行榜》[1]，阿里巴巴品牌估值超 549 亿美元，腾讯和华为的品牌估值在 400 亿美元左右。知识产权不仅可以为企业带来增值，也能为企业节省开支。一个好的商标、好的域名，容易被消费者记住，在节省市场推广费用的同时，又能够增加网站流量，带来更多的收益。京东的域名由 360buy. com 改为 jd. com，变得更符合中国消费者的访问习惯，正是如此。

有的企业家可能认为企业的知识产权通常不能变卖，如果不对外出售，价值再大也无法变现，又有什么用呢？然而这些企业家忽略的是知识产权的价值可以通过出售之外的其他方式转化为直接经济利益。其一，知识产权作为“双创”企业的核心竞争力，潜在的增值空间如此之大，投资者心知肚明。这亦成为吸引投资的优势之一，甚至直接影响企业的融资数额。因为知识产权的价值会在融资时被考虑在企业估值中，而企业的估值越高，购买同等比例的股权所需的出资金额就越高。其二，很多银行、金融机构可以提供知识产权质押融资服务，即知识产权权利人以其合法拥有的专利权、注册商标专用权、著作权等知识产权中的财产权作为质押标的物出质，经评估作价后向银行等融资机构获取资金，并按期偿还资金本息。其三，对于拥有诸多知识产权，并符合一定条件的企业，政府部门也

---

[1] Brand Finance. Brand Finance Global 500（2018）［R/OL］．（2018-09-21）［2019-07-21］. http：//brandirectory. com/league_ tables/table/global-500-2018.

有相应的政策支持，如高新技术企业税收优惠、财政补贴等。其四，“双创”企业可通过对知识产权资产的实施获得收入，包括受知识产权保护的产品和服务的商业化，授权许可他人使用知识产权，建立合资企业，通过交叉许可协议用自己的知识产权换取使用其他公司的技术等。

在透彻理解了知识产权能够为企业，尤其为“双创”企业带来的长远利益后，相信企业管理层和每位员工都能够在工作中自发地产生保护知识产权的意识，并自觉遵守知识产权法律法规和规章制度。企业可以为员工提供一定的知识产权风险合规培训，帮助员工在工作中有风险识别的能力，通过制度和培训引导不同岗位的员工提升知识产权合规意识。

2. 外部风险的防范

在产品或服务的研发初期，“双创”企业即可全面核查是否有侵权的可能，包括商标权、专利权和著作权，以避免自身产品或服务侵犯他人知识产权的风险。

同时，根据企业发展阶段，尽可能早地对自身产品或服务进行全方位的高保护力度的动态知识产权布局，申请登记、注册并维持相关知识产权，为企业的核心竞争力构建强有力的保护层，有效抵御侵权并加以还击，从而使得企业知识产权的价值随着企业的良好发展与日俱增。在此过程中又得以充分发挥其价值为企业所用，相辅相成，形成良性循环。这个阶段可以开展针对知识产权的专项企业法律体检，对企业产品或服务所需的知识产权保护措施和路径进行梳理和排摸，并制定相应的实施步骤和评价机制。

在产品或服务上市后，对外合作的机会通常将多于前期的研发阶段。在对外合作或洽谈过程中，“双创”企业应注意对核心知识产权与商业秘密进行保护，并有效约束合作方权利，预防合作方侵权。例如，在开始洽谈前签署保密协议；在合作达成时，签署包含知识产权与商业秘密保护条款的合作协议。在前述协议中，均须约定切实可行的救济措施，真正起到威慑作用，防范因合作方违反协议约定而使企业遭受损失。此类协议文本建议编制为企业版本的合同示范文本或示范条款，由业务部门会同法务、财务方面的负责人员或外部顾问进行完善，从而在对外经营中参照适用。

当“双创”企业的业务逐渐走上正轨时，不排除会出现或大或小的商业诋毁或侵犯名誉权的事件。企业应及时澄清还原事实真相，并通过现有技术手段追根溯源，揪出幕后黑手，依法维权，从而尽可能减少负面舆情对企业造成的影响。预先设置相应的应急方案，如预备相关权利声明或公开信等方式，都可以帮助企业在遭遇舆情风波时及时处置，妥善应对。

在“双创”企业成长的全过程中，尤其是具有一定知名度后，可能出现“搭便车”的经营者。在这一阶段，实时的权利监测工作尤为重要。该类风险防控机制可以有效预警监控企业的知识产权是否被侵犯，并采取相应的维权措施，以降低“搭便车”行为给企业带来的损失。

3. 防控内部风险

“双创”企业不仅容易遭受外部风险，也因团队人数少、信任度高、制度缺位等原因，同样易发生源于内部的知识产权风险。建立、完善并落实一系列与知识产权相关的内部规章制度及配套措施，通常是防范这类风险最有效的方法。首要的是应当制定符合“双创”企业实际情况的员工手册，以此为基础，搭配其他制度与措施，从而有效预防各类知识产权内部风险。比如，辅以职务成果制度，事先明确职务成果归属，避免将来权属不清；与员工签订完善的保密协议、竞业禁止协议，并采取商业秘密保护措施，可有效预防员工泄露商业秘密。

对于市场推广活动，无论线上还是线下，日常宣传与否，均应设置市场营销材料合规审核环节。在材料发布前全面清除潜在侵权或违法风险，以免发布后发生纠纷，使得市场推广效果大打折扣，得不偿失。

“双创”企业还可以针对行政主管机关的日常巡查、调查或专项检查等情况预设应对机制，引导企业员工在知识产权合规管理方面具备良好的处置能力。在规范接待、充分配合行政执法工作的同时，也能切实保障公司的合法权益。

虽然创业者在企业初创时日夜操劳十分辛苦，但与那些掷地有声的创业待办事项相比，潜藏于知识产权周边的风险不应被小觑。稳妥谨慎的权益设计能为日后的“变现”提供坚实的基础，而忽视对这一重要资产的保护也可能成为制约企业发展的“命门”。2021年1月1日正式实施的《中华人民共和国民法典》，为知识产权领域的惩罚性赔偿制度的全面适用奠定了基石。近年来，我国经济发展更加强调创新、创造，有越来越多的中小微企业崭露头角，向着“独角兽”型企业发展。在这一趋势下，面对“双创”企业在知识产权纠纷上遭遇的挑战，我们作为法律服务的提供者，更应提醒其重视对该领域风险的防范，用专业法律服务助力企业构建知识产权风险防控体系，为其长远稳健发展提供充分的法律保障。

知识产权助力企业成功登录科创板

■ 郭国中　刘广全

摘要：国家设立科创板并试点注册制是实施创新驱动发展战略、深化资本市场改革的重要举措。2019 年以来，科创板“2+6”相关制度规则陆续发布，具体是：证监会发布《科创板首次公开发行股票注册管理办法（试行）》和《科创板上市公司持续监管办法（试行）》，上交所发布《上海证券交易所科创板股票发行上市审核规则》等 6 项配套业务规则，科创板进入正式实施阶段。上述这些办法或规则的发布，令企业科创板上市的各项要求逐步明确。笔者从知识产权律师视角，在分析科创板的背景、条件的同时，侧重分析知识产权如何助力企业成功登录科创板。

关键词：科创板；知识产权；风险披露

一、科创板上市企业之“科创性”

《科创板首次公开发行股票注册管理办法（试行）》（以下简称《管理办法》）第 3 条对科创板企业进行了明确定位：面向世界科技前沿、面向经济主战场、面向国家重大需求。优先支持符合国家战略，拥有关键核心技术，科技创新能力突出，主要依靠核心技术开展生产经营，具有稳定的商业模式，市场认可度高，社会形象良好，具有较强成长性的企业。

更进一步的，《上海证券交易所科创板企业上市推荐指引》（以下简称《上市推荐指引》）第 5 条进一步明确规定了企业是否符合科创板定位的认定标准：

（一）是否掌握具有自主知识产权的核心技术，核心技术是否权属清晰、是否国内或国际领先、是否成熟或者存在快速迭代的风险；

（二）是否拥有高效的研发体系，是否具备持续创新能力，是否具备突破关键核心技术的基础和潜力，包括但不限于研发管理情况、研发人员数量、研发团队构成及核心研发人员背景情况、研发投入情况、研发设备情况、技术储备情况；

（三）是否拥有市场认可的研发成果，包括但不限于与主营业务相关的发明专利、软件著作权及新药批件情况，独立或牵头承担重大科研项目情况，主持或参与制定国家标准、行业标准情况，获得国家科学技术奖项及行业权威奖项情况；

（四）是否具有相对竞争优势，包括但不限于所处行业市场空间和技术壁垒情况，行业地位及主要竞争对手情况，技术优势及可持续性情况，核心经营团队和技术团队竞争力情况；

（五）是否具备技术成果有效转化为经营成果的条件，是否形成有利于企业持续经营的商业模式，是否依靠核心技术形成较强成长性，包括但不限于技术应用情况、市场拓展情况、主要客户构成情况、营业收入规模及增长情况、产品或服务盈利情况；

（六）是否服务于经济高质量发展，是否服务于创新驱动发展战略、可持续发展战略、军民融合发展战略等国家战略，是否服务于供给侧结构性改革。

根据《管理办法》以及《上市推荐指引》的描述，“科创性”将是科创板企业的重要标准，即企业需要拥有关键核心技术和科技创新能力，并掌握具有自主知识产权的核心技术。以此，评价关键核心技术和科技创新能力的重要标准就是专利权、技术秘密权等知识产权。具有高质量的知识产权和战略性的知识产权布局，是企业拥有并控制关键核心技术的基础，是企业核心竞争力的保障。因此，科创板上市企业一定是知识产权密集型企业，“科创性”将通过知识产权这一法律形式来体现。

二、科创板上市企业之行业领域

据《关于在上海证券交易所设立科创板并试点注册制的实施意见》（以下简称《实施意见》），科创板上市企业所属的行业领域主要如下：

（1）新一代信息技术，主要包括集成电路、人工智能、云计算、大数据、物联网等；

（2）高端装备制造和新材料，主要包括高端轨道交通、海洋工程、高端数控机床、机器人及新材料；

（3）新能源及节能环保，主要包括新能源、新能源车、先进节能环保技术；

（4）生物医药，主要包括生物医药和医疗器械；

（5）技术服务，主要指为上述四大领域提供技术服务的企业。

根据《实施意见》的规定，科创板企业应当符合国家战略、掌握核心技术、市场认可度高，属于互联网、大数据、云计算、人工智能、软件和集成电路、高端装备制造、生物医药等高新技术产业和战略性新兴产业。因此，科创板企业所属行业，对于其能够成功上市也起到较为关键的作用。

三、科创板上市企业之知识产权权属清晰

《管理办法》第2章规定了科创板的发行条件，第12条规定，“发行人业务完整，具有直接面向市场独立持续经营的能力”，其第3项指出：“发行人不存在主要资产、核心技术、商标等的重大权属纠纷，重大偿债风险，重大担保、诉讼、仲裁等或有事项，经营环境已经或者将要发生重大变化等对持续经营有重大不利影响的事项。”

《公开发行证券的公司信息披露内容与格式准则第41号——科创板公司招股说明书》（以下简称《第41号准则》）第54条规定，“发行人应披露主要产品或服务的核心技术及技术来源，结合行业技术水平和对行业的贡献，披露发行人的技术先进性及具体表征”，“与其他单位合作研发的，还应披露合作协议的主要内容，权利义务划分约定及采取的保密措

施等”。

根据《管理办法》和《第41号准则》的规定，知识产权的重大权属纠纷和重大诉讼仲裁事项，是影响企业正常持续经营的重要因素，而知识产权是科创板上市企业市场竞争的核心资源，因此在企业科创板上市过程中，企业无知识产权权属纠纷是基本条件。尤其对于许可转让所得或合作开发所得的相关知识产权的相关成果，应尽到披露义务，同时应完善相应风险规避的措施。

四、科创板上市企业之知识产权信息分析

《第41号准则》第50条规定了“发行人应结合所处行业基本情况披露其竞争状况”，其中包括：“（三）所属行业在新技术、新产业、新业态、新模式等方面近三年的发展情况和未来发展趋势，发行人取得的科技成果与产业深度融合的具体情况；（四）发行人产品或服务的市场地位、技术水平及特点、行业内的主要企业、竞争优势与劣势、行业发展态势、面临的机遇与挑战，以及上述情况在报告期内的变化及未来可预见的变化趋势；（五）发行人与同行业可比公司在经营情况、市场地位、技术实力、衡量核心竞争力的关键业务数据、指标等方面的比较情况。”

根据《第41号准则》规定，需要对于科创板上市企业进行技术水平及特点、竞争优势与劣势、行业发展态势、面临的机遇与挑战等方面予以分析判断。这些信息分析工作可以通过《知识产权分析评议工作指南》建立详细的知识产权信息数据库，帮助发行人优化创新路线并妥善解决产品研发和上市过程中的问题。知识产权分析评议的工作主要包括：(1）研发立项之初，通过知识产权分析评议，决策层可以及时掌握知识产权状况，避免因盲目跟随而导致的侵权纠纷和研发投入损失，也可根据分析评议结果，决定新的发展方向或者转型方向；(2）研发过程中，可利用分析评议进行研发辅助、侵权规避，优化专利布局并进行专利挖掘，对不同阶段的研发成果进行及时有效的保护；(3）产品上市过程中，评估产品的知识产权风险，避免法律纠纷，同时对市场上可能存在的侵权产品进行监控从而及时采取相应措施。

五、科创板上市企业之知识产权风险披露

《管理办法》第 39 条规定："发行人应当根据自身特点，有针对性地披露行业特点、业务模式、公司治理、发展战略、经营政策、会计政策，充分披露科研水平、科研人员、科研资金投入等相关信息，并充分揭示可能对公司核心竞争力、经营稳定性以及未来发展产生重大不利影响的风险因素。"

《第 41 号准则》第 33 条规定："发行人应结合科创企业特点，披露由于重大技术、产品、政策、经营模式变化等可能导致的风险：（一）技术风险，包括技术升级迭代、研发失败、技术专利许可或授权不具排他性、技术未能形成产品或实现产业化等风险；……（五）法律风险，包括重大技术、产品纠纷或诉讼风险，土地、资产权属瑕疵，股权纠纷，行政处罚等方面对发行人合法合规性及持续经营的影响。"

《管理办法》以及《第 41 号准则》规定，科创板上市企业应当披露的内容包括"科研水平""可能对公司核心竞争力、经营稳定性以及未来发展产生重大不利影响的风险因素"等，而知识产权风险必然影响公司核心竞争力和经营稳定性，因此知识产权风险是科创板上市企业应当披露的必要信息。进一步地，应当披露的知识产权风险主要包括知识产权权利效力风险（无效风险、失效风险）、知识产权权属风险、知识产权诉讼风险、知识产权权利行使风险、知识产权交易风险等。

拟在科创板上市的企业需建立完善的知识产权管理体系和法律风险防控制度，对核心技术进行专利挖掘和布局。在上市审批阶段及后续发行、交易阶段，应当持续保持核心技术的竞争优势和核心技术人员的稳定性。避免产生重大不利的知识产权纠纷，同时还应当继续保持研发投入，保持企业持续经营能力和竞争优势。企业可寻求知识产权服务机构帮助，在核心知识产权的稳定性、法律风险、竞争优势等方面做好尽职调查并出具法律意见，建立一整套规范、完善、可持续的知识产权管理和风险防控体

系，助力上市及其后的可持续发展。❶

六、科创板上市企业之知识产权价值分析

《第41号准则》第53条规定：“发行人应披露对主要业务有重大影响的主要固定资产、无形资产等资源要素的构成。”第54条规定：“发行人应披露主要产品或服务的核心技术及技术来源，结合行业技术水平和对行业的贡献，披露发行人的技术先进性及具体表征。”

《第41号准则》规定，发行人应披露的资源要素包括“无形资产”，而知识产权是重要的无形资产形式，因此知识产权一方面决定了企业的“科创性”，另一方面也决定了企业无形资产的价值，更决定了整个企业的整体价值。所以，科创板上市企业的知识产权价值评估是企业上市审核和信息披露的重要工作内容。知识产权价值评估尤其以专利价值评估工作最为重要，下面对于专利价值评估将做简要描述。

专利价值可分为动态价值和静态价值。动态价值是指专利在运营过程中给企业带来的盈利，即企业通过对专利的占有、使用、转让、许可使用、质押、投资等方式获得的收益。静态价值是指专利对企业发展战略的贡献，即专利对企业开发新产品、开拓新市场、提高核心竞争力、获得发展空间等战略性规划的作用。专利价值主要取决于技术价值、市场价值和权利价值三个因素。其中，技术价值包含创新度、技术含量、成熟度、技术应用范围、可替代程度等因素。市场价值包含市场化能力、市场需求度、市场垄断程度、市场竞争能力、利润分成率、剩余经济寿命等因素。权利价值包含专利独立性、专利保护范围、许可实施状况、专利族规模、剩余有效期、法律地位稳固程度等因素。❷

通过上述描述，专利价值受多方面因素影响，其评定是一个动态的、复杂的评估过程。企业在科创板上市过程中，对于专利无形资产价值评估

---

❶ 邹碧颖．科创板“开闸”，企业如何迈过知识产权门槛［EB/OL］.（2019-03-22）［2019-12-21］. http：//www.cnipa.gov.cn/mtsd/1136723.htm.

❷ 万小丽，朱雪忠．专利价值的评估指标体系及模糊综合评价［J］．科研管理，2008（2）：185-191.

的工作，也应持慎重态度。

七、科创板上市企业之知识产权研发管理

《第41号准则》第54条规定，“发行人应披露保持技术不断创新的机制、技术储备及技术创新的安排等”。这对拟上市企业知识产权研发及管理提出明确要求，完善企业研发创新机制，提高企业研发保障制度，为拟上市企业掌握核心科技，增加先进技术估值，完善企业无形资产占比提供重要制度支撑。下面将就企业研发机制单独阐述。

（1）技术规划与预研管理机制。在产品规划的指引下，难度较大的关键技术的预研将在项目立项之前，提前以技术预研项目的方式开展。待正式立项后，关键和难度较大的技术都已经被攻克，后续产品开发团队的职责是集中更多资源，在非常短的时间内开发高品质产品并推向市场。预研目的不在于当下获得利润，而是为下一代产品提供技术支持。❶

（2）专利挖掘机制。在技术研发或产品开发中，对所取得的技术成果从技术和法律层面进行剖析、整理、拆分和筛选，从而确定用以申请专利的技术创新点和技术方案。简言之，专利挖掘就是从创新成果中提炼出具有专利申请和保护价值的技术创新点和方案。

专利挖掘是为了从科研生产中发现可以用来申请专利的创新点，让科研成果得到充分保护，从而使科研过程中付出的创造性劳动得到回报，是一项极富技巧的创造性活动，是将技术创新以申请专利的形式确定下来，成为企业的无形资产。❷

（3）制定专利标准机制。企业主动创建行业技术标准或参与标准组织并在其中发挥重要作用，目的是构建一个产业生态，利用标准组织推动产业生态的发展，保持企业的良性竞争。

（4）建设技术研发平台机制，是一套服务于研制应用产品的设计验

---

❶ 关于技术预研［EB/OL］.［2019-07-09］. https://blog.csdn.net/xiaohotsky/article/details/22793315.

❷ 专利挖掘［EB/OL］.［2019-07-12］. https://baike.baidu.com/item/%E4%B8%93%E5%88%A9%E6%8C%96%E6%8E%98/19976954.

证系统，包括相关文件、图纸、知识库和资源管理应用体系。优秀的技术平台应该是合适的技术体系、技术架构、设计模式等，能充分发挥技术体系及技术架构的优势，提高新产品开发速度并保证质量，指导并规范新产品分析、设计、试制、测试、量产各阶段工作，提炼用户真正需求，提高产品性能、可生产、可维护性、可靠性等的全系列工具。❶

（5）技术战略规划机制。企业之间除了传统的产品维度竞争外，还有专利维度的竞争，涉及专利储备以及技术战略等方面。强调核心技术竞争力的科创板企业是参与专利竞争的重要主体。因此，拟上市科创板的企业不仅要把过去成功的经验固化为流程、工具和平台，也需要面向未来，建立起一套研发保障体系，不断推出有竞争力的产品。❷

八、科创板上市企业之知识产权申报文件及注意事项

《公开发行证券的公司信息披露内容与格式准则第 42 号——首次公开发行股票并在科创板上市申请文件》（以下简称《第 42 号准则》）规定了相关的知识产权文件，主要包括：（1）发行人拥有或使用的对其生产经营有重大影响的商标、专利、计算机软件著作权等知识产权证书清单（需列明证书所有者或使用者名称、证书号码、权利期限、取得方式、是否及存在何种他项权利等内容），发行人律师就清单所列产权证书出具鉴证意见；（2）特许经营权证书；（3）对发行人有重大影响的商标、专利、专有技术等知识产权许可使用协议。

依据《第 42 号准则》上述要求，从 2019 年 3 月 22 日至 4 月 4 日，上交所共受理了 50 家企业的科创板上市申请，监管部门对这些企业的申报文件进行审查，对前期受理的科创板项目中所暴露出来的问题进行了重点剖析。其中，申报文件中有关知识产权方面的问题主要如下。

（1）发行人不符合科创板定位。招股说明书、发行人的自我审慎评

❶ 技术平台［EB/OL］.［2019-04-08］. https://baike.baidu.com/item/%E6%8A%80%E6%9C%AF%E5%B9%B3%E5%8F%B0/9217417?fr=aladdin.

❷ 葛素华．从知识产权看科创板企业上市辅导［EB/OL］.［2019-07-12］. http://www.vonlu.com/archives/694.

估文件和保荐机构的专项分析意见，存在夸大的问题。例如，某甲公司招股书披露，该公司是国内知名的工业机器人系统及智能装备集成商，可提供各种智能化、柔性化工作站和生产线的整体解决方案，提供交钥匙工程。从上述介绍来看，公司的业务是“高大上”的工业机器人系统，但截至2018年12月31日，公司主要固定资产的净值仅6135万元，而其中89%来自房屋建筑物，用于生产的全公司的机器设备的净值仅387万元。再例如，某乙公司招股书披露，2016~2018年，公司研发投入占营业收入的比例分别为4.78%、4.32%和3.07%。从上述两公司如此低的研发投入可以看出，其明显与科创板企业要求的技术含量有重大差距，不符合科创板定位。

（2）发行人行业地位信息披露不客观。发行人未全面、客观地披露竞争优势和竞争劣势，存在不客观的问题。一些公司优势写了很多，但劣势写得很少。例如，某家公司在描述竞争优劣势时，提出了技术原创性、前瞻性、有高技术壁垒等十大优势，但分析公司劣势时仅谈及公司规模偏小、缺乏有效的间接融资手段较宽泛的两点。

（3）核心技术人员认定数据偏差。这种情况在申报的企业中普遍存在。核心技术人员的认定普遍存在少认定或者认定时没有充分说明理由的情况，从而存在核心技术人员认定数据偏差的问题。

（4）知识产权风险因素披露缺乏针对性。发行人对知识产权风险因素的披露缺乏针对性，对自身的特有风险披露得很少，对共有的风险披露得多。

从上述招股说明书及信息披露有关知识产权方面存在的问题可以看出，拟上市企业应加大科技创新和研发投入，丰富和完善核心专利的国际先进性和行业垄断性；并在招股说明书和信息披露文件中将企业存在的和潜在的风险，严格按照真实、准确、完整、充分、一致、可理解的要求全面披露，避免夸大其词、避重就轻、泛泛而谈。

九、科创板上市企业之知识产权战略

国家设立科创板是为了实施创新驱动发展战略，而持续创新发展需要依托知识产权战略布局而实现，所以科创板上市企业应当建立属于自己的知识产权战略规划，这主要包括如下方面。

（1）知识产权战略之维权保护战略。当前知识产权的保护环境发生了变化。从我国内部来看，现在真正拥有话语权的高科技企业，如华为、中兴等积极呼吁国家重视和保护知识产权。从外部环境来看，主要是以美国为首的发达国家给我国施压，要求我国加强保护知识产权的力度。因此，在内外部环境因素的共同影响下，国家决心从严保护知识产权，因此新《专利法》增加了惩罚性赔偿原则。通过知识产权维权保护战略的制定和实施，维护企业自有专利技术的市场垄断地位，打击假冒专利竞争对手的侵权行为，增加侵权竞争对手的侵权赔偿。

（2）知识产权战略之知识产权布局战略。知识产权布局战略主要包括在某一技术领域重点研发，持续增加自己专利的领先地位的同时，组建严密的专利保护网，防护自己的专利和非专利技术不受侵犯，并且给竞争对手的专利申请制造障碍，从而获得特定领域的专利竞争优势。在当前比较热门的技术领域总是伴随着专利申请量的大规模增长。如目前火热的 AI 领域，相关企业都在进行专利布局。

（3）知识产权战略之知识产权运营战略。目前很多高科技企业成立了专门的知识产权运营公司。这类公司业绩指标主要是围绕保护目标公司的专利等知识产权的竞争优势展开工作。对可能侵犯目标公司专利技术的潜在主体发起维权程序，收购、兼并目标公司的潜在竞争对手。这些专利运营公司的出现，必将导致专利维权诉讼数量大幅增加。例如，2018 年 8 月，TCL 成立了专利运营公司紫藤知识产权运营（深圳）有限公司。[1]

十、结　论

掌握尖端核心专利技术的高科技公司，如何实现融资输血扩大社会化大生产，实现专利技术的经济价值和社会价值是科创板创设的初衷。通过

---

[1] 葛素华. 从知识产权看科创板企业上市辅导［EB/OL］.［2019-07-12］. http：//www.vonlu.com/archives/694.

对科创板上市企业的知识产权研发管理和专利布局规划，加强知识产权维权保护力度，完善研发体系，促使企业拥有关键核心技术，提高企业科技研发创新能力，并围绕核心技术开展生产经营，形成稳定的商业模式，强化企业的科技创新属性，助推企业登录科创板。

资本市场的大浪淘沙、优胜劣汰平衡供求关系，能够真实反映尖端科技的市场价值。科创板为高新技术产业和战略性新兴产业的企业开辟了新的融资通道，实现无形资产资本化。科创板新设了“注册制”“同股不同权”“行业自律”“全程监管”“严格的信息披露制度”“强制分红”“强制退市”等成熟股票市场采用的、符合现代市场需求的企业上市制度。科创板的设立打破中国股市常规，输入新鲜血液，极大地促进中国资本市场良性发展，为扩大直接融资规模奠定坚实基础。

防范恶意知识产权诉讼干扰科创板势在必行

——由重庆金山诉安翰科技专利侵权案看《上海市高级人民法院关于服务保障设立科创板并试点注册制的若干意见》

▩ 郭国中　丁　浩

摘要：为了给科创板企业营造良好的法治环境，上海市高级人民法院出台《关于服务保障设立科创板并试点注册制的若干意见》。本文从重庆金山诉安翰科技专利侵权案出发，详细解读《科创板若干意见》对于防范恶意知识产权诉讼的相关规定。在简要介绍重庆金山诉安翰科技专利侵权案件的基础上，对《科创板若干意见》中知识产权保护要点进行解读，最后提出上市审核阶段的科创企业遭遇恶意知识产权诉讼的应对机制。

关键词：科创板；知识产权；恶意诉讼

一、重庆金山诉安翰科技专利侵权案情简介

2019 年 3 月 22 日，上海证券交易所正式对外公布首批受理的 9 家科创板企业名单，并披露其招股说明书，安翰科技（武汉）股份有限公司（以下简称安翰科技）位列其中。根据安翰科技的招股说明书，该公司的主营业务为“磁控胶囊胃镜系统”机器人的自主研发、生产、销售及服务。这意味着，如果后续进程顺利，安翰科技将有望成为第一批登录科创板的企业。

然而风云突变，5 月 9 日，重庆金山科技（集团）有限公司和重庆金山医疗器械有限公司（以下简称重庆金山）将安翰科技诉至重庆市第一

中级人民法院，称安翰科技制造、销售的胶囊胃镜系统侵犯其一系列专利权，并分别提起8件专利侵权诉讼。随后安翰科技指出，其核心业务的胶囊内窥镜及控制系统早已分别在2012年12月10日和2013年1月17日被批准上市，并进行销售。作为同行业的竞争者，重庆金山必然清楚安翰科技的产品在其涉案专利申请日前已公开销售，却在这个关键的时间点上提起专利侵权诉讼，极有可能存在阻碍竞争对手顺利上市的不正当目的。

这一系列案件客观上对安翰科技的上市进程会产生不利影响，可以说这是目前通过专利诉讼阻止科创板上市的第一案。安翰科技表示，这一系列案件是重庆金山为了达到不正当目的，故意提起的恶意诉讼，并随后于5月28日向重庆市第一中级人民法院分别提起8件“因恶意提起知识产权诉讼损害责任纠纷”的诉讼。重庆市第一中级人民法院受理了上述案件。

二、《科创板若干意见》知识产权保护要点解读

2019年6月17日，为设立科创板并试点注册制营造良好金融法治环境，为上海建设国际金融中心、科创中心提供优质的司法服务和保障，上海市高级人民法院发布《上海市高级人民法院关于服务保障设立科创板并试点注册制的若干意见》（以下简称《科创板若干意见》），其中与知识产权保护最为相关的是“具体措施”中的第12条，具体内容如下：“强化涉科创板公司知识产权保护。加强科技创新类知识产权保护力度，依法审理涉科创板上市公司专利权、技术合同等知识产权案件，准确认定知识产权合同效力和责任承担，加大惩处侵犯技术类知识产权行为的力度，有效维护科创企业知识产权合法权益和公平竞争秩序。审慎处理涉发行上市审核阶段的科创企业的知识产权纠纷，加强与上海证券交易所的沟通协调，有效防范恶意知识产权诉讼干扰科创板顺利运行。”

对第12条有关知识产权的规定，可以归纳为如下两个重点。

（1）加大保护科创企业知识产权保护力度。对于涉科创板上市公司专利权、技术合同等知识产权案件，《科创板若干意见》中指出，要加强科技创新类知识产权保护力度，加大惩处侵犯技术类知识产权行为的力度，有效维护科创板企业知识产权合法权益和公平竞争秩序。此与我国最近几年《商标法》《专利法》修订草案的加大知识产权保护力度、提高侵犯知识产权的赔偿额的立法精神一脉相承。新《专利法》最重要的一项变化，即对于侵犯专利权行为的赔偿额的确定原则，从原先的“补偿性赔偿”修改为“惩罚性赔偿”。对应地，赔偿额提高到原先赔偿额的 1 倍以上 5 倍以下。这一修法背后的目的正是在于震慑专利侵权行为，提高违法成本，从而更好地保障专利权人的合法权益。

（2）防范恶意知识产权诉讼。对于涉发行上市审核阶段的科创企业的知识产权纠纷，《科创板若干意见》表示法院在审理此类案件时，需要秉持审慎的态度，防范恶意知识产权诉讼干扰科创板顺利运行。接下来，笔者将针对该点进行详细的解读。

三、上市审核阶段的科创企业遭遇恶意知识产权诉讼的应对机制

企业在 IPO 期间一直是各类诉讼的高发期，其中以专利诉讼最为普遍。与一般民商事诉讼案件相比，通常专利诉讼案情更复杂，审理期限更长。一旦涉及专利无效以及随后的行政诉讼程序，时间会更久。过长的审理期限会给企业的上市带来不利影响，甚至会直接或间接地决定此次上市的结果，而这往往是企业所不想看到的。

《首次公开发行股票并上市管理办法》（以下简称《管理办法》）第 30 条规定，发行人不得有下列影响持续盈利能力的情形，其中第 5 项为“发行人在用的商标、专利、专有技术以及特许经营权等重要资产或技术的取得或者使用存在重大不利变化的风险”。专利侵权诉讼并不会直接导致 IPO 停滞，但是在企业上市这一敏感期，证监会在接到专利侵权诉讼的消息后，会要求相关企业暂停上市或让股东个人作出担保。这其中还会涉及很多其他的潜在风险。因此，在这一时期，大多数企业会选择尽快与原告和解，息事宁人。

实际上，《管理办法》的规定给善意的专利权人维权提供了非常有利

的机会。但是凡事皆有正反面，也有一些心怀不轨的人抓住了企业在上市期间害怕遭遇专利诉讼的心理，而利用一些与企业产品关系不大的专利，或者一些权利不稳定的实用新型与外观设计等专利来起诉，试图借此索取一笔和解费，即所谓的“恶意知识产权诉讼”。

（一）“恶意知识产权诉讼”之刑事责任

2018年，上海市公安局经侦总队会同浦东分局组成联合专案组，成功破获一起以影响企业上市为要挟、非法索取巨额钱财的敲诈勒索案件。经查，2017年3~7月，犯罪嫌疑人李某、孙某二人获悉A公司正处于筹划股票首次发行的消息后，合谋利用李、孙二人控制的甲公司，以A公司侵犯甲公司专利权为名多次恶意发起诉讼、向证监会恶意举报，并以延迟、拖延和影响上市为要挟，逼迫A公司与其签订所谓“专利实施许可”协议，以授权使用专利为名勒索A公司。A公司为确保上市，无奈接受了李某、孙某的要挟，以80万元人民币取得了甲公司所持有或控制的所有专利权和专利申请权的授权许可。本案的侦破有力维护了拟上市公司的合法权益及资本市场的公平正义。基于本案，上海警方提示：以非法占有为目的，对被害人使用威胁或要挟的方式，强行索要公私财物的，属于敲诈勒索的违法犯罪行为。对于此类扰乱资本市场发审秩序的行为，公安机关将高度关注、重拳出击、全链条打击。因此，拟上市公司及上市公司如果遇到此类行为可及时向公安机关报案。

事实上，我国刑法目前尚没有对于恶意诉讼的刑罚规定，但存在一个十分近似的犯罪行为，即虚假诉讼罪。《刑法》第307条规定，虚假诉讼是指以捏造的事实提起民事诉讼，妨害司法秩序或者严重侵害他人合法权益的行为。2018年9月26日，最高人民法院、最高人民检察院出台《关于办理虚假诉讼刑事案件适用法律若干问题的解释》，其中第1条第4项规定对于“捏造知识产权侵权关系或者不正当竞争关系的”行为，应当认定为《刑法》第307条之一第7款规定的“以捏造的事实提起民事诉讼”。因此，对于试图通过捏造知识产权侵权关系，从而恶意提起知识产权诉讼，并妨碍科创板企业正常上市的行为，符合《刑法》第307条的规定，将承担相应的刑罚。

（二）“恶意知识产权诉讼”之民事责任

在我国当前的法律法规和各类司法解释中，并没有对“恶意知识产权诉讼”的民事责任进行明确规定，仅作为一种民事案件案由予以确定。此外，在我国的司法实践中，尚未见到法院以原告的行为属于恶意诉讼而驳回起诉的案例。

科创板企业顾名思义是科技密集型企业，上市期间遇到专利诉讼的可能性很大。由上文案例可以看出，上海市高级人民法院《科创板若干意见》的颁布是为了保障科创板企业的合法权益，避免科创板企业遭受恶意打击，明确提出要审慎处理涉发行上市审核阶段的科创企业的知识产权纠纷，有效防范恶意知识产权诉讼干扰科创板顺利运行。虽然《科创板若干意见》并未直接指出如何判定恶意诉讼，但是上海市高级人民法院首开先河，以规范性文件的形式明确对阻碍科创板上市的知识产权恶意诉讼敲响了警钟，震慑了针对科创板上市企业提起或潜在提起知识产权恶意诉讼的主体，并给全国其他法院树立了很好的示范。因此，值科创板陆续开板之际，上海市高级人民法院出台的《科创板若干意见》对科技板企业而言，无疑是一针“强心剂”。

重庆金山诉安翰科技专利侵权纠纷一案中，重庆金山的恶意诉讼行为，不仅给安翰科技的上市和商誉造成不利影响，也给其带来巨大经济损失。针对重庆金山公司的 8 件专利侵权诉讼，安翰科技公司于 2019 年 5 月 28 日向重庆市第一中级人民法院分别提起了 8 件案由为“因恶意提起知识产权诉讼损害责任纠纷”的诉讼。目前，重庆市第一中级人民法院已受理以上案件。一旦认定重庆金山的专利侵权诉讼构成恶意诉讼，那么根据《科创板若干意见》的相关精神，法院很有可能会作出国内第一份恶意知识产权诉讼的判决。

四、结　语

在上海市高级人民法院的《科创板若干意见》出台后不到一周，最高人民法院于2019年6月20日出台《关于为设立科创板并试点注册制改革提供司法保障的若干意见》。其中提到："加强对科创板上市公司知识产权司法保护力度。依法审理涉科创板上市公司专利权、技术合同等知识产权案件，对于涉及科技创新的知识产权侵权行为，加大赔偿力度，充分体现科技成果的市场价值，对情节严重的恶意侵权行为，要依法判令其承担惩罚性赔偿责任。进一步发挥知识产权司法监督职能，积极探索在专利民事侵权诉讼中建立效力抗辩审理制度，促进知识产权行政纠纷的实质性解决，有效维护科创板上市公司知识产权合法权益。"该规定虽不像上海市高级人民法院的《科创板若干意见》中直接提到要防范恶意诉讼，但也从另一个侧面反映出最高人民法院要为科创板企业的上市之路保驾护航。

根据上述两个"若干意见"规定的指导精神，可以预见法院将秉持审慎处理涉发行上市审核阶段的科创企业的知识产权纠纷的态度。重庆金山诉安翰科技阻止科创板上市专利诉讼第一案的判决结果，对于科创板企业，甚至今后的知识产权诉讼而言，都是一份里程碑式判决。

综上，防范恶意知识产权诉讼干扰科创板，势在必行。

电商平台打假第一案

——2017年推动中国法治进步十大案件之一

刘春泉　陈梦园

摘要：本文介绍的案件是电商平台打假第一案，该案被评为2017年推动中国法治进步十大案件之一，及至今日，仍可称为电商领域的标杆性案件。本文主要从案件背景、律师办案时切入点的考量、案件涉及的法律问题等角度详细介绍并还原该案的发展经过，剖析其引起轰动的原因，为后来者提供学习与参照的典范。

关键词：电子商务；打假；平台协议；违约

一、背景介绍

（一）电商发展和假货的压力

淘宝网是2003年创立的。在淘宝网起步阶段，易趣网和后来的易贝易趣才是当时中国电子商务市场的第一霸主，不过那时相对于依然强大的传统零售业，电子商务还不成气候，也没有今天大家声讨假货的烦恼。那时媒体上声讨的令人头疼的问题是淘宝推广太厉害，流氓软件无法卸载。

假货在中国乃至全世界一直都是令人头疼的顽疾，随着电商迅猛发展，一些原来主要在线下经营仿冒产品的商家，逐步通过网络转移到线上。

以下是从百度百科查到的淘宝网的成交金额屡破新高的惊人纪录：

2005年成交金额破80亿元，超越传统零售业全球第一的沃尔玛。

2007年，淘宝的交易额实现433亿元，比2006年增长156%。

2008 年上半年，淘宝成交额就已达到 413 亿元。

2009 年，全年交易额达到 2083 亿元。2009 年第一次举办具有鲜明网络特色的“双十一”购物节，淘宝和天猫销售额达 5000 万元。

2010 年“双十一”，淘宝和天猫销售额达 9.36 亿元，接近第一次的 20 倍。

2011 年“双十一”，天猫销售额达 33.6 亿元，淘宝和天猫共 52 亿元。

2012 年“双十一”，前 8 个小时天猫“双十一”购物节，支付宝交易额已经达到 50 亿元，接近 2011 年“双十一”全天淘宝和天猫的总交易额。全天淘宝及天猫平台交易金额达到 191 亿元。

2013 年“双十一”，开场仅 1 分钟成交的订单数量达到 33.9 万笔，6 分 7 秒成交额冲上 10 亿元。全天天猫及淘宝的总成交额达 350.19 亿元。

2014 年“双十一”，淘宝和天猫成交额达到 571 亿元。

2015 年“双十一”，淘宝和天猫成交额达到 912 亿元。

2016 年“双十一”，15 个小时天猫销售额达到 2015 年 912 亿元的销售总额，全天淘宝和天猫成交额达到 1207 亿元。

2017 年“双十一”，淘宝和天猫成交额达 1682 亿元，无线成交额占 90%。全球消费者通过支付宝完成的支付总笔数为 14.8 亿笔，同比增长 41%。“双十一”不再是中国人的专属购物狂欢节，世界上也不再是西方的圣诞购物狂欢节波及面最广，因为全球有 225 个国家和地区加入“2017 天猫‘双十一’全球狂欢节”。任何线下的购物狂欢节恐怕都无法望其项背，只能目瞪口呆。

“阿里巴巴”这个名称来源于《阿里巴巴和四十大盗》这个古老的民间故事，全世界尽人皆知。本来就是一个故事，如今当这个故事名称在中国被用于互联网公司，开启中国这个全球最大市场的电子商务之后，创造了一个商业神话。这样巨大的利益，让假冒伪劣产品生产者和销售者看到了电子商务的巨大商机，当消费者“轻松一点”等待收货的时候，送到手的却可能是假冒伪劣甚至有毒有害的商品。随着消费者不断将其不满诉诸媒体和消费者保护机构，电商平台的经营者，阿里巴巴亦面临巨大的压力。2016年在欧盟驻华使团举办的电子商务知识产权保护研讨会上，作为主持人和演讲嘉宾的刘春泉律师[1]亲眼见证了来自欧盟的多位知识产权权利人代表对电商平台企业代表咄咄逼人的批评与愤怒声讨，不得不以主持人的“职务便利”为出席会议的平台企业阿里巴巴的代表解围。

2015年12月，阿里巴巴宣布设立平台治理部，由曾在毕马威工作13年之久的阿里巴巴集团合伙人、时任副CFO郑俊芳女士担纲主管。平台治理部负责电商平台的规则、知识产权保护、打假、打击信用炒作等管理事宜。随后不久，又宣布聘用苹果公司前法律顾问马修·巴西尔（Matthew Bassiur）担任全球知识产权执法主管。2017年2月，阿里巴巴公布2016年的打假数据。2016年，阿里巴巴平台治理部门共认定和处理制假售假案件线索4495条，但有刑事判决结果的仅33例。阿里巴巴公开呼吁：完善法律法规，严格执法、加重刑罚、加大打击制假售假的执法力度。阿里巴巴对外宣布已经建立一支2000人的专业打假队伍，每年投入超过10亿元。但最终换来的只是33例刑事判决。对此，阿里巴巴首席平台治理官郑俊芳表示“坐不住了”，她用一张图片向媒体记者们展示了2016年的打假数据：在4495条制假售假案件线索中，执法机关接收1184件，破案469件，通过公开信息能够确认已经有刑事判决结果的仅33例，制假售假受到刑事处罚的比率仅为0.7%。而在法院判决的47人中，只有10人判实刑入监服刑，另外37人皆被判缓刑，换句话说，判决完了就放人了。难怪有人质疑，对于“无本万利”的制假售假者，这样的刑事责任震慑力能有多大？

打假谈何容易，甚至对于究竟什么是“假货”，在我国的法律中还找不到一个明确定义，在我国的学术著作里也难以找到一个很有说服力又具

---

[1] 自2005年起，刘春泉律师连续担任上海市律师协会第七届、第八届电子商务与信息网络法律研究委员会副主任。上海市律师协会副会长曾以人大代表身份向上海市人大建言立法《上海市电子商务条例》，其主要内容就是由刘春泉律师和十几位热心公益的律师一起研究完成的。

有可操作性的界定。何况近些年来随着知识产权保护力度增大，媒体广泛报道各种知识产权保护案件，售假者也变得精明了，现在纯粹公开售假的行为并不多见。一方面有政府执法部门监管，知识产权权利人在网上盯着是否有假货；另一方面也有一些职业打假人以“打假”作为牟利手段，利用《消费者权益保护法》“退一赔三”的规定，以及《食品安全法》“退一赔十”的规定，一旦买到假货就诉诸法院。如果对方是正规注册商家，买到假货的消费者维权成功可以拿到一笔不小的赔偿；售假者自然也知道风险，表面上不会明目张胆顶风作案，很多都是真假掺卖，令一贯走技术路线用软件或者数据说话的技术精英们也头疼不已。

刘春泉律师代理的“电商平台打假第一案”，就是在这样的大背景下于2017年年初启动的。

（二）阿里巴巴电商平台知识产权保护体系

诚如前文所述，淘宝网为了解决消费者在网上购物的信任问题，创设了一整套技术保障和交易体系，包括支付宝担保交易、消费者权益保障规则体系、七天无理由退货规则体系、消费者评价体系、售假商家严厉惩罚体系等。淘宝网为严打假货，创设了“神秘购买”制度，在志愿者的协助下，对于疑似假货进行实物购买，然后交由权利人鉴定，根据鉴定结果，对销售假货的商家进行相应的处罚。

根据《2017阿里巴巴知识产权保护年度报告》,[1]“2017年是阿里联合社会各界，在网络假货治理和知识产权保护上取得历史性突破的一年。数据技术已经转化为打假的巨大推动力：主动删除的疑似侵权链接中，97%一上线即被秒杀；95%的知识产权侵权投诉在24小时被处理；在投诉渠道更畅通的情况下，知识产权侵权投诉量下降42%；关闭24万个淘宝疑似侵权店铺；向司法机关提供线索，协助抓捕涉案人员1606名，捣毁窝点数1328个。”该报告中揭秘了阿里巴巴九大打假“黑科技”：

---

[1] 2017阿里巴巴知识产权保护年度报告［R/OL］.［2019-12-21］. https：//files.alicdn.com/tpsservice/6e0863d3589769cb2e8661bf615ba0b5. pdf.

（1）商品大脑；❶（2）假货甄别模型；❷（3）图像识别算法；❸（4）语义识别算法；❹（5）商品知识库；❺（6）实时拦截体系；❻（7）生物实人认证；❼（8）大数据抽检模型；❽（9）政企数据协同平台。❾

（三）打假第一案的始末

该案件的被告虽是姚某，但本案案发不是因她而起，而是在上海市宝山区公安机关一起刑事案件侦查中发现其丈夫小作坊制售猫粮涉嫌犯罪，由于姚某是销售该产品的淘宝店主，所以民事案件只能以她为被告。阿里巴巴和皇家猫粮品牌权利人密切合作，对淘宝平台上的售假行为进行打击，公安机关在上海市浦东新区的一个小作坊现场抓获了犯罪嫌疑人和他们雇请的工人。经审讯，犯罪嫌疑人供述了将购买的真品皇家猫粮切开小口，每袋倒出2公斤，然后掺入其他廉价品牌的猫粮，再重新封装，进行生产和销售的方式，倒出来的原装猫粮被当成零售的品牌猫粮已售出。大概是由于这种加工破坏了真空包装，曾经有买家买到猫粮给猫吃了之后引起猫腹泻，投诉卖家。

本案前期的准备是由阿里巴巴法务部和其他部门共同完成的。如果没有专业细致的前期准备，这种开创性的案例肯定不可能实现后期的顺利。

---

❶ 可对平台上近20亿件商品进行识别，通过学习外部信息，发现侵害他人知识产权的行为并进行判断、处理。

❷ 每日对全平台商品进行扫描，排查假货等问题商品，每完成一次扫描，相当于“征召”5000台虚拟服务器投入工作。

❸ 每日识别商品图片约6亿张，其中OCR识别（文字识别）每秒能扫描图片文字23 546 287个，相当于501本《康熙字典》，识别准确率达97.6%。

❹ 根据OCR识别出的文字，对文字背后的真实语义做分析和判断。

❺ 能将分散、庞杂的商品信息进行清洗、提炼、结构化为标准统一可被模型、系统执行的信息流。

❻ 任何时间发布或编辑的商品信息都会在毫秒级内完成风险扫描，识别并拦截问题商品。

❼ 广泛应用于阿里系平台的商家入驻审核、密码修改、高风险行为触发认证等环节。结合权威数据源和实人可信模型，确保商家身份真实可靠。

❽ 智能筛选潜在问题商品，并提交“小二”发起神秘抽检。

❾ 为提升公检法部门执法效率，阿里巴巴专门开发了协查系统，搭建了与工商、质监、食药监、海关等部门的数据桥梁，依法快速处理协查需求，为执法部门提供协助。

这个案件各种准备完毕、正式到奉贤区人民法院立案是2017年3月8日上午，当时受理法官看了看材料表示，这种新类型的案件要研究一下，会按照《民事诉讼法》规定7天内答复。

不料想当天傍晚，奉贤区人民法院即来电回复，这起原告淘宝起诉被告姚某售假案，已经被列为重大案件，请代理律师认真准备，并告知本案合议庭组成人员：审判长陆卫民法官，经办人徐箐法官，书记员王月清。审判长陆卫民法官曾担任上海市第二中级人民法院知识产权庭庭长，由他来亲自担任审判长，无疑是这个案件的幸运，因为这个案件本质上是一起知识产权案件。虽然以合同案由无法送到知识产权庭审理，但最终由知识产权庭原庭长作为本案的审判长，也是一种莫名的缘分。

由于淘宝网与品牌方密切合作，向警方提供了线索支持，警方在浦东新区的小作坊现场抓获嫌疑人并缴获相关证据。案件进入民事诉讼后，刘春泉律师向法院申请了调查令，几次前往宝山区公安分局经侦支队、宝山区公安分局淞南派出所等单位调查取证。

（四）案件主要事实、法院的审理情况、判决结果

在阿里巴巴法务部的大力支持下，经刘春泉律师调查查明，2007年9月，被告在淘宝网上注册会员，并与淘宝网签订《淘宝平台服务协议》，经营名为“乐巢宠物”的店铺，销售各类猫粮等宠物用品。根据《淘宝平台服务协议》第1条约定，淘宝系淘宝平台经营者的单称或合称，包括淘宝网经营者浙江淘宝网络有限公司、天猫经营者浙江天猫网络有限公司等。淘宝基于互联网，以包含淘宝平台网站、客户端等在内的各种形式向被告提供各项服务。第4条约定，被告有权在淘宝平台上享受店铺管理、商品或服务的销售与推广、商品或服务的购买与评价等服务。第4.2条约定，被告不得在淘宝平台上销售国家禁止或限制的商品，以及侵犯他人知识产权或其他合法权益的商品。第6.3条约定，如被告的行为使淘宝及其关联公司遭受损失，包括自身的直接经济损失、商誉损失及对外支付的赔偿金、和解款、律师费、诉讼费等间接经济损失，被告应当赔偿淘宝及其关联公司的上述全部损失。

2016年某一天，皇誉宠物食品（上海）有限公司（以下简称皇誉上海公司）在与淘宝网合作“打假”过程中，发现被告店铺销售的“ROYALCANIN”猫粮存在假货的嫌疑，涉嫌侵犯皇家宠物食品有限公司（Royal Canin SAS，以下简称皇誉法国公司）的“ROYALCANIN”商标权，遂以“神秘购买”的方式从被告店铺购买了“法国皇家K36幼猫粮4~12月龄2kg宠物猫主粮”1袋，价格为99元。淘宝公司收到商品后交由权利人授权的皇誉上海公司鉴定。经鉴定，被告销售的商品验证码、二维码、包装都与权利人生产的商品相同，但包装底部有被划开又高温融合的明显痕迹，经试验室对猫粮颗粒检测，检测结果数据与正品不符合，给出了所涉商品为假货的鉴定结论。被告在淘宝网上销售涉嫌侵权商品货值已经触犯刑法，故淘宝网将线索移送警方。

2016年8月15日，上海市公安局宝山分局出具沪公（宝）立字（2016）8214号立案决定书，对被告涉嫌构成销售假冒注册商标商品罪进行立案侦查。10月12日，上海市公安局宝山分局对被告的经营场所进行查处，被告即停止销售涉案掺假猫粮。2017年3月8日，淘宝公司以被告违反《淘宝平台服务协议》为由向奉贤区人民法院提起诉讼。

同时，法院查明，截至2016年10月，被告店铺会员人数为14 421人。自2015年1月至2016年10月，被告的淘宝网销售记录记载，其销售各类皇家猫粮、宠物用品等合计717万元。

本案中，刘春泉律师据此代表原告淘宝公司提出诉讼请求如下：（1）判令被告赔偿原告损失人民币265万元；（2）判令被告连续一周在《法制日报》《中国消费者报》等媒体除中缝之外的显著位置，在新浪网、网易网网站显著位置刊登声明，消除因被告的恶意售假行为对原告商誉造成的影响；（3）判令被告赔偿原告合理支出2万元。

法院归纳的本案争议焦点如下：（1）被告的售假行为是否给原告造成商誉等损害，原告主张赔偿是否有事实依据；（2）原告主张被告在媒体刊登声明、消除影响是否有相应的依据。

对于争议焦点（1）：被告的售假行为是否给原告造成商誉等损害，

原告主张赔偿是否有事实依据。原、被告签订的《淘宝平台服务协议》第6.3条约定，如被告的行为使淘宝及其关联公司遭受损失，包括自身的直接经济损失、商誉损失及对外支付的赔偿金、和解款、律师费、诉讼费等间接经济损失，被告应当赔偿淘宝及其关联公司的上述全部损失。被告以掺假的方式持续在淘宝网上出售假货，其行为不仅损害了与商品相关权利人的合法权益，而且降低了消费者对淘宝网的信赖和社会公众对淘宝网的良好评价，对淘宝网的商誉造成损害，故被告应当就此予以赔偿。

对于争议焦点（2）：原告主张被告在媒体刊登声明、消除影响是否有相应的依据。刘春泉律师认为，《合同法》第107条规定："当事人一方不履行合同义务或者履行合同义务不符合约定的，应当承担继续履行、采取补救措施或者赔偿损失等违约责任。"违反合同义务，就要承担违约责任。《民法通则》第111条规定："当事人一方不履行合同义务或者履行合同义务不符合约定条件，另一方有权要求履行或者采取补救措施，并有权要求赔偿损失。"据此，承担违约责任的种类有继续履行、采取补救措施、停止违约行为、赔偿损失，此外，还有支付违约金及定金责任等形态。被告售假行为违反合同约定，损害原告商誉，要求其登报道歉属于挽回商誉的补救措施，因此，原告请求被告以登报道歉方式作为补救措施，有明确的法律依据。

法院认为，原告是以服务合同为基础法律关系提起诉讼，双方合同并未约定被告对原告造成商誉损害需要承担消除影响的责任。现原告要求被告在媒体上发表声明、消除影响，无合同和法律依据，故对原告该项诉讼请求不予支持。

最终法院判决如下：（1）被告于本判决生效之日起10日内赔偿原告浙江淘宝网络有限公司损失人民币10万元；（2）被告于本判决生效之日起10日内赔偿原告浙江淘宝网络有限公司合理支出人民币2万元；（3）驳回原告浙江淘宝网络有限公司的其余诉讼请求。

（五）案件所取得荣誉

该案件后来被称为"电商平台打假第一案"（因为是淘宝起诉售假卖

家第一个判决的案件），2017 年推动中国法治进程十大案件之一，2017 年十大互联网案例之一，入选《2017 年中国法治蓝皮书》典型案例，2017 年中国十大影响性诉讼，《商法》杂志 2017 年度交易案例之一，2017 年推动中国互联网法治进程十大事件，等等。

有此成功案例在先，之后淘宝打假案件就进展比较顺利，例如，（2018）浙 0782 民初 9004 号判决、（2017）浙 0782 民初 15173 号判决等均援引该判决，获得胜诉。

二、法律分析

（一）平台打假的诉讼思路：违约还是侵权？

依据《合同法》第 122 条规定："因当事人一方的违约行为，侵害对方人身、财产权益的，受损害方有权选择依照本法要求其承担违约责任或者依照其他法律要求其承担侵权责任。"

本案中被告违反了双方签订的《淘宝平台服务协议》，同时其销售假货的行为致使淘宝网商誉受损，因此，平台打假应当采取怎样的诉讼思路在本案中是一个至关重要的问题，主要考量因素如下。

1. 请求权基础与举证难易程度

提起违约之诉只需要合同约定为请求权基础，举证按照违约之诉只需要证明合同约定、违约事实和违约损失，相对侵权之诉举证责任较轻一些。本案需提供的证据为：（1）合同约定，即《淘宝平台服务协议》《淘宝规则》；（2）违约行为，即证明被告确有销售假冒产品的行为，具体包含"神秘买家"网上订单详情、涉案猫粮收货录像光盘、涉案猫粮假货鉴定报告、皇誉法国公司授权文书及翻译件、公安机关受理登记表、立案决定书、被告及猫粮买家讯问笔录等；（3）违约损失，即证明原告平台遭受损失的证据，这一点很难证明。

提起侵权之诉需要明确的请求权基础，并按照侵权之诉进行举证。本案的请求权基础是什么？一般电商打假都是知识产权权利人起诉，权利基础是知识产权，电商平台与商家是商业合作，是合同关系，商家卖假侵犯平台什么权利？售假者也不是采取诽谤、诋毁等手段，损害公众对电商平台的信赖，降低其产品或者服务的社会评价，所以能否认定为法律意义上侵犯法人的名誉权？经过研究，笔者认为可以以售假行为严重损害淘宝平台美誉度，侵犯商誉，作为请求权基础。结合本案研究认为需提供的证据为：①侵权行为，即证明被告确有销售假冒产品的行为，具体包含“神秘买家”网上订单详情、涉案猫粮收货录像光盘、涉案猫粮假货鉴定报告、皇誉法国公司授权文书及翻译件、公安机关受理登记表、立案决定书、被告及猫粮买家讯问笔录各一份。②损害后果，即客观上淘宝名誉受损的事实，证明原告平台因此遭受损失的证据，这一点比较困难，虽然售假肯定损害商誉，但造成损害的价值与要说服法院判决赔偿给原告，谈何容易？难以量化的事物就难以证明。③侵权行为与损害后果之间的因果关系，这一点在起诉之前就很容易预见，被告必然抗辩其售假行为规模小不足以影响原告商誉。④被告的主观过错，即被告是故意或者过失。销售假冒产品是明知的，这一点分歧不大。

实际上，根据现有证据材料，刘春泉律师团队的内部讨论分析认为，起诉违约和侵权理论上都是可以成立的，但是，考虑到在侵权诉讼中原告举证责任更重，而以合同违约之诉一般无论诉讼、仲裁均会尊重当事人意思自治，律师团队也研究过一些以前从侵权角度不易处理的案件以违约为案由处理的案例。刘春泉律师调查发现，中国司法实践以商誉为请求权基础的类似案件数量很少，当时检索结果仅仅查到北京市高级人民法院多年前曾判决某杀毒软件误报杀毒导致原告起诉其侵犯商誉的判决，为此刘春泉律师还专门请教了这个案件的已退休的原北京市高级人民法院承办法官孙苏理，了解当年案件的具体情况和审判思路。为了确保打假成功，避免出师不利反而助长售假者的嚣张气焰，经过权衡，刘春泉律师决定先以违约起诉。

2. 争取法院可能支持的赔偿数额

违约之诉与侵权之诉不同，违约之诉如有约定违约金，可以请求违约金；没有违约金，可以请求违约损失。无论诉讼还是仲裁，处理合同案件首要是尊重当事人意思自治，也就是凡是有合同约定的必须首先按照约定办。根据协议约定，如以违约提起诉讼，可能支持的赔偿范围为“如用户的行为使淘宝网或其关联公司、支付宝公司遭受损失（包括自身的直接经济损失、商誉损失及对外支付的赔偿金、和解款、律师费、诉讼费等间接经济损失），用户应赔偿淘宝网或其关联公司、支付宝公司上述全部损失”。倘以侵犯名誉权提起诉讼，支持的赔偿范围仅为淘宝网商誉受损带来的损失，我国法院对于侵权诉讼赔偿一向保守谨慎，赔偿金额可能不太高，除了知识产权法律另有明确规定需要赔偿律师费外，一般法院也不一定支持律师费。

因此，以合同为依据，由于淘宝网的协议约定赔偿范围更广，法院可能支持的损失赔偿额多于以侵权为由提起的诉讼，至少律师费有明确约定，法院应当予以支持。因此，在法院可能支持的赔偿数额这一方面，以合同为案由优于以侵权责任为案由。

3. 可支持的诉讼请求

倘若提起违约之诉，因不涉及人身权，一般不能请求判令赔礼道歉。本案提起要求被告承担消除影响的责任请求，刘春泉律师事先进行了深入研究，依据是《合同法》和《民法通则》关于违约行为可以请求采取补救措施的规定。要求被告在媒体上发表声明、消除影响，是作为被告损害原告商誉的一种补救措施而提出的，这是试探法院能否以更积极的态度支持电商平台打假。

而按照侵权之诉，赔礼道歉、消除影响较容易得到法院支持，具体可参照淘宝网随后以侵权责任纠纷提起的打假诉讼（2017）浙 0782 民初 15173 号、（2018）浙 0782 民初 9004 号等判决。

因此，在确定案由时，可根据着重于赔偿责任还是赔礼道歉来选择。在本案的内部讨论中，刘春泉律师曾提出，以《合同法》第 107 条的违约责任规定（“当事人一方不履行合同义务或者履行合同义务不符合约定的，应当承担继续履行、采取补救措施或者赔偿损失等违约责任”），要求被告以发表道歉声明的方式作为在平台售假给原告商誉造成损害的补救措施。这就解决了合同案件没有人身权不能要求赔礼道歉的问题，可惜法院的最后判决还是比较保守，并没有迈出刘春泉律师希望的这一步。

（二）假货的取证与认定

1. 假货的取证

本案中假货的取证方式得益于淘宝平台较为完善的打假制度，先由“神秘买家”网上购买，后将涉案猫粮交由权利人授权的皇誉上海公司进行鉴定。经鉴定，被告销售的商品验证码、二维码、包装都与权利人生产的商品相同，但包装底部有被划开又高温融合的明显痕迹，经试验室对猫粮颗粒检测，检测结果数据与正品不符合，给出所涉商品为假货的鉴定结论。

2. 假货的认定

人人喊打假，天天喊打假，尴尬的是，现行法律对“假货”没有准确的定义，亦不曾有文章对“假货”这一词的含义作出明确界定。

（1）相关法律法规对“假货”的定义。

法律中与“假货”一词紧密相连的概念为“假冒伪劣产品”。各法中对“假冒伪劣产品”的定义如下。

根据《中华人民共和国产品质量法》（以下简称《产品质量法》）第5条规定：“禁止伪造或者冒用认证标志等质量标志；禁止伪造产品的产地，伪造或者冒用他人的厂名、厂址；禁止在生产、销售的产品中掺杂、掺假，以假充真、以次充好。”第12条规定：“产品质量应当检验合格，不得以不合格产品冒充合格产品。”第13条规定：“可能危及人体健康和人身、财产安全的工业产品，必须符合保障人体健康和人身、财产安全的国家标准、行业标准；未制定国家标准、行业标准的，必须符合保障人体健康和人身、财产安全的要求。禁止生产、销售不符合保障人体健康和人身、财产安全的标准和要求的工业产品。”

《中华人民共和国刑法》（以下简称《刑法》）第140条规定：“生产者、销售者在产品中掺杂、掺假，以假充真，以次充好或者以不合格产品冒充合格产品，销售金额五万元以上不满二十万元的，处二年以下有期徒刑或者拘役，并处或者单处销售金额百分之五十以上二倍以下罚金；销售金额二十万元以上不满五十万元的，处二年以上七年以下有期徒刑，并处销售金额百分之五十以上二倍以下罚金；销售金额五十万元以上不满二百万元的，处七年以上有期徒刑，并处销售金额百分之五十以上二倍以下罚金；销售金额二百万元以上的，处十五年有期徒刑或者无期徒刑，并处销售金额百分之五十以上二倍以下罚金或者没收财产。”

细化至与本案有关的应有《食品卫生法》与《商标法》中的细化规定。《食品卫生法》第9条规定：“禁止生产经营下列食品：(一) 腐败变质、油脂酸败、霉变、生虫、污秽不洁、混有异物或者其他感官性状异常，可能对人体健康有害的；(二) 含有毒、有害物质或者被有毒、有害物质污染，可能对人体健康有害的；(三) 含有致病性寄生虫、微生物的，或者微生物毒素含量超过国家限定标准的；(四) 未经兽医卫生检验或者检验不合格的肉类及其制品；(五) 病死、毒死或者死因不明的禽、畜、兽、水产动物等及其制品；(六) 容器包装污秽不洁、严重破损或者运输工具不洁造成污染的；(七) 掺假、掺杂、伪造，影响营养、卫生的；(八) 用非食品原料加工的，加入非食品用化学物质的或者将非食品当作食品的；(九) 超过保质期限的；(十) 为防病等特殊需要，国务院卫生行政部门或者省、自治区、直辖市人民政府专门规定禁止出售的；(十一) 含有未经国务院卫生行政部门批准使用的添加剂的或者农药残留超过国家规定容许量的；(十二) 其他不符合食品卫生标准和卫生要求的。”《商标法》第67条规定：“未经商标注册人许可，在同一种商品上使用与其注册商标相同的商标，构成犯罪的，除赔偿被侵权人的损失外，依法追究刑事责任。伪造、擅自制造他人注册商标标识或者销售伪造、擅自制造的注册商标标识，构成犯罪的，除赔偿被侵权人的损失外，依法追究刑事责任。销售明知是假冒注册商标的商品，构成犯罪的，除赔偿被侵权人的损失外，依法追究刑事责任。”

综上所述，一般认定为“假货”有四种可能：第一，伪造或者冒用认证标志等质量标志；第二，伪造产品的产地；第三，伪造或者冒用他人的厂名、厂址；第四，生产、销售的产品中掺杂、掺假，以假充真、以次充好。

（2）平台规则对假货的定义及处理。

《淘宝平台争议处理规则》[1] 第15条：“假冒商品，是指假冒注册商标的商品或盗版商品。”

《淘宝平台争议处理规则》关于假冒商品的责任认定如下：

第八十一条　买家主张商品存在质量问题系肉眼不可识别的或系假冒商品的，卖家应当按照淘宝的要求提供厂家的经销凭证、报关单据（进口商品）、产品合格证、商业发票、执行标准等相关凭证以证明商品来源或出厂合规。

第八十三条　买家主张假冒商品，卖家已提供有效凭证的，买家应当按淘宝的要求提供有效凭证证明系假冒商品。

第八十七条　买家主张肉眼不可识别的质量问题或假冒商品，卖家已提供证明商品来源或出厂合规的相关凭证，同时买家无法证明商品存在质量问题或系假冒商品的，交易支持打款。

第八十八条　买家主张肉眼不可识别的质量问题或假冒商品，卖家无法提供证明商品来源或出厂合规的相关凭证，交易支持退货退款。

《天猫平台规则》：

第六十四条　出售假冒商品，每次扣四十八分。出售假冒商品的，天猫删除会员所发布的假冒商品或信息。同时为了防止对公众造成不利影响，保护消费者权益，对涉嫌违反上述情形的商家，天猫视情节严重程度给予店铺监管。为出售假冒、盗版商品提供便利条件的，每次扣二分；情节严重的，每次扣十二分。

第六十五条　假冒材质成分，是指商家对商品全部材质或成分信息的描述与买家收到的商品完全不符的。商家首次假冒材质成分的，扣六分；

[1] 淘宝平台争议处理规则［EB/OL］.（2017-10-10）［2020-06-25］.https：//zhongyiyuan.alitrip. com/detail-6269. htm%3Ftag%3Dself.

再次及以上假冒材质成分的，每次扣十二分。特定类目商家假冒材质成分的，不论是否首次，每次扣十二分。商家被扣十二分累计达三次，扣四十八分。假冒材质成分的，天猫删除会员所发布的假冒材质成分的商品。

《京东开放平台商家违规积分管理规则》：

2.1. 出售假冒商品：指商家出售假冒、盗版商品的行为。

（三）索赔项目、金额和理由

在本案中，在阿里巴巴集团法务部强有力的支持下，刘春泉律师代表原告提出四种经济损失计算方式。

方式一：以店铺会员人数×会员人均年度贡献计算损失。

被告店铺会员人数为 14 421 人，网络平台每位活跃用户的年度贡献为 184 元（阿里巴巴集团 2017 财年第三季度即 2016 年 10 月 1 日至 12 月 31 日财报显示），故损失为 14 421×184＝265.3464 万元。

这种计算损失方式更适宜用在皇誉上海公司为原告时，计算被告销售假货给皇誉上海公司带来的损失，而非给平台带来的损失。

方式二：品牌计算方式。

淘宝网的品牌价值为2300 亿元（依据2016 年度胡润品牌榜之“最有价值中国品牌”榜单确定），购买涉案品牌猫粮的会员数为 14 421 人，网络平台的活跃用户为 4.93 亿人，2 300 亿×（14 421÷4.93 亿）＝672.7849 万元。

利用该种计算方式估算其对淘宝品牌的影响度为多少，从而确定损失。这是一种借助第三方数据进行品牌商誉损失量化的尝试。

方式三：货值损失。

根据被告淘宝网销售记录，经数据筛选，卖家姓名选择“姚某”，关键词为“皇家”，系统自动得出货值为 717 万元。

货值损失统计可以证明被告实施售假侵犯皇家猫粮的销售金额。侵权销售金额越大，被告违法获利越多，对品牌商和消费者损害也越大。

方式四：出现假货纠纷对平台整体用户活跃度的影响。

张凯夫教授的研究报告指出：每次假货或者品质纠纷，会让消费者在平台整体的消费活跃度显著下降，平均来说，高单价的商品（货值270元以上）在12周内造成的消费金额下降为货值的3.57倍，即购买一个1000元的假货会导致一个消费者在之后的12周内的平台消费下降3570元，影响的持续时间会延伸到20周以上。买家活跃度下降717万元×3.57×（20÷12）≈4351万元，正常经营卖家受损：717万+4351万=5068万元，货币化率为2.8%，相应平台受损为：5068万×2.8%≈141万元。

刘春泉律师分析认为，这四种计算方式各有利弊，很难有一种能根据中国法律和司法实践有成熟案例的支撑，或者说能按照中国实践有压倒性说服力。相对来说，方式四更具有参考价值。但存在一些问题，毕竟这些都是新问题，难以到法院的判例库寻找现有的成熟案例来借鉴。

最终法院认为：鉴于被告售假的行为对原告商誉造成损害，故综合考虑被告经营时间、商品价格和利润等因素，酌情确定被告赔偿数额，最后认定为10万元。

根据法院判决，实际还是法官运用自由裁量权酌定赔偿，法院最终支持的损失部分仅仅是被告售假行为给原告商誉造成损害的部分。我们希望通过本案树立类似电商平台商誉损害赔偿标准或计算方式裁判规则，但遗憾没能实现。

（四）淘宝打假与电商平台的制度和责任

淘宝平台打假，实际上能促进《电子商务法》中关于平台制度的建立与完善，以及关于平台责任的界定与落实。

自2016年《电子商务法（送审稿）》出台，电商平台责任引起各方关注，本案承办律师刘春泉律师在电子商务法立法中自始至终重点关注电商平台的性质与法律责任，积极建言平台制度的确立，避免平台责任等同于销售商而带来过重的责任，妨碍中国电商企业在全球范围内与美国电商巨头公平竞争，但也从消费者权益保护和市场竞争长远出发不赞同平台完全免责。他曾在《我国电商立法核心问题是平台制度建设》一文中提及：电子商务法不能弄成电商平台免责法，有必要从制度层面深入讨论，电商平台除了确立所有企业都必须有的信息安全、网络交易空间秩序管理维护等责任外，对销售行为不承担直接销售责任，但还需确立民法上的合理谨慎义务，或注意义务。

《电子商务法（草案）》（三次审议稿）第 37 条规定：“电子商务平台经营者知道或者应当知道平台内经营者销售的商品或者提供的服务不符合保障人身、财产安全的要求，或者有其他侵害消费者合法权益行为，未采取必要措施的，依法与该平台内经营者承担连带责任。对关系消费者生命健康的商品或者服务，电子商务平台经营者对平台内经营者的资质资格未尽到审核义务，或者对消费者未尽到安全保障义务，造成消费者损害的，依法与该平台内经营者承担连带责任。”最终《电子商务法》第 38 条规定确立的电商平台的安全保障义务，虽然与刘春泉律师建议的合理谨慎义务不完全相同，但毕竟迈出电商平台制度建设的第一步，标志着电商平台制度建设的开始，以后可以在实践中进一步总结完善。

淘宝网建立的一套知识产权保护体系实际上便是电商平台构建合理科学制度的开始，该案件亦为先于《电子商务法》落实电商平台企业社会责任的经典案例。

三、律师办案心得体会

本案是国内首例判决的电商平台打假案件，无疑为国内屡禁不止的电商网络平台店铺售假行为敲响了警钟，只有在商业运营中充分尊重知识产权、公平竞争，行业才能长期健康有序地发展。

该案同时是电商平台落实企业责任的典型，在无数电子平台推诿责任或不惜以放任电子商务经营者售假卖假获取巨大利益的情形下，该案为推动电商平台规范经营模式、维护平台交易安全发挥了示范作用。

知识产权分析评议助力企业提升综合竞争力

■ 郭国中 唐 莉 李佳俊

摘要：企业竞争，更多的是科技的竞争、知识产权的竞争，知识产权分析评议活动能在企业经营发展中发挥保驾护航的作用，助力企业快速发展，规避风险，提升综合竞争实力。本文逐一分析知识产权分析评议工作在提升企业研发立项、产品上市、市场监控维权和知识产权管理体系建设方面的竞争力的缘由，并为企业具体开展知识产权分析评议工作提供建议，从而使企业真正借助知识产权分析评议工作，提升综合竞争力。

关键词：知识产权分析评议；企业综合竞争力

知识经济时代的到来，使得知识产权成为重要的商业资源。对于企业而言，结合商业手段对无形资产进行战略布局非常普遍。知识产权分析评议，作为企业经营发展中了解发展态势、防范潜在风险、建立竞争优势的途径和方法，也日益受到重视，并逐步内化到企业经营发展的全过程。知识产权分析评议的内容很多，本文从研发立项、产品上市风险评估、市场监控维权及知识产权管理体系建设四个方面，探讨知识产权分析评议在上述四个方面如何助力企业提升综合竞争力，并给出具体工作建议。

一、知识产权分析评议提升企业综合竞争力

（一）知识产权分析评议提升企业研发立项工作的竞争力

研发立项是科研项目最重要的基础性环节，是在项目早期、项目还在考察阶段、具体建设方案还不够明晰的时候，对拟建设项目提出的框架性

的总体设想。立项的主要工作是从宏观上论证项目设立的必要性、可能性，以及项目实施过程中可能出现的风险情况。它的呈报可以供项目审批机关做出初步决策，可以减少项目选择的盲目性，为可行性研究打下基础。

知识产权分析评议作为立项环节十分重要的一环，可以为项目立项提供研发方向、竞争对手状态、方案规划等辅助决策信息，帮助确定项目的必要性和可行性。同时，通过专利检索分析，规避侵权风险，实现项目在立项阶段的知识产权风险预警。因此，发达国家在科技项目立项时，无论是国家资金资助的项目，还是公司出资研发的项目都十分重视其中的知识产权评议和分析。

海尔集团通过系统检索 1974～1985 年的国外主要竞争对手的专利文献后得知：日本冰箱的发展方向是多功能化，美国冰箱的发展方向是左右开门大容量化，欧洲冰箱的发展方向为大冷冻节能化。海尔决定自己的冰箱发展方向为变频、高智能、居室化和医用专门化。这样不但摆脱了国外竞争对手的专利控制，而且领导了世界冰箱发展的潮流，使自己快速成为世界一流的冰箱生产企业。因此，利用主要竞争对手的研发趋势和动态，寻找突破口，确定研发方向，也是立项阶段有效运用专利信息分析得出的重要结论。

（二）知识产权分析评议提升企业产品上市之后的竞争力

如果企业在研发立项前，做好了相关的知识产权评议工作，是否就意味着可以高枕无忧了？不是，根据《专利法》的规定，从专利申请日到专利公开日，有 18 个月的保密期，在此期间的专利信息无法通过公开的检索平台得到，因此需要专利工作人员制定相关主题检索表达式，连续跟踪公开的专利申请信息，并密切关注它的时效性，以避免漏掉任何重要专利申请，同时，对检索到的专利申请的法律状态进行查询，以确定有效专利。

企业经营过程中，如何能够真正做到侵权规避和创新发展结合，这是一个比较具有挑战性的课题，尤其在以下两个关键阶段。

1. 产品国内上市阶段风险评估有助于提升产品上市后的竞争力

一个产品从研发到上市，需要花费企业很多的心血、时间和费用，很多企业在产品研发和产品上市前的宣传准备工作中投入很多，却忽略了关键的一步，没有在产品上市前去做产品可自由操作的分析评议，结果有可能导致产品一上市就遇到挑战，在市场上遇到侵权投诉或有第三方就产品侵权提起相关诉讼之状况。产品国内上市阶段，对相关产品做可自由操作分析评议，对相应的风险进行评估是非常重要的。

2. 产品国外上市（出口）阶段风险评估有助于提升产品上市后的竞争力

中国出口型企业不少，这些企业看好海外市场，针对海外的市场需求研发出配套的产品，也接到了海外订单。在按照订单完成生产任务，准备出口时，可能会遇到以下问题：（1）进入目的地的海关，因有知识产权侵权嫌疑遭遇货物扣押，后续可能还涉及侵权赔偿问题；（2）进入目的地市场进行销售时，被投诉有知识产权侵权问题，也会遇到货物扣押和后续赔偿的问题。

产品国外上市（出口）阶段，进行相关的产品可自由操作分析评议，对相应的风险进行评估是非常重要的。以下就是一个中国企业因产品在国外上市（出口）阶段没有做相关的产品可自由操作分析评议而惨遭诉讼、最终以诉讼失败告终的典型案例。

2005 年 7 月 1 日，美国尤尼林集团（UnilinBeheer）以及荷兰尤尼林公司（Unilin）、爱尔兰地板工业公司联合向美国国际贸易委员会起诉圣象集团等地板企业的地板锁扣专利侵权。7 月 6 日，中国林产工业协会举行紧急会议，决定由商务部牵头应诉。2006 年 7 月 24 日，美国国际贸易委员会初裁荷兰尤尼林公司的 779 号地板锁扣专利无效后，多数中国木地板企业都以为这场耗时一年有余的“锁扣”纠纷，最终将以中方胜利而结束。但是 2007 年 1 月下旬，美国国际贸易委员会裁决 38 家全球被诉企业（其中包括圣象等 18 家中国企业）在美销售的强化木地板（以下简称地板）专利侵权，而同期签发的普遍排除令，则会导致大量的中国地板在美国海关被拒，此事几无翻盘可能。据统计，我国每年出口到美国的强化木地板约为3000万平方米，败诉后，这些地板若想继续在美国市场销售，就必须向荷兰尤尼林公司一次性支付10万~12万美元，此外，每销售1平方米还需另付0.65美元的专利许可费，这可能导致处于中低档的中国地板厂商“集体跳水”。

媒体认为，此次败诉“源于我国木地板企业拥有自主知识产权和保护自主知识产权的意识薄弱，造成侵权”，并鼓励地板企业加强技术创新。这一看法十分客观。

此外，我国还面临灯具、发动机、万用表、首饰盒以及饲料等行业的“337调查”，更给我国制造业的知识产权状况敲响了警钟。[1]

（三）知识产权分析评议可提升企业市场监控维权工作的竞争力

企业的产品经过研发立项阶段和产品上市前的相关知识产权分析评议后，找准方向，规避风险，进入市场后适销对路，在市场上热销后，可能会面临市场监控维权方面的问题，而做好市场监控维权，是企业对胜利果实的保护，也是延长产品周期、让产品能够更好地发展的有效方法。早期进行专利申请/布局、商标注册申请、商业秘密保护等可以在这个阶段作为防卫利器拿出来使用。市场监控维权中，知识产权分析评议非常重要。通过知识产权分析评议，企业能够明确判断市场上发现的嫌疑产品是否侵犯自己有专有权的专利、注册商标等，并根据具体的分析结果制定相关的维权策略。以下这个案例，就是格力公司在用自己有效的实用新型专利权对奥克斯公司进行市场监控维权的实证。

2018年12月19日，作为广州知识产权法院“服务和保障科技创新十大典型案例”之一的“珠海格力电器股份有限公司与宁波奥克斯空调有限公司、广东晶东贸易有限公司侵害实用新型专利权纠纷案”，由广州知识产权法院裁判，格力公司是涉案实用新型专利ZL200820047012.X

[1] 美国337调查：残酷的遭遇战［EB/OL］.［2007-05-31］［2019-12-21］. http://finance.sina.com.cn/leadership/case/20070531/15593649413.shtml.

“一种空调机的室内机”的专利权人，该专利申请日是2008年4月25日，授权公告日是2009年5月30日，专利有效，其专利权应受法律保护。经对比，被诉产品落入格力公司专利权保护范围，奥克斯公司提出的现有技术抗辩不成立。由于格力公司已就奥克斯公司侵权获利初步举证，被诉产品获利的账簿、资料主要由奥克斯公司掌握，法院责令奥克斯公司限期提交财务账册，然而奥克斯公司提交的统计表及明细仅涉及四个型号被诉产品，并以封存或内部规定为由明确拒绝提供统计数据所依据的原始凭证。法院认为奥克斯公司应承担举证妨碍责任。在本案发生前，奥克斯公司因侵害格力公司同一专利权被一审判决停止侵权，生效判决也已在本案审理过程中做出，奥克斯公司非但没能及时修改侵权技术方案，反而大量制造销售本案八个型号侵权产品，主观恶意十分明显。法院着重考虑以上两因素，并结合被诉产品线上及线下销售额、利润率、贡献率、合理费用等因素，判令广东晶东贸易有限公司停止侵权，奥克斯公司停止侵权、销毁库存及专用模具、赔偿格力公司4000万元。这个典型案例，就是格力公司通过诉讼方式进行维权，奥克斯空调在产品上市之前未做相关风险评估分析而引发的相关诉讼和赔偿案例。

（四）知识产权分析评议提升企业知识产权体系建设的竞争力

企业竞争，更多的是科技的竞争、知识产权的竞争。企业若想长远发展，真正提升综合实力，还会遇到一个挑战，那就是如何有效地、持续地推进企业知识产权管理，进行知识产权管理体系建设，让知识产权在企业的发展中发挥更大的作用。

随着经济的快速发展，中美贸易摩擦的逐渐增多，民众对知识产权的重视程度也日益增加，近期经常能看到有关知识产权方面的报道，许多之前没有注意或关注的问题，也逐渐进入民众的视野。企业对知识产权的重视，从企业内部开始设立专职或兼职的知识产权人员开始，但企业知识产权人员如何进行培养和能力提升，这也是企业需要解决的一个问题。

国家近年来不断出台各类政策，推动企业开展知识产权方面的工作。自2012年，国家从政策层面、研究项目层面开始针对一些重要产业推动国家层面的知识产权评议工作，2013 年国家出台《企业知识产权管理规范》（GB/T 29490-2013），各级政府后续也积极响应，鼓励企业创新，陆续出台不同的专利试点示范项目，从政策和资金上对企业给予扶持，希望能够让企业在知识产权申报和管理方面上一个台阶。但企业不能只依赖政府的项目，企业若能借着国家和各级政府积极推进知识产权相关工作的东风，同时根据企业自身的实际情况，积极推进相关的知识产权管理及知识产权评议工作，把知识产权分析评议内化到企业的整个经营活动中，贯彻执行《企业知识产权管理规范》标准要求，培养合格的知识产权管理和服务方面的人才才是良策，才能真正实现通过知识产权分析评议助力企业提升综合竞争力。

下面以华为公司为例，说明知识产权分析评议如何提升知识产权管理体系建设的竞争力。

华为公司的专利申请量，在中国乃至世界范围都排在前列。如此大批量的专利在海内外进行专利申请和布局，涉及不同的 IPC 分类，假如没有好的企业知识产权管理体系来做相应支撑，根本无法保证和实现。知识产权人才是落实知识产权体系的重要保障。因此，企业应将培养知识产权人才作为知识产权体系建设工作的重中之重予以重视。

知识产权管理人员知识水平和能力的提高，必然和企业在研发立项、产品上市、市场监控维权等方面与知识产权分析评议有关的工作是分不开的，在企业内部和外部专业机构合作有序开展的同时，也实现了企业知识产权人才的培养。

二、从四个方面对企业开展知识产权分析评议工作的建议

结合上述知识产权分析评议助力提升企业综合竞争力的四个方面的分析，以下是给企业从四个方面逐一提出的具有可操作性的工作建议。

（一）研发立项阶段的知识产权分析评议的工作建议

1. 确定主要竞争对手及其技术发展情况

通过对专利文献中的申请人和发明人及其所申请专利的相关领域等信

息的分析，不仅可以得知相关领域的主要竞争对手和他们所拥有的核心技术及其各阶段核心技术的发展变化，而且可以得知相关专利的发明人，以便制定本单位的人力资源战略、专利战略，使自己立于不败之地。对采集的相关数据进行加工整理，按申请人申请专利的数量排序，可以了解该技术领域最主要的技术拥有者。排名在本企业之前的企业被确定为主要竞争对手，并根据主要竞争对手专利分布区域研究这些竞争对手的专利活动，了解这些企业在相关技术领域的研究重点及其所拥有的关键技术；关注申请量排名在自己企业之后而申请量逐渐增加的申请人，它们是企业的潜在竞争对手，并利用申请人的按时间发展的申请量趋势图来分析企业潜在竞争对手在相关领域专利活动的趋势。

值得注意的是，对专利数量的调查是一个方面，还有另一个重要方面是调查潜在竞争对手专利质量与价值的高低。其中，高质量的专利往往权利的稳定性更高，属于评价专利质量的重要因素。目前已有不少评价专利质量与专利价值的体系模型，这些模型针对各自的关注点来选取评价因素与评价权重，可适用于不同的场景。对于企业而言，适合企业的模型更能够帮助企业在专利挖掘布局、研发项目立项阶段就“瞄准”高质量与高价值专利，并朝着该方向进行规划，或者发现潜在竞争对手的高质量高价值专利而提前进行侵权风险控制的评估，早做策略规避。例如，对于服装设计型企业，外观设计专利能够保护服装的款式、图案、颜色及其组合，而且在电商平台维权比较容易且直观，因此外观设计专利很可能在未来成为高价值专利。而对于机械制造类企业，发明专利与实用新型专利更可能成为未来能够帮助企业获得竞争力的高价值专利。因此，不能单凭专利类型、授权的难易来判断其价值，也需要企业由自身出发建立最适合的评价体系。

2. 开展全面检索

好的开始是成功的一半，在研发项目立项阶段就要从不同角度检索已公开的各种文献，包括专利文献和非专利文献，以提高发明起点，避免低水平重复研究。由于专利文献具有检索方便、快速、全面的特点，是一种世界上公认的最重要的检索文献。在研发项目立项阶段，要通过检索专利文献，了解拟立项项目相关技术的发展趋势、可能应用的领域以及相关技术研究的细节。

通过对专利文献中的相关资料进行加工整理，可以确定该领域的发展重点或发展趋势。同时，在确定初步项目方案及路线后，针对其中的技术难点问题，可以再进一步有针对性地在相关领域的专利文献中开展检索，寻找能够借鉴和参考的技术方案。通过利用专利文献及其中隐藏的大量专利信息，使得企业研发可以站在巨人的肩膀上，从比较高的起点去开展研发工作，避免走不必要的弯路，减少研发精力和成本的投入。

3. 确定侵权风险并提供规避方案或立项建议

通过将已有专利文献同拟立项项目进行对比，分析是否存在专利侵权风险，考虑是否能够规避有风险的专利，或者考虑通过其他途径获取该技术。如果两者均不可行，则需考虑是否给出延迟立项或者不立项的建议。

一般而言，对比专利文献检索到的相关技术方案与拟立项的技术方案的表面结果有以下四种情况：一是完全相似；二是完全不相似；三是表面上有相似部分，但实质上并不完全相同；四是实质上有相似的部分。每一种情况都会对应完全不同的侵权分析结果，进而影响该项目风险评估的结果及立项建议。

因此，从专利战略的角度看专利文献检索，仅有专利文献查新机构的查新报告是不够的，还必须要有比较全面的各种专利技术的对比分析，特别是对现有的专利技术保护范围的分析。这种工作需要掌握专利基础知识（至少要熟悉专利的权利要求书、专利保护范围及技术特征构成等专利基础知识）的专业人员，在查新结果的基础上通过仔细地对比研究才能完成。通过具体的对比分析研究，对该项目的知识产权分析评议可能会存在如下四种结果：一是建议立项；二是建议立项，但须考虑专利避绕方案；三是建议根据与现有专利申请人进行技术引进或合作谈判情况决定考虑是否立项；四是建议不予立项。

其中，当专利文献检索结果发现拟立项项目方向研究较少且无专利阻碍时，可以考虑予以立项；当发现拟立项项目的技术方案已经有人获得某些基础专利或者形成一定专利网时，应当考虑是否寻找专利网的“空隙”技术，找到该专利网络的突破口，这样既避免了专利侵权风险，又形成了自己创造性的技术方案；如果基础专利无法避绕，则需要根据该项目的经济效益、市场容量等综合情况，考虑是否与在先申请的申请人进行技术引进或合作谈判，进而达到立项目的；如果上述情况均不可行，则可能需要建议考虑暂缓立项或者不予立项。因此，侵权风险的比对分析是从知识产权角度做出立项建议的重要环节。

研发立项后在后续研发过程中形成的新的技术方案，将根据其是否具备可专利性等特点，来确定具体是做专利申请保护还是做技术秘密保护，以期通过合适的方式达到有效保护智力劳动成果的目的。

（二）产品上市阶段的知识产权分析评议的工作建议

1. 产品国内上市的知识产权分析评议的工作建议

根据产品的上市计划，在产品上市前的6~9个月，建议去做一项产品可自由操作分析评议。通过该分析评议，确认产品的上市是否会有阻碍因素，如是否存在侵犯第三人的在先权利（商标、专利、著作权、字号等）的风险等。若可自由操作分析评议的结论为有风险，则企业要根据这个风险的具体情况做出规避，找到切实可行的解决方案。例如，可争取与有在先权利的企业沟通，争取拿到授权，或者与在先权利人协商，对该产品共同开发，若两者皆不可能，则要考虑放弃该产品的上市，否则上市进入市场的产品越多，后续涉嫌赔偿的金额越大；若可自由操作分析评议为无风险，则企业可定心准备产品上市的相应工作。如此，企业才能够运筹帷幄，自信面对市场，不至于后续遇到风险时措手不及。

2. 产品国外上市（出口）的知识产权分析评议的工作建议

根据出口目的地国家情况，建议在签订出口订单和计划生产出口产品时，做一项相关产品的可自由操作分析评议。该评议会让企业很清晰地看到产品出口到目的国的风险，有助于让企业提前进行侵权风险的规避。若可自由操作分析评议的结论为有风险，则企业要根据该风险的具体情况，找到切实可行的解决方案。例如，可争取与有在先权利的权利人沟通，通过支付许可费用的方式拿到授权，或者与在先权利人协商，对该产品共同开发，若两者皆不可能，则要考虑放弃该产品的出口，否则出口的产品越多，后续涉嫌赔偿的金额越大；若可自由操作分析评议为无风险，则企业可定心进行相关产品出口。

同时，根据可自由操作分析评议的结果，如果发现与这些产品相关的知识产权有机会在出口目的国进行相关的知识产权布局，则可以根据目标国家的重要性不同，确定我国参加的相关知识产权协议（如《专利合作条约》《巴黎公约》《伯尔尼公约》等），以相应程序进行相关的专利、商标等知识产权在不同国家的布局，以便提前做好相关知识产权保护，为后续可能面临的知识产权监控维权工作打好基础。

（三）市场监控维权阶段的知识产权分析评议工作建议

通过对企业重点产品相关的知识产权如专利、商标申请情况进行有目标、有方向的监控，同时结合相关企业的市场活动和各类展会上的行为，根据具体的监控情况来制定知识产权维权策略。例如，针对相关企业申请的争议专利，在实审过程中可以提供第三方意见或在专利授权后提出相关专利权无效请求；针对相关企业申请的争议商标在公示期内提出异议，若异议不成功，可考虑后期的商标无效或诉讼；在市场上则可以通过产品购买、相关宣传信息收集等对相关侵权证据固定，以便后续进行行政投诉或法庭诉讼等。通过有目标、有方向的监控维权，不断向市场传递企业维护知识产权的态度和决心，力求用较小的成本投入完成市场监控维权的任务。

（四）知识产权管理体系建设的知识产权分析评议工作建议

企业知识产权工作势在必行。分析评议机构需要结合《企业知识产权管理规范》标准要求，针对“知识产权管理+过程”15 个关键因素，❶按照知识产权管理成熟度的评分方法和评分标准，对企业进行具体的评

---

❶ 李西良．企业知识产权管理体系成熟度评价研究［J］．知识产权，2018（3）：80-87.

分，进而确定企业知识产权管理成熟度的分级，以实现协助企业做好相应的知识产权战略和布局。这对企业而言，是帮助其建立一个“自我造血”的体系，是一个循序渐进的过程。一旦进入良性循环，企业则有望进入健康的、可持续的发展通道。

知识产权人才是企业的第一资源，企业应当注重复合型人才、高端型人才的培养。企业为了自身的长远发展，应该加大投入力度，以优厚的待遇和良好的发展前景吸引知识产权人才；要制定人才激励制度，鼓励在职科技人员、管理人员自学成才；要研究措施、制定办法，充分发挥知识产权人才在企业自主创新中的积极作用；保证企业知识产权管理体系的建立，有效地实施专利申请策略、知识产权信息战略、国际化战略、标准知识产权战略、知识产权增值战略。企业通过战略的实施保障知识产权人才的培养。

知识产权分析评议涉及很多方面，是由一个个项目组成的，只有通过企业内部知识产权人员和知识产权评议机构人员的紧密配合和协作，才可以完成一份高质量的、能真正实现助力企业提升综合竞争力的知识产权专项分析评议报告。企业的知识产权人员通过参与知识产权分析评议项目，也能够在过程中得到培训、学习和能力提升，在分析评议项目结束后，能够利用所学为企业更好地服务。

三、总　结

《知识产权分析评议工作指南》第 8 条指出：“知识产权分析评议的法律类分析模块包括：知识产权法律信息查证、知识产权权属关系查证、知识产权法律风险分析、知识产权相关权利义务调查、目标市场知识产权法律环境调查、知识产权相关协议条款审查、知识产权稳定性评价、知识产权保护强度评价等。知识产权分析评议的技术类分析模块包括：专利技术趋势分析、专利技术竞争热度分析、创新空间分析、创新启示分析、技术可替代性分析、技术核心度调查、技术创新度评价、技术成熟度调查等。知识产权分析评议的市场类分析模块包括：产业知识产权竞争状况调

查、知识产权关联度调查、目标对象知识产权策略及实力评价、知识产权资产审计与评估、知识产权经济效益调查等。”❶

本文分别从知识产权分析评议提升企业研发立项工作的竞争力、提升企业产品上市之后的竞争力、提升企业市场监控维权工作的竞争力及提升企业知识产权体系建设的竞争力四个方面做了具体分析，并从知识产权分析评议如何针对企业研发立项、产品上市、市场监控维权和企业知识产权体系建设四个不同方面为企业提出具有可操作性的工作建议。具体的工作建议既是对《知识产权分析评议工作指南》中包括的法律类分析模块、技术类分析模块和市场类分析模块具体内容的实际应用，也是对上述三个模块具体内容的交叉组合和综合应用。

本文提及的四个方面的知识产权分析评议工作，不是建议企业摒弃现有的一切，从头开始，而是建议企业可以根据实际，按照自己所处的阶段和需要解决的问题，有选择地开展不同的知识产权分析评议工作，以真正实现助力企业提升综合竞争力之目的。

❶ 国家知识产权局办公室．知识产权分析评议工作指南［Z］．2014-12-23.

企业科技项目申报常态化之知识产权分析评议运用

郭国中 顾月婷 李佳俊

摘要：为帮助和鼓励科技型企业发展，各级政府以及相关职能部门设置了各种类型的科技项目，以无偿资助或税收优惠等方式扶持科技型企业。与此同时，科技项目评审加大了对企业知识产权工作的考核要求。企业知识产权工作的开展，不仅在于专利申请、商标注册，更应该在于全面开展知识产权分析评议工作，从而保持创新活力。在以产品及服务取得行业领先地位的同时，确保企业可以成功申报更多科技项目，形成科技项目申报的常态化。

关键词：科技项目；知识产权分析评议；常态化；创新发展

科技部部长王志刚在2019年3月11日就“加快建设创新型国家”相关问题回答中外记者提问时表示，科技创新的“三步走”是：到2020年进入创新型国家，到2035年左右进入创新国家前列，到2050年成为世界科技强国，中国现代化进程必须把科技创新摆在核心位置，作为重要支撑和引领力量。国家、省市、区县等各级政府以及相关职能部门设置了各种类型的科技扶持项目，并通过税收优惠、资金扶持等各类科技政策扶持企业发展，为不少企业带来发展机遇。

但目前很多企业并没有充分享受到政策带来的优惠，究其原因，要么是企业不知道科技项目的繁多种类及扶持政策，要么是企业达不到科技项目的申报条件，更多的是尽管企业申请了少量专利，却不再研发创新，虽然达到科技项目申报基础条件，但由于没有竞争优势，项目申请成功率低。

企业若希望持续获得科技项目扶持，除了充分了解科技项目政策要求及内容，努力提高自身发展与优势积累外，更应该知道如何正确规划才能满足各阶段科技项目申报要求，充分有效利用科技政策加速企业发展。知识产权分析评议就是帮助企业创新发展的利剑，将分析评议成果吸纳体现到决策活动中，将知识产权信息分析化作企业市场竞争基础，成为企业研发创新、成果转化、战略规划及持续发展中累积优势资源的有效工具，指导企业促进技术与经济发展，形成科技项目的常态化申报。

一、科技项目对于企业发展的意义

（一）科技项目的立项目的

一般科技项目定义为以科学研究和技术开发为内容而单独立项的项目，其目的在于解决经济和社会发展中出现的科学技术问题。本文所指的科技项目是指国家、省市、区县各级政府以及相关职能部门为具体实施国家及地区的中长期科技发展规划目标与任务，带动区域发展，特别是对国民经济和国家安全具有重大意义的特定关键科技领域，设置的与科技发展相关的针对性专项项目。企业根据政策要求进行项目申报，参与科技项目评审，通过科技项目认定，获得政策扶持。❶

政府科技项目立项目的一般立足两个层面：一是行业领域战略发展，如支持战略性新兴产业、新业态、新产业；二是促进特定领域企业发展，如帮助企业研发机构建设、获取行业及国家认可的荣誉资质、税收优惠、人才落户、贷款贴息等以协助企业发展，提升企业科技创新能力，以及保持企业持续性发展。

（二）科技项目的类别

科技项目根据政策优惠的不同，一般可分为三类：税收优惠类、无偿资助类和资质认定类。

❶ 李宇华．浅谈项目立项中的知识产权分析评议［J］．中国发明与专利，2016（5）：57-58.

（1）税收优惠类政策科技项目，按照国家税收政策，给予认定企业在特定范围及特定时间内，减轻或免除所得税或增值税税收负担。通过减免税收为企业减负，鼓励企业加大科技投入，助推企业发展。

（2）无偿资助类政策科技项目，是指设立配套扶持资金，以固定金额予以扶持，或以企业项目投入金额为考量按比例予以扶持，无偿给予企业在研发创新及科技项目建设上一定资金资助，分担企业现金流压力，鼓励及帮助企业顺利完成科技项目，提升企业实力。

（3）资质认证类政策科技项目，是指企业在经营活动中达到相应标准或要求后，由国家认可的认证机构给予企业符合相关标准、技术规范或其强制性要求的资质证明。认证证书带有官方性质，不仅是对企业已获成果的肯定，更可提升企业的行业知名度，为企业继续发展及申报其他科技项目提供有力佐证。

（三）科技项目对企业发展的意义

国家、省市及区县各级配套科技项目，扶持内容有技术创新类、促进产业化发展类、金融投资类、对外合作类等，种类繁多，要求不一。税收优惠及无偿资助类科技政策给予企业一定的资金支持，在研发创新及企业建设方面分担企业现金流压力，起到鼓励及促进作用；资质认定类科技政策是对企业在科技创新研发及自身领域建树的肯定与认可，也是企业提升竞争能力和行业排名的“通行证”。

政府及其职能部门通过鼓励企业申报科技项目，引导新兴技术产业发展，促进科技成果转化，推进发展高新技术产业经济。企业通过积极申报科技项目，明确行业政策发展方向，提高自身科技研发水平，优化知识产权结构，有目的地阶段性增加企业综合竞争能力，树立良好品牌形象，形成良性市场竞争，进而助推行业技术的整体发展。

（四）知识产权分析评议对政府科技项目的意义

从科技项目的立项宗旨来看，呼应了“创新型国家”的战略目标，为筛选并培育行业带动性较强、科技创新能力强、发展态势良好的科技型企业，形成产业前瞻技术，提升行业技术整体创新能力，起到带动行业发展及推动产业价值的示范作用。

因此，各级科技主管部门在评审项目承担单位的时候，相比知识产权数量，更加重视知识产权质量，因此，希望能深入了解企业知识产权能力和实力是否能支撑其开展高效率、高水平的创新活动，是否能有效实施专利布局和风险防控，自有知识产权与所申报的科技项目的相关程度如何，政府支持资金或政策优惠是否能在企业发展过程中得到最大化效益与收获等。知识产权分析评议正是这颗“定心丸”。

将有针对性的知识产权分析评议引入科技项目立项评审过程已得到社会各界的普遍认可。作为项目申请或项目验收的辅助评定资料，国内已有越来越多的科技项目引进知识产权分析评议。

二、科技项目中开展知识产权分析评议工作的必要性

（一）知识产权分析评议服务企业形成持续创新能力

各级政府及其职能部门在充分考虑各行业领域不同企业的发展程度及需求后，设计了适应不同发展阶段的不同项目。其中不少项目具有一定申报门槛，需要企业经过一定时期发展积累才能达到申报要求，或项目申报成功后，要在一定期限内考察企业预期发展目标，这需要企业有技术沉淀，真正做到科技创新与发展才能验收达标。因此，企业要“打有把握之仗”，须通过自我审核分析，明确定位自身发展阶段，提前做好科技项目规划设计，以充足准备充分应对政策要求，还要选择适合的科技项目进行申报，节省企业人力及时间成本，提高项目申报成功概率。

知识产权是被所有科技项目重视的重要因素，关系到企业是否能够在激烈的市场竞争中持续创新、持续发展。知识产权分析评议工作，不仅关注评议企业短期研发创新行为，更加注重研究行业长期发展动态趋势，从而服务企业持续创新工作。

知识产权分析评议从企业经济科技活动的知识产权切实需求和实际问题出发，科学全面地开展法律、技术、市场方面的信息检索与情报分析。围绕企业知识产权基础的评议信息包含市场技术最新趋势、竞争对手技术

路线，以及企业研发和知识产权现状情况等，可帮助企业在整个行业大环境中明晰定位；围绕企业知识产权部署的评议信息将结合产业环境、市场环境和法制政策环境等信息做出综合研判结论，根据科技项目政策需求，将包含企业已有知识产权侵权判定与应对、法律风险分析、市场知识产权法律环境调查、研发项目管理、知识产权战略布局策略与建议等。

知识产权分析评议将有效提升企业研发起点，加速技术转移转化效率，提升企业持续研发创新能力，从源头提高研发效率和创新质量。知识产权分析评议工作将帮助企业形成科技创新的可持续化，确保知识产权挖掘的可持续性，通过有的放矢的创新技术挖掘，保证知识产权申请及授权量稳步提升，满足科技项目中知识产权持续创新能力的相关要求。

（二）知识产权分析评议提升企业知识产权保护意识

多数政府科技项目对企业知识产权质量与数量、企业行业经济发展情况、企业申报的科技项目领域及前景均有所要求。企业开展相关知识产权分析评议项目，可以向科技主管部门证明企业科技研发的管理有效，以及企业知识产权保护意识清晰明确，提升科技主管部门对所申报的企业项目在后续经济科技活动中的管理效率和可预见性。

知识产权分析评议工作应该站在企业发展的中微观层面。知识产权分析评议作为知识产权领域专业化评价分析活动，综合运用情报分析手段，以企业知识产权保护及持续发展为评议目标，深入企业科技研发工作，对核心技术开展如专利技术趋势分析、专利技术竞争热度分析、创新空间分析、创新启示分析、技术可替代性分析、技术核心度调查、技术创新度评价、技术成熟度调查等分析与评价。

知识产权分析评议对企业科技项目中所涉及的知识产权进行综合评议，分析知识产权的真实性、风险性和有效性，评估知识产权价值及处置方式，评价并论证技术创新的可行性等，明确知识产权潜在风险，提出规避措施和保护策略，并形成知识产权预警控制对策，确定未来知识产权保护形式、范围等，提出企业知识产权后续规划建议。知识产权分析评议工作将帮助企业提升知识产权保护意识与能力，通过针对企业知识产权管理能力的合理建议，确保知识产权低风险性和持续有效性，满足科技项目中知识产权高效管理能力的相关要求。

三、知识产权分析评议助力企业科技项目的常态化申报

（一）研发初创期企业应开展知识产权分析评议工作

目前科技项目中，针对科技创新起步阶段的初创期企业的科技项目主要包括“创新创业大赛”“科技创新券”“研发费用加计扣除项目”“区级产学研合作项目”“区级技术创新计划项目”等，这些项目要求企业拥有一定技术创新和研发能力，能通过自主研发获得较强市场应变能力。

研发项目立项是整个科技创新活动的基础性环节，研发项目立项工作主要对拟研发项目做出框架性总体设计，需要从产品市场现状与前景、核心技术现状与发展角度提出项目立项的必要性和可行性，避免项目立项的盲目性。

知识产权分析评议在研发项目立项环节处于非常重要的地位。

（1）确定技术路线。知识产权分析评议可结合企业研发项目可行性报告，专业地对项目核心技术的知识产权情况做科学梳理与分析。对知识产权文献中相关信息的挖掘、整理、加工与分析，可以为研发项目提供技术细节、技术方案设计等辅助研发信息，以确定研发技术路线。

（2）提高创新起点。确定研发技术路线后，通过知识产权分析评议，针对其中技术难点，对整体知识产权申请情况进行分析，剔除已成熟的技术内容，借鉴可参考的技术内容，避免低水平研发和重复研发，寻找技术方向中的布局空白点，从比较高的起点开展项目技术研发活动，使企业有限的人力及财力投入得到更高效率的回报。

（3）规避技术风险。通过知识产权分析评议对项目技术进行全面检索与针对检索，使研发人员对技术方向的现有布局更加清晰明确。

通过知识产权分析评议对侵权风险的全面评估与合理规划，形成研发项目合理化立项建议，使企业决策者可提前考虑侵权风险及规避措施，同时也可为企业决策者提供技术引进或合作开发的共赢方向及可能性，实现

研发项目价值，助力初创期科技企业提高科技项目申报获批概率。

（二）产业成长期企业应开展知识产权分析评议工作

针对已形成科技成果并投入产业化的成长期科创企业，可申报的科技项目主要有“高新技术成果转化项目”“高新技术企业培育/认定”“市区级专利试点示范单位认定”“区级科技成果转移转化项目”“中小企业发展专项资金项目”“产业转型升级发展专项资金项目”等，这些项目对企业主营业务收入及其增长率、年度研发费用投入占比等经济指标提出要求，同时要求企业拥有核心技术，并基于核心技术拥有一定数量的自主知识产权，具有成熟研发团队及研发组织管理能力。

在企业创新技术已形成并实施成果转化之际，知识产权分析评议的开展，主要针对转化产品的核心技术进行再次检索与分析。由于创新技术点已形成，科技成果转化相关知识产权分析评议的内容更加具有针对性，更能细化到核心知识产权技术点上。成果转化中的知识产权评议工作，包括科技创新产品知识产权评估、产品市场饱和度评估、行业产品竞争性评估、核心专利与外围专利侵权壁垒评估等多个方面。

知识产权分析评议工作针对同行相似技术产品，通过对知识产权技术拆解，提取多层级的核心技术关键点，通过细节比对企业技术与相似产品技术的相似点及创新点，研究产品技术脉络、创新活跃度，评价技术成熟度，分析侵权可能性、风险防控点等科技成果转化重要信息，发现可能存在的专利陷阱，避免知识产权权属、技术侵权等纠纷，剔除企业科技产品产业化的“绊脚石”，提出科技成果转化最为有效、最为安全的核心技术成果转化道路。

知识产权分析评议工作将助力产业成长期企业有计划有目的地进行技术研发与成果转化，以提升知识产权综合管理能力，提升企业综合竞争能力。

（三）技术成熟期企业更应开展知识产权分析评议工作

技术成熟期科技企业可考虑申报的科技项目如“市区级科技小巨人培育/工程企业认定”“区级高新技术研发机构”“市区级企业技术中心认

定”“卓越创新企业培育”等科经委扶持项目。此类项目需要企业有自主核心知识产权积累，并有较为科学的知识产权布局规划，同时拥有成熟的研发机构、研发团队和研发设备，企业管理及财务核算制度健全完善，年度营业收入相对较高，能在省市级范围或具体行业中起到一定的示范带头作用。

随着企业不断发展，企业决策者需要考虑企业长期发展战略规划，而知识产权战略是企业不可或缺的发展战略之一。知识产权分析评议工作可使企业在激烈变化、严峻挑战的市场环境中，充分利用知识产权情报信息，挖掘企业技术竞争优势，增强决策管理能力，为企业提出推进知识产权技术发展的战略策略与布局规划，并为企业的长期生存和不断发展做出总体性谋划。从企业知识产权战略角度而言，及时形成战略布局意义深远，开展知识产权分析评议工作更为必要。

知识产权分析评议工作中的知识产权战略评议针对企业需求，对领域、行业、企业各方面技术研发情况进行全面分析，研究行业竞争对手发展状况，对重点技术壁垒进行突破性评议，从而准确预测未来技术发展方向，制定企业近期目标及远期目标，加强核心研发和重点工程的知识产权对策研究，帮助企业运用知识产权手段，及时调整技术研发方向，及时采取保护措施。知识产权战略分析评议工作，通过战略性措施提升企业知识产权运用能力、技术产业化能力，保证企业发展顺应技术发展趋势，加速形成市场竞争优势。

通过知识产权分析评议工作制定知识产权战略布局，可助力企业走在行业前列，获得更高层次的科技项目政策扶持，保持企业竞争优势。

（四）企业成长全过程中其他相关知识产权分析评议工作

1. 专利护航

政府科技扶持项目一般均有知识产权数量要求，不同阶段的科技项目对知识产权的要求不一。但企业科技创新成长过程是一个长期发展的过程，且专利的审查周期较长，那么企业的科技发展速度与程度，在一定程度上决定了企业专利申请的时机、公开的内容、保护范围和保护地域。因此，如何确定技术研发的周期与深度，确保专利挖掘的可持续化，有的放矢地进行专利挖掘，对于企业可持续化申报政府科技项目而言也很重要。

知识产权分析评议通过数据分析与评议建议，可为专利申请保驾护航：协助确定专利申请策略，专利申请授权后实施、许可和转让方案，海外专利申请布局；通过防御与进攻策略完善专利权的保护、丰富类型、扩大保护，企业专利先行，打造核心技术，合理布局申请，施行策略化科技项目申请布局。

2. 机制完善

政府科技扶持项目也需要企业拥有一套完善的企业管理制度，逐步完善企业研发创新制度环境，使企业在研发创新过程中，更好地进行知识产权的内部协调和有效管理，也防止因企业内部管理不当造成的知识产权或商业秘密泄露，给企业发展带来损失。

开展知识产权分析评议项目，可以为企业"把脉问诊"并"量体裁衣"，加强知识产权人员储备与培养力度，完善知识产权保护管理制度、商业秘密或技术秘密保密措施、科技研发人员评价及激励制度、合作研究及委托研发等管理制度，改善创新机制，加强对企业知识产权全生命周期的流程管理。

知识产权分析评议工作将在机制完善方面降低企业成本和防范风险。企业通过机制的完善，加强对知识产权的创造与运用，积极开展产学研合作等促进企业发展技术引进、技术支持的工作，再结合知识产权分析评议这一企业创新发展的利器，在科技创新、成果转化、技术和人才的引进、投资融资等活动中，逐步建立和完善企业自主标准。进一步地，企业发展到行业领先和示范地位后，主持或参与行业标准制定，主持或参与行业产业联盟等。知识产权分析评议将作为一个必要手段嵌入其中或者贯穿始终。

四、结　　语

行业及市场的竞争环境不断改变与发展，一般企业自有知识合集并不能为其提供长期竞争优势，因此需要不断调整战略、创新方式以适应环境变化。知识产权分析评议工作正是企业迅速适应或引领变化的重要分析工具，贯穿企业从成长到成熟的各个阶段。通过知识产权分析评议“晓其势、布其棋、避其险、用其权”[1]，指导企业研发创新、成果转化及战略规划。基于企业总体发展阶段形成自我指导政策，通过策略化布局，发掘及把握市场机遇，助力企业申报各级科技扶持项目，充分利用政府扶持资源，真正形成科技项目的常态化申报，提升企业综合竞争能力的可持续化。

[1] 孟海燕．知识产权分析评议基本问题研究［J］．中国科学院院刊，2013（4）：427-434.

企业发展之知识产权分析评议全过程管理

■ 郭国中 曹 欣 李佳俊

摘 要：通过知识产权分析评议，将知识产权工作纳入企业发展工作重点，可有效降低知识产权风险，帮助企业优化创新路线并妥善解决产品研发和上市过程中的问题。企业在研发立项之初，通过知识产权分析评议，决策层可以及时掌握自身知识产权状况和行业信息，避免盲目跟随或低水平重复研发；在研发过程中，可利用分析评议进行研发辅助、侵权规避，优化专利布局并进行专利挖掘，对不同阶段的研发成果进行及时有效的保护；在产品上市过程中，可通过分析评议对产品的知识产权风险进行评估，避免法律纠纷，同时对市场上可能存在的侵权产品进行监控，从而及时采取相应措施。

关键词：知识产权；分析评议；研发；上市

创新是企业持续发展的不竭动力，知识产权是企业发展成果的重要保护手段，同时促进企业不断创新。研发立项是企业创新活动过程的一个基础环节，是对拟研发的项目进行总体策划，论证项目的可行性和必要性，对项目研发过程中可能出现的风险进行识别，从而避免研发活动的盲目性，也为后续产品研发、产品上市打下坚实基础。如何将知识产权工作融入研发立项前、产品研发中、产品上市前/后的全过程，是企业知识产权工作的重中之重，而知识产权分析评议工作正可以在上述全过程中发挥积极作用。知识产权分析评议是指在经济科技活动中，运用情报方法分析知识产权问题或者运用知识产权信息分析创新问题，并提出对策建议的咨询服务。知识产权分析评议有助于掌握经济科技活动涉及的知识产权状况，明晰研发方向和路径，预测获取知识产权的前景，识别、防范和应对潜在的知识产权风险，避免重大项目低水平重复研究，防止企业并购活动中自主知识产权流失。[1] 知识产权分析评议工作，可以为企业研发创新活动提供方向和相关技术信息，帮助企业了解竞争对手情况，通过专利检索、分析识别和规避潜在知识产权风险，为企业管理者制定战略规划提供决策辅助信息。要充分发挥知识产权分析评议工作的作用，企业则要对知识产权工作进行全过程管理。

一、研发立项前的知识产权分析评议工作

（一）典型案例

1. 贵州微硬盘事件

贵州微硬盘项目曾经是一个被地方政府寄予厚望的高科技战略项目，但是该项目最终以被迫停产、公司倒闭收场，同时给地方经济发展带来极为不利的影响。

微硬盘项目的技术研发任务主要由美国磁源公司承担，生产任务主要由贵州南方汇通世华微硬盘有限公司承担。磁源公司创始人苏某某是该项目核心技术负责人，曾在威存（Microstor）公司主持过 1 英寸硬盘项目，掌握了部分技术，在离开该公司后不久就创立了磁源公司。而当时，微硬盘领域主要技术和专利被日本日立环球存储公司掌握，该公司持有大量专利，已形成全面的技术覆盖。这些成为微硬盘项目的重大隐患。2001～2005 年，从项目正式启动到投产，贵州省总计为该项目投资 20 亿元，当产品在海外参展时，遭遇了日本日立环球存储公司的专利侵权诉讼，后来威存公司也起诉了磁源公司和苏某某。20 亿元的巨额投资换来的却是知识产权纠纷，产品遭到封杀而停产，南方汇通世华微硬盘有限公司倒闭。

可见，知识产权分析评议工作是防范知识产权风险的利器。如果在项

---

[1] 《竞争情报》编者．方兴未艾的知识产权评议——访上海科学技术情报研究所肖沪卫团队［J］．竞争情报，2016（4）：4-11.

目立项之初，能够对项目知识产权风险进行有效识别，贵州微硬盘项目不会付出如此沉重的代价。微硬盘项目虽然是一个由地方政府主导的重大项目，但其对企业知识产权管理同样具有借鉴意义。

2. 九阳豆浆机专利维权案

九阳股份有限公司（以下简称“九阳股份”）是我国著名的小家电企业，其前身为山东九阳小家电有限公司，始创于1994年，成立于2002年7月，2007年9月正式改制为股份公司，目前已成为全球最大的豆浆机制造商，其豆浆机在行业内独占鳌头。飞利浦公司是世界上最大的电子产品制造商之一，世界500强企业，1891年成立于荷兰，主要生产照明、家用电器、医疗系统方面的产品。该公司在全球很多个国家都设有生产基地和销售机构，拥有8万多项专利，是实力雄厚的国际巨头。

2012年九阳豆浆机专利维权案是在小家电领域内国内企业与国际巨头的专利纠纷中首次胜诉的案件。九阳股份在国内豆浆机市场上占据了很大的市场份额，当时在豆浆机领域已有300多项专利，其中涉案专利“易清洗多功能豆浆机”（专利号为ZL200410036418.4）是豆浆机行业的一项基础专利。三联商社销售了飞利浦公司生产的三种型号的豆浆机，九阳股份认为这三种豆浆机构成侵权，向法院提起诉讼。经过法院审理，飞利浦公司、三联商社被判侵权，应承担相应民事责任。该案总诉讼标的额近千万元，九阳股份能够胜出的原因之一在于该公司当时仅对豆浆机就已申请了300多项专利，形成了“专利墙”，导致国际巨头的产品被研发出来后即遭遇专利侵权诉讼。

1994年，九阳股份发明了世界上第一台豆浆机，这也是中国人发明的第一台家用电器，到现在九阳股份在豆浆机领域进行了多次重大技术升级，积累了1000多项豆浆机专利，并主导制定了豆浆机国家标准和国际标准。九阳股份充分利用专利信息，进行专利布局，构建自身“专利防火墙”，识别竞争对手，运用在豆浆机产品领域多年的技术和专利积累，有效保护了企业的研发成果，持续引领豆浆机行业发展。

3. 上海建工集团二次创新知识产权评议工程

在建筑领域，国内预制构件（PC 构件）标准化程度较低，预制构件生产效率低，成本高。目前的建设方式是设计方案获批后进行施工图设计，再进行拆分和构件预制，再到工地安装。由于标准化的缺失，前端方案规划没有考虑后期装配式预制构件标准化问题，导致拆分的预制构件形状和尺寸存在差异，难以进行大规模工业化生产，造成生产效率低下，生产成本高，影响行业发展。

上海建工集团从国外引进柔性 PC 构件智能化生产线，采用德国索玛公司的核心部件，并结合国内建筑 PC 构件研发生产实际情况进行二次开发。在二次开发之前，上海建工集团启动了“柔性 PC 构件智能化生产线二次创新知识产权评议工程”，对知识产权风险进行排查，对二次创新成果进行挖掘和知识产权保护，建成具有自主知识产权的“柔性 PC 构件智能化生产线”。该知识产权分析评议项目，在全国 2017~2018 年度重大经济科技活动知识产权评议工程示范项目验收中被评为“优秀+”项目。通过知识产权分析评议工作，上海建工集团有效规避侵权风险，保护二次创新成果，并进行相应知识产权布局，形成适合国内行业实际情况和自身发展的预制构件研发和生产方式，为企业发展保驾护航，带动行业发展。

（二）研发立项前知识产权分析评议

谋定而后动，知止而有得。研发立项是企业发展过程中的一个重要环节，在研发立项前进行项目的可行性研究，科学合理地进行项目规划，是研发项目获得成功的重要前提保证之一。企业管理者，在制定或调整企业研发方向时，一定程度上是基于对市场的认识、对该领域研究现状的认识，信息来源通常是市场信息和公开发表的科研论文，决策方法主要是依靠决策者或有关专家的智慧、经验来进行决策的定性决策法。在这个过程中，专利文献常常是一种被忽视的信息来源，知识产权分析评议可以在这一过程中发挥作用，帮助企业对自身知识产权数量、分布、技术水平有一个清晰的认识，更重要的是，帮助企业了解行业与对手的情况，科学地进行决策。

1. 项目可行性研究阶段的知识产权分析评议工作

《知识产权分析评议工作指南》第8条规定："知识产权分析评议的法律类分析模块包括：知识产权法律信息查证、知识产权权属关系查证、知识产权法律风险分析、知识产权相关权利义务调查、目标市场知识产权法律环境调查、知识产权相关协议条款审查、知识产权稳定性评价、知识产权保护强度评价等。知识产权分析评议的技术类分析模块包括：专利技术趋势分析、专利技术竞争热度分析、创新空间分析、创新启示分析、技术可替代性分析、技术核心度调查、技术创新度评价、技术成度调查等。知识产权分析评议的市场类分析模块包括：产业知识产权竞争状况调查、知识产权关联度调查、目标对象知识产权策略及实力评价、知识产权资产审计与评估、知识产权经济效益调查等。"[1]

在此阶段，企业可以通过技术类分析模块，了解目标领域专利技术发展趋势、专利布局和竞争对手等方面的信息，为立项决策提供依据。例如，通过专利技术趋势分析、专利技术竞争热度分析，可得到技术分布、技术发展趋势、潜在技术发展点和竞争格局等方面的信息，也就是通过上述分析可得到某一个特定领域的技术现状与趋势信息，如该技术领域的细分情况、细分领域的研究开发进展和发展程度、技术空白情况、主要竞争焦点等方面的信息。

因此，通过知识产权分析评议工作，可以对项目可行性进行论证，为项目立项决策者提供重要参考依据，避免盲目跟随或低水平重复研发。

2. 项目立项评审阶段的知识产权分析评议工作

知己知彼，百战不殆。企业在讨论自身知识产权状况时通常讨论的是申请量、授权量和专利类型，对于自身知识产权的稳定性和保护强度并不是很了解，可以考虑进行知识产权稳定性评价和知识产权保护强度评价，进一步了解自身情况。企业管理者将企业自身情况和目标领域情况进行对比，作为制定研发立项决策的参考，可据此确定企业的研发目标、研发计

[1] 国家知识产权局办公室．知识产权分析评议工作指南．2014-12-23.

划等，初步提出创新保护方案、专利布局，在研发立项之初就着手进行知识产权保护。

因此，通过知识产权分析评议工作，可以对拟立项的项目进行最终评审提供知识产权法律支持。

二、研发过程中的知识产权分析评议工作

（一）典型案例

1. 格力电器与奥克斯的专利纠纷

格力电器与奥克斯之间的专利纠纷由来已久。早在2015年，格力电器就对奥克斯的空调产品涉嫌侵犯其专利权提起过诉讼，一审奥克斯败诉，但是二审期间奥克斯提交了国家知识产权局专利复审委员会的无效宣告请求审查决定书，涉案专利权全部无效，一审判决被撤销。2016~2018年，两家公司之间发生多次专利纠纷。2018年4月24日，广州知识产权法院就奥克斯与格力电器之间的6项专利侵权纠纷案进行宣判，其中3项构成侵权，判令奥克斯立即停止侵权，并赔偿格力电器经济损失及合理的维权费用共4600万元。另外3项不构成侵权。构成侵权的案件涉及格力电器的3项专利，奥克斯的十余种型号产品被诉侵权。如果奥克斯在研发过程中能够对专利信息进行分析利用，有针对性地对格力电器的专利进行规避设计，适时调整研发策略，则可以提高其专利质量，规避知识产权风险，避免承担侵权责任。

2. 来电与街电的共享充电宝专利纠纷

近年来，共享经济日益深入人们的日常生活，也成为专利纠纷涉及的新领域。深圳来电科技有限公司（以下简称来电科技）和深圳街电科技有限公司（以下简称街电科技）都是最早一批进入共享充电行业的企业，也是目前该行业的头部企业。来电科技成立于2014年，街电科技成立于2015年。

2018年4月，北京知识产权法院公开审理来电科技诉湖南海翼、街电科技侵害实用新型专利权纠纷案。涉案专利有2项，分别是“移动电

源租用设备及充电夹紧装置”实用新型专利（专利号为ZL201520847953.1）以及“吸纳式充电装置”实用新型专利（专利号为ZL201520103318.2）。2018年5月25日，北京知识产权法院判决街电科技停止侵权，并赔偿来电科技经济损失共计200万元。此后不久，2018年6月，来电科技向广州知识产权法院提起诉讼，起诉街电科技侵犯其知识产权，涉案专利还是前述两项专利。广州知识产权法院一审判决街电科技向来电科技赔偿经济损失共3000万元。来电科技占据的优势与其对知识产权的重视密不可分，从一开始，来电科技就考虑到进行相关专利的布局，并贯穿到研发工作中，专利布局涉及充电宝产品、充电设备、充电方法、租借设备、租借方法等多方面。来电科技也是行业内最早进行专利布局的企业。

（二）研发过程中知识产权分析评议

企业确定研发方向之后，可通过对专利信息的分析利用，促进研究开发工作进行和自主知识产权产生，规避侵权风险，完善自身专利布局。企业可进行技术领域细分从而进一步确定具体的研发计划，如研发内容、技术方案和关键技术点等。在研发过程中，适时调整研发策略，如果遇到技术瓶颈，可借助知识产权分析评议结果，探索可能的研发方向，同时也要注意可能存在的风险，可以利用知识产权法律风险分析对风险加以识别，进行侵权规避，避免技术路线的侵权隐患，不断优化自身专利布局，及时进行专利挖掘和专利申请。因此，研发过程中，企业应该从如下方面做好知识产权分析评议工作。

（1）检索在先专利技术方案，为研发人员的研发工作提供参考依据。研发人员在遇到研发瓶颈或确定更为具体的研发方向时，可从某具体研发方向上需要解决的技术问题和期望获得的技术效果入手，从技术主题、技术问题方面进行检索和分析，获取该研发方向下各技术路线的专利信息，分析目前该方向上研发投入较少的技术领域，排除难以实现或价值过低的研发方向，确定可行的研发方向。

（2）检索在先相关核心专利，进行侵权比对分析，形成侵权规避方案。通过进行技术分解，从技术主题、技术问题、申请人方面进行检索并加以分析，可知道哪些技术方案有侵权风险，哪些技术特征需要在产品中替换或省略以规避侵权，哪些专利需要申请以对竞争对手形成反包围，哪些专利需要提起专利无效，哪些专利已失效而可以利用等。在进行侵权规避的同时，也可以形成自己的技术方案，并考虑将这些技术方案形成专利申请，并制定这些专利的申请策略，如申请基本专利、外围专利、防卫专利、迷惑专利，通过不同的专利组合来构建企业自身的专利保护体系。

（3）对研发成果进行专利挖掘，制定合理专利布局方案。某一个研发项目可能由若干个子项目组成，每个子项目又包括若干技术要点，每个要点可能通过若干技术方案实现，或者从解决具体技术问题的角度看，可能有若干因素与该技术问题相关，每个因素有不同的解决方法，每个解决方法也可能存在不同的技术方案。有的技术方案是现有技术，有的方案可能是对现有技术的改进，这种改进可能是在实际研发过程中探索出来的，也可能是在前期研究工作中，预测并进行验证且取得效果的方案，并且这种方案能更好地实现这一技术要点。这样的改进方案，就是有可能进行专利挖掘的技术方案。对于研发、生产、试验等过程中形成的新的技术创新点或者阶段性创新成果，应及时进行总结，选择合适的知识产权保护形式，进行有效的保护。

三、产品上市前/后的知识产权分析评议工作

（一）典型案例

1. 无汞碱性电池“337 调查”

2003 年 4 月，南孚电池、宁波双鹿、四川长虹等多家企业，遭到美国“337 调查”，其原因在于涉嫌侵犯美国劲量公司和 EVEREADY 电池公司的无汞碱性电池专利。这项案件持续一年多之后，最终由美国国际贸易委员会认定，涉案专利因不具备确定性而无效，推翻了行政法官的裁定。“这个案件扭转了对中国企业的不利局面，从而使包括中国内地和香港企业在内的电池生产厂商可以继续向美国出口无汞碱锰电池，这是目前中国

企业在应对国外知识产权和贸易纠纷中唯一获得全胜的一场官司；是ITC近30年来第二次推翻行政法官的初裁，做出原告专利无效的终裁；是中国企业首起成功破解美国‘337调查’案件，也意味着今后中国无汞碱性电池进入美国市场将不会再遭遇专利侵权纠纷。”❶ 在判决后不久，2004年10月10日美国劲量公司向美国联邦巡回上诉法院提起上诉，最终在2006年1月25日，美国联邦巡回上诉法院判决美国劲量公司的上诉失败。

中国企业与美国劲量公司长期反复的较量，并取得最终胜利，其关键因素在于中国企业在无汞碱性电池方面拥有自主知识产权。例如南孚电池，在电池研发方面达到国际先进水平，拥有大量自主知识产权。掌握核心技术和自主知识产权，才能从容应对纠纷。

2. 复合木地板“337调查”

比利时尤尼林集团成立于1960年，是欧洲强化复合地板协会的创始成员，也是世界上最早发明免胶地板锁扣技术的公司之一。这种锁扣技术可实现地板无胶安装，环保、高效，已成为行业标准。2005年7月，比利时尤尼林集团下属的荷兰尤尼林公司（Unilin Beheer B. V.）、美国尤尼林北卡罗来纳地板公司（Unilin Flooring N. C. LLC）和爱尔兰地板工业公司（Flooring Industries Ltd.）3家子公司以全球30家木地板企业侵犯其在美国的专利权为由，向美国国际贸易委员会提起“337调查”。

被申请调查的30家企业包括圣象集团、上海德克曼、深圳燕加隆等17家中国企业。在该案中，尤尼林集团涉案专利有4项，涉及的是复合地板领域的核心技术——锁扣技术，这种核心技术基本被欧美企业所掌握，中国企业拥有相关技术和专利的很少。2007年1月24日，ITC作出终裁，除深圳燕加隆之外的其他16家中国企业产品均侵犯了尤尼林集团的专利权，并签发了普遍排除令和禁止令。深圳燕加隆成为该案中唯一胜诉的中国企业。

---

❶ 陈伟蕾. 中国电池企业打赢美337调查案始末［J］. 环球工商，2004（12）：15-16.

深圳燕加隆能够胜出，与其掌握的拥有自主知识产权的核心技术密不可分。深圳燕加隆的锁扣技术及专利，并没有采用尤尼林集团的传统技术，而是突破传统锁扣技术，自主研发了“一拍即合锁扣”专利技术，与尤尼林集团的技术完全不同，从而有效地规避了侵权风险，开拓了新的发展领域，打破了欧美垄断。深圳燕加隆的关键技术拥有自主知识产权，为企业的发展保驾护航，也为行业发展作出贡献，时至今日，深圳燕加隆已成为全球性综合型装饰建材品牌运营商。

3. 塑胶地板及其组件“337 调查”

根据商务部消息，2019 年 3 月 25 日，美国莫霍克工业（Mohawk Industries）公司、IVC 公司和卢森堡地板工业（Flooring Industries）公司依据《美国 1930 年关税法》第 337 节规定，向美国国际贸易委员会提出申请，指控对美出口、在美进口和在美销售的塑胶地板及其组件（Certain Luxury Vinyl Tile and Components Thereof）侵犯其专利权，请求 ITC 发起“337 调查”，并发布普遍排除令和禁止令，19 家中国企业被列为被申请人。在中美贸易摩擦日益激烈的今天，贸易战的实质就是专利战。

（二）产品上市前/后知识产权分析评议

在产品上市前，对产品涉及的知识产权进行检索分析，通过应用市场类分析模块工具，规避及应对可能发生的侵权纠纷，保证产品上市后可能面临的侵权风险在可控范围内，加强自身知识产权保护，并密切关注市场动态，防止知识产权被侵权，尤其是产品如果涉及出口，更需防范海外知识产权风险。

1. 产品上市前的知识产权分析评议工作

在产品上市前，通过对拟上市产品的知识产权风险进行调查和评估，可制定纠纷应对机制或预案，以应对竞争对手可能发起的维权行动。同时可以考虑对目标市场竞争对手相关产品涉及的知识产权状况进行调查，分析其是否存在侵权的可能，如有侵权行为可进行相应的维权行动。对于涉及出口的产品，还应考虑进行目标市场知识产权法律环境调查，以避免法律纠纷的风险。通过分析评议，可以了解目标市场知识产权法律法规体系、目标市场主要竞争对手及竞争格局、竞争对手专利布局、相关产品的知识产权状况等，分析在目标市场是否有侵犯他人知识产权的风险，并对可能存在的风险制定应对方案。

2. 产品上市后的知识产权分析评议工作

企业在产品或服务投入市场之后，需要密切关注业内竞争对手的情况，可借助产业知识产权竞争状况调查对竞争对手进行监控。通过该调查分析，可以获得业内企业信息，可对业内产品进行监控，这样的监控不是盲目的监控，而是有方向的监控，对同类产品，可以明确监控哪些企业、具体哪类产品、可能发生侵权的关键点在何处，可以利用目标对象知识产权策略及实力评价，对需要密切关注的企业加以监控。若发生疑似侵权行为，可对其技术进行分析，判断是否侵权。如果没有发现侵权，这类企业或者产品依然需要密切关注，纳入重点关注对象。如果发现侵权行为，则要考虑进行维权行动。

四、结　语

国家知识产权局2012年8月正式出台《重大经济科技活动知识产权评议试点工作管理暂行办法》，2014年12月23日发布《知识产权分析评议工作指南》，各地也相继开展知识产权分析评议项目，制定相关的扶持政策，不断推动知识产权分析评议工作纵深发展。知识产权分析评议工作并非要求企业面面俱到，而是希望企业在发展过程中，根据自身需求，选择合适的分析内容和评议方案，充分利用知识产权分析评议的结果，切实解决知识产权相关问题，使这项工作发挥价值，有效利用这一工具帮助企业应对发展挑战。需要注意的是，企业应当将知识产权分析评议工作贯穿产品的全生命周期过程，即研发立项前、产品研发中、产品上市前/后，进行全过程管理才能真正为企业发展保驾护航。

专利权篇

没有硝烟的跨国配方之战

■ 宋 羽 刘晓玲

摘要：随着互联网科技的发展，市场竞争愈发激烈，越来越多的公司意识到拥有自主知识产权，充分保护商业秘密，对其生存和发展具有重大意义。近年，侵犯商业秘密的纠纷层出不穷，保护商业秘密的实务研究也相应增多。根据《反不正当竞争法》对商业秘密的定义，商业秘密系不为公众所知悉、具有商业价值并经权利人采取相应保密措施的技术信息和经营信息。由此，如管理方法、产销策略、客户名单、货源情报等经营信息，以及生产配方、工艺流程、技术诀窍、设计图纸等技术信息，均可属于商业秘密。商业秘密能够成就一家公司，而商业秘密的泄露可能增加竞争对手的实力，造成自身发展的停滞。

在20年前，关于商业秘密保护的立法尚未完善，许多企业和法律工作者亦未意识到商业秘密保护的重要性。此时，美国大陆谷物公司走访多家律师事务所，就其涉及的一起侵犯商业秘密案件寻求律师的帮助，一场旷日持久的跨国配方战役悄然拉开序幕。

关键词：商业秘密；技术秘密；商业秘密纠纷

一、背景介绍

（一）当事人的基本情况

美国大陆谷物公司（Continental Grain Company，以下简称“大陆谷物公司”）是全世界最大的谷物供应商之一，在全球饲料生产行业处于领先地位，在全世界100多个国家和地区设有分支机构，业务遍布全球。大陆谷物公司在北京投资设立了康地饲料添加剂（北京）有限公司（以下简称“康地公司”），迈出了其进军中国市场的步伐。康地公司的主营业务为动物饲料添加剂和预混料等产品的生产，并使用了大量大陆谷物公司的专有技术。此外，大陆谷物公司和康地公司为了更好地适应中国市场，针对中国畜牧业的特点，专门改良了饲料的配方技术。该配方使得康地公司的产品受到越来越多消费者的追捧。

（二）案件基本情况

大约20年前，就在大陆谷物公司大步拓展中国业务之时，市场上出现了一个十分强劲的竞争对手——GL科技饲料（上海）有限公司（以下简称“GL公司”）。而大陆谷物公司惊讶地发现，康地公司的高管Z某竟然是GL公司的投资者，并在GL公司身居要职。Z某自1992年起在康地公司任职，担任过技术部经理、天津公司副总经理等重要职位，并被派往美国，接受大陆谷物公司的培训和指导。这使得Z某了解许多大陆谷物公司产品的核心技术，并对作为商业秘密的饲料配方也非常了解。巧合的是，GL公司的设立时间刚好在Z某赴美接受大陆谷物公司培训的前夕，而GL公司的经营范围、主营产品，均与康地公司相同。这些巧合让大陆谷物公司意识到，公司的核心商业秘密——预混料配方极有可能已被披露给GL公司。大陆谷物公司随即解除了Z某在康地公司的职务，并在美国提起诉讼。但此时，意识到行迹败露的Z某已匆忙返回上海，大陆谷物公司的在美诉讼因Z某的离开只得望洋兴叹。

因案件涉及公司大量的产品核心技术，大陆谷物公司、康地公司拜访了多家律师事务所，急于寻找一名知识产权领域的专业律师，但均未得到令其满意的答复。最后，经人介绍，他们找到同时拥有理科和法律专业背景的宋羽律师。

二、法律分析

（一）本案涉及的主要问题

经过与大陆谷物公司、康地公司沟通，宋羽律师一针见血地指出本案的核心问题在于证据。一方面，大陆谷物公司与康地公司需要证明其所主张的技术秘密系商业秘密；另一方面，Z 某虽有泄露商业秘密的重大嫌疑，但现阶段大陆谷物公司与康地公司还未掌握关键证据能够直接证明该情况属实。

1993 年出台的《反不正当竞争法》规定，“商业秘密”是指不为公众所知悉、能为权利人带来经济利益、具有实用性并经权利人采取保密措施的技术信息和经营信息。根据该规定，并结合本案所掌握的情况，为形成一个完整的证据链，宋羽律师迅速确定了以下证明事项：（1）大陆谷物公司和康地公司有自己独有的技术秘密；（2）上述两公司对该独有的技术秘密采取了保密措施；（3）该独有的技术秘密有实际的作价金额；（4）Z 某和 GL 公司以不正当的手段获取并使用了上述专有的技术秘密；（5）Z 某和 GL 公司因其非法行为而获取了大量的盈利。

（二）案件分析与应对

1. 关键证据的定位

经过与康地公司多次沟通，宋羽律师注意到康地公司所使用的一款名为 BRILL 的计算机软件。BRILL 是饲料生产企业专用的饲料技术软件，企业在该软件中自建数据库便可向客户演示其所需的基础数据。但在实践操作中，为了便于饲料配方的管理，企业一般将其配方及本公司独有的数据库一起存储在 BRILL 软件中。康地公司虽为该软件设置了相应的访问权限，但 Z 某作为康地公司的技术负责人，系少数几名拥有配方访问权限的员工之一。宋羽律师认为，Z 某极有可能通过复制 BRILL 软件中所存储的数据将配方泄露给 GL 公司。值得注意的是，康地公司在定制 BRILL 软件时，曾要求软件供应商在其中设置无法删除的康地公司标志。这就意味着，如果 GL 公司确实非法使用了由 Z 某从 BRILL 软件中复制的配方，则其计算机系统中定会有本案的关键证据。

2. 起诉与证据保全

1998 年 5 月 5 日，宋羽律师代表大陆谷物公司、康地公司在上海市第二中级人民法院正式起诉 GL 公司和 Z 某，请求判令被告停止侵权；消除影响，登报赔礼道歉；共同赔偿原告损失人民币 500 万元。在立案的同时，为了避免 GL 公司销毁计算机软件中的证据，同时也为确保案件在胜诉后顺利执行，宋羽律师还向法院提交了证据保全申请书和财产保全申请书。事后证明，这两份申请对案件的走向起到非常关键的作用。法院同意原告申请，保全了 GL 公司的软件和相关材料。宋羽律师立即向法院申请成立专家组，对 GL 公司所使用的 BRILL 软件进行查阅并出具咨询意见书，对原被告所使用的软件中所附的饲料配方进行比对。

专家组出具的咨询意见不出所料：原、被告所使用的软件中数据有惊人的雷同，且双方的软件中均带有大陆谷物公司的标志。此外，在原、被告相同的数据中，发现了原告的饲料配方原料营养成分的数据，该数据的精确度远高于在国内外已公开发表的数据。

3. 证据梳理与准备

为了使原告的证据更具有说服力，能够形成完整的证据链，宋羽律师带领其团队整理了一份详细的案情介绍，包括原告的背景、主营产品、所拥有的技术秘密和运作原理、技术价值、两被告以不正当手段获取技术秘密的证据和由此获得的大量盈利，并对此准备了 100 多份证据。宋羽律师及其团队对每一份证据逐字逐句地加以分析，进行审核，进而有了惊人的发现。原来，Z 某在大陆谷物公司和康地公司任职期间，与 GL 公司的员工有大量信件往来，并对 GL 公司的业务开展进行指导。此外，他还提到自己会将原告在美国所实际使用的配方寄来，并承认配方上有大陆谷物公司的标志，要求 GL 公司当时的总经理对该配方严格保密。从最后法院的判决书中可以看出，这些发现对后来法院的判案起到重大作用。

1995 年 11 月 18 日，Z 某在其发送给 GL 公司总工程师、总经理、副总经理的函件中，对如何建设 GL 公司及业务开展等作出一系列指示，还提到“软件的 password 应是××××”，并说会捎一份操作手册来。

1996 年 1 月 5 日，Z 某致函 GL 公司当时的总经理：“我把美国这边的实际用的配方寄来，供你参考，绝对保密，在中国没有人知道。”“因上面有大陆谷物公司的字头，不要给任何人看……保密。”“本月下旬……我会请人把 BRILL 手册捎回，另外我会把一些资料放在磁盘里一起捎回。”

1996 年 3 月 1 日，Z 某再次致函当时 GL 公司的总经理并在信中指出：“捎回去的手册及文件想必已收到，注意文件（磁盘）。”

（三）庭审纪实

由于案件的复杂性和影响力，直至 2000 年 4 月 11 日方才开庭审理。

1. 被告的答辩意见

针对原告的诉讼请求，被告的答辩意见可被归纳为：第一，BRILL 软件自身就附有数据，是供客户演示所使用的，而该软件公开向市场销售，并无秘密可言；第二，原告所称的数据在国内外公开发表的刊物上都有登载，且根据国务院有关条例的规定，饲料的成分、含量、配方、工艺等都必须公开。综上，原告主张的数据系已经公开的数据，并不能成为商业秘密，原告所称的客户被 GL 公司夺取也无事实依据。

2. 原告的主要观点

由于开庭前已做了详尽的准备，被告的答辩意见并没有出乎宋羽律师的意料。针对被告的答辩，宋羽律师代表原告指出，信息是否能构成商业秘密，应该从构成商业秘密的要素来考量：（1）能否从公开渠道直接获取；（2）能否给信息拥有人带来经济利益；（3）这些信息是否采取了保密措施。

（1）能否从公开渠道直接获取。

宋羽律师指出，虽然系争的技术信息以数据库为表现形式储存在 BRILL 软件中，可以为客户制作无数个有效、实用的配方，但仅靠 BRILL 软件中自带的数据，远不能满足配方的要求。饲料配方最重要的饲料原料和营养素的种类等内容，均来自储存于 BRILL 软件的数据库。为了研制这些配方，原告投入了大量的人力、物力和财力，并经过长期生产与实践的考验。原告通过对不同时间和空间众多分散数据的搜集、筛选和整理才形成本案系争的技术信息。

被告称 BRILL 软件中数据库的信息是公开的，但从被告所提供的证据来看，与实际相去甚远。

第一，材料中所公开的有关数据的量和面是有限的，而原告数据库中资料的数量远远超过已公开的数据，且相比目前已公开的数据精确至小数点之后的两位数，大陆谷物公司数据库中数据的精确值至少为小数点之后的五位。

第二，针对被告提出的国务院有关规定，原告认为，国家的标签标准要求公开的是产品主要原料的组成部分和成分分析保证值，但这些公开的信息并不是具体的产品配方。众所周知，产品的配方并不是对产品原料的简单列举，还包括每种成分的含量和在配方中的百分比，而法律规定要求公开的内容仅为饲料所包含的成分，并不要求公布这些成分的含量。因此，产品的配方并没有被公之于众。试想，如产品标签的成分栏为产品的配方，那么各饲料专业公司为何又会消耗大量的人力、物力从事饲料配方的研究工作？

（2）能否给信息拥有人带来经济利益。

该数据库能形成适应不同需求的饲料配方，还能用于全价料、预混料的生产等，该数据库的经济价值和实用性显而易见。另外，如这些技术真如被告所称，都已在国内外公开，对被告 GL 公司的经营活动毫无价值，那为何 GL 公司又冒着风险，舍近求远，通过 Z 某将大陆谷物公司和康地公司用于生产的产品配方等“捎回来”呢？

（3）这些信息是否采取了保密措施。

原告已对这些技术信息采取了保密措施。大陆谷物公司制定了行为准则执行简介，明确规定公司资料在未经许可的情况下不得披露给第三方，并将此确定为员工对公司的忠诚义务之一，并通过员工签收该执行简介，对公司行为准则进行公示。此外，大陆谷物公司已对这些技术信息设置密码，以防止非相关人员的接触，而这些密码恰好是 Z 某透露给 GL 公司的。这些行为均已证明原告对上述技术信息采取了适当的保密措施。

综上所述，原告认为系争的数据库技术信息完全符合法律对商业秘密的界定。

3. 其他争议焦点

庭审中，被告律师指出，原告证据中所提到的 BRILL 等证据均来自 GL 公司的总工程师 N 某，而 Z 某与 N 某之间的信件往来系私人友谊，属个人行为，上述行为均与 GL 公司无关。

对此，宋羽律师在最后辩论阶段说道："已被法院采取证据保全措施的被告 GL 公司的计算机中赫然存在带有大陆谷物公司字头的 BRILL 软件，并且经专家组鉴定，其在该软件的工厂维护菜单下增设了 GL 公司的工厂名。显然，GL 公司明知 Z 某'捎回'的和本公司计算机中储存的技术数据和资料均为原告大陆谷物公司的技术秘密，且并未征得大陆谷物公司的许可。在此情况下即在生产经营活动中使用，其行为的主观故意是明显的。"

三、最终胜利

庭上的交锋及双方证据的对比，使得原告对案件的结果充满期待。果不其然，庭审后不久法院作出一审判决，原告的绝大部分请求均得到法院的支持（仅赔偿数额上有部分调整）。在此之后，GL 公司提起上诉，但最终又自行撤回。这场旷日持久的配方之战，最终以大陆谷物公司的胜利落下帷幕。

在这起商业秘密纠纷案件中，宋羽律师及其团队对证据做了较为细致的整理和分析，并形成一套完整的证据链，有效地支撑原告的诉讼请求。本案在当时并没有明确的司法案例可供参考，也没有所谓司法解释可作指引，但宋羽律师凭着其对法律的理解以及领悟，为当事人争取了最大的利益，颇有时代领路人的风范。在多年后最高人民法院就商业秘密纠纷诉讼相关规定发布司法解释时，可以发现，宋羽律师的代理词思路与司法解释的方向颇为一致。

中法药品专利保护制度对比研究

▩ 叶丽文

摘要：药品专利保护制度，直接影响药企的研发，也影响着药品价格。本文围绕药品专利权，结合健康权和国际社会对知识产权强制许可的历史发展，分析中法两国的专利申请、强制许可制度，聚焦中国药品专利改革的最新动向，阐述法国药品专利的发展演变以及在药品专利申请中的特殊保护制度。

关键词：药品；专利申请；强制许可；专利保护

2017年，我国提出“建立药品专利链接制度”；2018年4月，国务院提出“完善药品知识产权保护”；同月，给予创新化学药最高6年的数据保护期、中外同步上市的创新药最长5年的专利保护期限补偿。这标志着中国药品专利制度取得了实质性进展。法国和中国的药品发明专利的最长保护期限均为20年，但涉及药品专利保护的其他制度，法国与中国不尽相同。

一、药品专利权和强制许可制度

（一）药品专利权和健康权

每个人的健康权和药品息息相关。2018年，电影《我不是药神》又一次将健康和药品专利这对矛盾体推上了风口浪尖。影片中，专利药价格昂贵，癌症患者入不敷出；现实中，药企前期研发成本高，根据“双十”定律，一款创新药的研发成功需要耗费约10年时间，花费约10亿美元，后期涉及药品专利权保护且获取利润红利时间有限，各种因素导致药价居高不下，药品实际价格和消费者的期待价格相去甚远。例如，2005 年 5 月，非政府组织消费者科技计划的代表与泰国政府为了争取三项抗艾药品，估计药品成本为每年每人 240 美元，而原开发药厂估价为 1.2 万~1.5 万美元。❶

根据学界的一般理解，公共健康权是指“一国的全体公民作为整体有权享受为维持健康和福利所需的生活水准，包括食物、住房、医疗和必要的社会服务”。❷ 区别于其他获得专利的产品，药品直接关系每个人的身体健康，是健康权的重要影响因素；同时，药品的专利保护特殊性在于研发药品风险巨大，且专利可以存在于新药研发的每个阶段，从专利申请到最后上市销售的较长周期，导致权利人的专利保护期较短，且专利失效后，仿制药公司复制成本低。

对于发达国家的企业，一般认为专利制度能保障科技进步，持有专利的公司在市场上具有独占地位；但对于发展中国家，在面对鼓励制药企业研发和控制药品价格时，处于两难境地。

根据国情不同，药物政策大致可以分为三种类型。❸

一为向经济利益倾斜的药物政策，以美国为代表，国家制药行业发达，更注重制药产业的经济利益。1796 年，塞缪尔·李（Samuel Lee）发明的“胆汁药丸”获得美国第一个药品专利；如今，全球前十大药厂也几乎都在美国，2000 年，美国已经有超过 1/4 的出口贸易额源于知识产权。❹

二为谋求利益平衡的药物政策，以加拿大和日本为代表，国家有着完

---

❶ 朱怀祖．药品专利强制许可研究［M］．北京：知识产权出版社，2011：43.

❷ 姚颉靖．全球视野下的药品专利：从利益分配到利益创造［M］．北京：知识产权出版社，2011：42.

❸ 韦贵红．药品专利保护与公共健康［M］．北京：知识产权出版社，2013：142.

❹ Clarisa Long. Intellectual Property Rights in Emerging Markets［M］. Washington：The AEI Press，2000：21-24.

善的医疗保障体系和医疗保险制度，更注重药物政策和产业政策的平衡。

三为向公共健康倾斜的药物政策，如印度和巴西，国家制药能力不足，医疗保障体系尚不完善，居民需承担较多的医疗费用。

健康权和药品专利权的矛盾显而易见。健康权可能因为昂贵的药价而受到损害；但是，药品专利制度的本质是促进创新和鼓励药物研发，给公众提供更多的药品和治疗方法。目前，针对两者冲突的解决，一般有强制许可、平行进口、差别定价等方式。

（二）国际社会对知识产权的专利强制许可制度

1925 年《巴黎公约》海牙会议，首次对专利权强制许可制度做出明文规定，正式采纳专利强制许可可以作为不实施、拒绝许可等滥用专利拒绝许可时的救济措施。[1] 现行的《保护工业产权巴黎公约》（以下简称《巴黎公约》）[2] 第 5 条 A 款第（2）项规定各国均有权立法授予强制许可，以防止如“未实施”等类型的滥用专有权：

本联盟各国都有权采取立法措施规定授予强制许可，以防止由于行使专利所赋予的专有权而可能产生的滥用，例如不实施。

从 20 世纪 70 年代起，美国等发达国家就积极主张在《关税贸易总协定》中加入知识产权的议题，在遭到众多发展中国家反对后，最终仍将知识产权和贸易的问题结合成《与贸易有关的知识产权协议》（《TRIPS 协定》），至此，贸易不再局限于货物的跨国流动，也包括知识产权。

《TRIPS 协定》第 31 条陈述了专利强制许可应符合的 12 项规定，[3] 例如：

---

[1] 1925 年海牙大会修订后《保护工业产权巴黎公约》第 2 条规定。

[2] 1883 年《保护工业产权巴黎公约》在巴黎签署，之后分别于 1900 年、1911 年、1925 年、1934 年、1958 年、1967 年修订，并于 1979 年修正。

[3] 中华人民共和国商务部世界贸易组织司．《TRIPS 协定》全文（2017 年 1 月 23 日修正，中文）［EB/OL］．［2017－03－22］［2020－06－30］．http：//sms. mofcom. gov. cn/artrde/wtofile/20170302538505.shtml.

授权此种使用应一事一议；任何此种使用的授权应主要为供应授权此种使用的成员的国内市场；在每一种情况下应向权利持有人支付适当报酬，同时考虑到授权的经济价值；与此种使用有关的任何决定的法律效力应经过司法审查或经过该成员中上一级主管部门的独立审查；任何与就此种使用提供的报酬有关的决定应经过司法审查或该成员中上一级主管部门的独立审查等。

与《巴黎公约》相比，《TRIPS 协定》新增了至少公共利益强制许可，但并没有将“未实施”作为批准条件，而是要求申请人在和专利权人协商无果时方可允许使用此类强制许可。

同时，在《TRIPS 协定》第 39 条第 3 款“保护未公开信息”规定中，原开发药厂的“资料专属权”也得到了保护：

各成员如要求，作为批准销售使用新型化学个体制造的药品或农业化学物质产品的条件，需提交通过巨大努力取得的、未披露的试验数据或其他数据，则应保护该数据，以防止不正当的商业使用。此外，各成员应保护这些数据不被披露，除非属为保护公众所必需，或除非采取措施以保证该数据不被用在不正当的商业使用中。[1]

据统计，全球 75% 的人生活在发展中国家，药品使用却仅占全球药品销量的 8%，全球有 1/3 的人得不到基础药物的治疗。[2] 在《TRIPS 协定》框架下，强制许可与平行进口是发展中国家面对公共健康问题时的解决方案，但美国认为强制许可的范围应限制于与艾滋病、疟疾、结核病等类似的流行病。发达国家自然希望能够有高规格的保护标准，以保障本国制药公司的经济利益。

2001 年，《TRIPS 与公共健康多哈宣言》（以下简称《多哈宣言》）

[1] 中华人民共和国商务部世界贸易组织司.《TRIPS 协定》全文（2017 年 1 月 23 日修正，中文）[EB/OL].［2017-03-22］［2020-06-30］. http://sms.mofcom.gov.cn/artrde/wtofile/20170302538505.shtml.

[2] 韦贵红. 药品专利保护与公共健康［M］. 北京：知识产权出版社，2013：62.

的诞生，回应了发展中国家的需求，增强了发展中国家获得药物的能力，肯定了成员方可采用强制许可的方式生产药品以维护公共健康安全。在第5段b项中规定各成员方有权批准强制许可，且可自由决定批准的理由，该条规定也进一步补充了《TRIPS协定》第31条：各成员方有权批准强制许可，并且可以自由决定批准强制许可的理由。

同时，对于有关药品产品专利和未披露的测试数据的保护实施，《多哈宣言》规定最不发达国家可由2006年延至2016年。

但根据《TRIPS协定》第31条f款的规定，实施强制许可所生产的药品应主要供应实施方国内市场。也就意味着，不具备相应药品生产能力的国家，即便取得强制许可也无法在本国制药，同时也不能从实施强制许可的国家进口廉价的药物。

为解决这一现实困难，2003年8月WTO总理事会通过决议，允许缺乏相应药品生产能力或药品生产能力不足的国家进口其他成员方通过实施强制许可而生产的药品（在法国，平行进口也刺激了国内药品的价格：从2007年起，法国从西班牙和葡萄牙进口了若干药品，与法国市场价格相比，优惠30%左右[1]）。

二、中国药品专利保护制度

（一）中国药品专利的申请和改革

2014年，慢性粒细胞白血病患者陆某，从印度购买价格低廉的格列卫仿制药，被司法机关以销售假药罪追究刑事责任，虽然该案最终以被检察机关撤诉结案，但我国昂贵的专利药价格和患者有限的经济支付能力的矛盾，再一次引发社会的争论。

在我国，可申请专利的包括发明、实用新型和外观设计，其中，授予专利权的发明和实用新型，应当具备新颖性、创造性和实用性。[2] 发明专

---

[1] Jean-Pierre Clavier. L'accès au médicament breveté [EB/OL]. [2019-09-12]. https://journals.openedition.org/cdst/275#bodyftn1.

[2] 《中华人民共和国专利法（2008修正）》第2条和第22条。

利权的期限为20年。药品注册过程中发生专利权纠纷的，按照有关专利的法律法规解决。

涉及专利药品的侵权问题，我国法律规定，如为提供行政审批所需要的信息，制造、使用、进口专利药品或者专利医疗器械的，以及专门为其制造、进口专利药品或者专利医疗器械的，则不视为侵犯专利权；[1]《药品注册管理办法（2007）》第18条规定："申请人应当对其申请注册的药物或者使用的处方、工艺、用途等，提供申请人或者他人在中国的专利及其权属状态的说明；他人在中国存在专利的，申请人应当提交对他人的专利不构成侵权的声明。对申请人提交的说明或者声明，药品监督管理部门应当在行政机关网站予以公示。"

根据2015年的数据统计，我国仿制药占比达到96%。[2] 近几年，我国药品专利制度，进行了大幅度改革，如药品专利链接制度。我国探索建立药品专利链接制度目的在于：鼓励医药产业的创新发展，提高药品的可及性。[3]《关于深化审评审批制度改革鼓励药品医疗器械创新的意见》在谈到促进药品创新和仿制药发展时提出：为保护专利权人合法权益，降低仿制药专利侵权风险，鼓励仿制药发展，探索建立药品审评审批与药品专利链接制度。药品注册申请人提交注册申请时，应说明涉及的相关专利及其权属状态，并在规定期限内告知相关药品专利权人。[4] 该制度明确了仿

---

[1] 《专利法》第69条第5项。

[2] 王晓琳，李剑．中国药品专利链接相关制度的专利法问题［EB/OL］．［2019-09-12］．https：//www.beijingeastip.com/zh-hans/type-publications/%E4%B8%AD%E5%9B%BD%E8%8D%AF%E5%93%81%E4%B8%93%E5%88%A9%E9%93%BE%E6%8E%A5%E7%9B%B8%E5%85%B3%E5%88%B6%E5%BA%A6%E7%9A%84%E4%B8%93%E5%88%A9%E6%B3%95%E9%97%AE%E9%A2%98/.

[3] 国家食品药品监督管理总局就药品医疗器械审评审批改革鼓励创新工作情况举行新闻发布会［EB/OL］．（2017-10-09）［2019-09-21］．http：//www.china.com.cn/zhibo/2017-10/09/content_41700999.htm?from=groupmessage#fullText.

[4] 中共中央办公厅、国务院办公厅印发《关于深化审评审批制度改革鼓励药品医疗器械创新的意见》［EB/OL］．（2017-10-08）［2019-09-21］．http：//www.gov.cn/zhengce/2017-10/08/content_5230105.htm.

制药注册申请的前提是不影响已上市药品的专利权，保护了首仿创新药品的市场独占期，也鼓励药企进行创新研发，考虑到了原研药企业和仿制药企业之间的利益平衡。

现实中，由于专利权的获得是自申请日起计算，故除去从临床申请审批到上市申请审批的几年，权利人实质享受专利权的期限，远远低于专利期。2018 年，我国提出“数据保护和专利保护”，宣布对创新化学药设置最高 6 年的数据保护期，保护期内不批准同品种上市；对在中国与境外同步申请上市的创新药给予最长 5 年的专利保护期限补偿。

（二）中国药品专利强制许可

我国药品专利强制许可制度早已确立，但至今未曾使用过。[1] 根据我国《专利法实施细则》，《专利法》第 50 条所称取得专利权的“药品”，是指“解决公共健康问题所需的医药领域中的任何专利产品或者依照专利方法直接获得的产品，包括取得专利权的制造该产品所需的活性成分以及使用该产品所需的诊断用品”。

在我国，涉及药品专利的强制许可类型，主要有普通强制、反垄断救济强制、紧急状态或为了公共利益的目的强制、公共健康目的出口药品强制等。

第一，普通强制许可源于《专利法》第 48 条第（1）项规定：“专利权人自专利权被授予之日起满三年，且自提出专利申请之日起满四年，无正当理由未实施或者未充分实施其专利的”，国务院专利行政部门根据具备实施条件的单位或者个人的申请，可以给予强制许可。

第二，反垄断救济强制许可指“专利权人行使专利权的行为被依法认定为垄断行为，为消除或者减少该行为对竞争产生的不利影响”[2] 时，国务院专利行政部门可给予申请人强制许可。

---

[1] 吴斌．药品专利强制许可：实施路径明确了，“救命药”价格能否砍下来［N］．南方都市报，2018-04-15.

[2] 《专利法》第 48 条第（2）项。

第三，紧急状态或为了公共利益的目的强制，指在国家出现紧急状态或非常情况时，或者为了公共利益的目的，出现需要使用相关专利的需求，国务院专利行政部门可以给予强制许可，且无须事先与专利权人协商，但需尽快告知。

第四，公共健康目的出口药品强制许可，源于2008年修正的《专利法》新增第50条："为了公共健康目的，对取得专利权的药品，国务院专利行政部门可以给予制造并将其出口到符合中华人民共和国参加的有关国际条约规定的国家或者地区的强制许可。"该决定也应当同时符合中国缔结或者参加的有关国际条约关于为了解决公共健康问题而给予强制许可的规定，但中国作出保留的除外。

至于药品专利强制许可的程序，依照《专利法实施细则》第74条规定，申请人应当向国务院专利行政部门提交强制许可请求书，说明理由并附具有关证明文件；专利权人收到请求书副本后，应在规定期限内陈述意见，但如在期满未给予回复，并不影响国务院专利行政部门作出决定。

如最终决定给予行政许可，国务院专利行政部门应当一并明确实施的范围和时间；强制许可的理由消除并不再发生时，则根据专利权人的请求，经审查后作出终止实施的决定。

依据《专利法实施细则》第74条第3款，如国务院专利行政部门作出驳回或给予强制许可的决定前，应当通知请求人和专利权人拟作出的决定及其理由。

2018年3月，《国务院办公厅关于改革完善仿制药供应保障及使用政策的意见》明确指出"具备实施强制许可条件的单位或者个人可以依法向国家知识产权局提出强制许可请求"，国家知识产权局将作出给予实施强制许可或驳回的决定。

药品专利制度"对于社会福利具有正、负两方面的效应"，[1] 除了前文所述的药价问题，目前我国药品专利保护面临的另一尴尬处境是外国制

[1] 姚颉靖．药品专利保护优化研究［M］．北京：知识产权出版社，2012：297.

药企业在我国申请专利越来越多、而我国在创新能力较弱的情况下，仍不注重专利申请，错失了不少专利（如抗疟新药青蒿素）。

三、法国药品专利保护制度

（一）法国药品专利申请和强制许可

在法国大革命之前，只有国王有权授予专利许可证。1791 年，法国第一次颁布专利法，专利授予的条件只包括新颖性和实用性，专利申请文件也不包括权利要求书，由法官决定专利权的效力问题。

依据 1844 年 7 月 5 日法规定，“药物成分或任何种类的治疗方法”均不得被授予专利，前述治疗方法主要受 1810 年 8 月 18 日法令中关于“秘密治疗方法”（remèdes secrets）的保护。

1844~1959 年，药品始终未成为专利许可的对象，关于知识产权是否应该扩展至药品和药品事关公共健康的讨论此起彼伏。

直至 1959 年，法国立法者意识到保护创新成果刻不容缓，设立药品专利制度也迫在眉睫。在此背景下，1959 年 2 月 4 日法令以及 1960 年 5 月 30 日法令创设了一种新的工业产权：药品特别专利（Brevet Spécial de Médicament，BSM），从而为药品获得专利保护打开了大门。立法者在解释 1959 年法令时表示，“药品不能被等同于其他所有工业产品；药品的质量、价格涉及公共健康，不能仅由市场机制支配”，[1] 故考虑到药品的特殊性，药品特别专利在专利权授予条件上与其他专利有所不同。

1968 年，药品特别专利及其授权特殊规则被取消，意味着药品专利授权将属于专利法一般规则。1992 年，法国颁布《法国知识产权法典》，其中，进一步明确规定了药品可获专利保护，例如第 611-16 条款：

对于人体或者动物体的外科或者疗法的治疗方法，和实施于人体或者

---

[1] “Le médicament ne peut être assimilé à tous les produits de l'industrie; sa qualité, son prix intéressent la santé publique et ne peuvent être abandonnés au seul mécanisme du marché”，参见：«L'accès aux médicaments et le droit des brevets»，Magloire Akogbeto（Université Jean Moulin Lyon 3-Master droit et management des structures sanitaires et sociales 2005），https://www.memoireonline.com/06/13/7203/m_L-acces-aux-medicaments-et-le-droit-des-brevets11.html.

动物体上的诊断方法，不授予专利。本项规定不适用于在前述方法中所使用的产品，尤其不适用于物质或者组合物。

关于法国药品专利强制许可，《法国民法典》第613-16条款规定，可以在药价极其昂贵时给予强制许可，这一点，在我国是没有的；其他两种给予强制许可的情形为：一是公众可以得到的药品在数量或质量方面不足，二是相关专利违背公共健康实施或在构成不正当竞争条件下实施。

2007年，《法国知识产权法典》新增第613-17-1条款，规定如其他国家出现公共健康问题急需使用法国专利药物，则由法国行政机关受理并审查强制许可的申请：

涉及向那些出现公共健康问题的国家出口的药品的生产，其相关的专利强制许可申请，向（法国）行政部门提出。

根据该项法律规定，如果一种药品在法国受专利保护，而出现公共健康问题、急需使用该药品的国家缺乏生产该药品的能力，则可向法国相关机关提出请求；如强制许可申请获批，药品将在法国生产，并以合理的价格出口至所需国家。

强制许可的适用范围最初仅限于药品，现包括药品、医疗器械、体外诊断医疗器械、“附属治疗产品”（produit thérapeutique annexe）以及上述所列产品的获得方法，获得上述产品所需的产品以及获得上述产品所需产品的生产方法。[1]

（二）法国药品专利保护的特殊制度

法国国家工业产权局（Institut national de la propriété industrielle，INPI）是负责实施知识产权领域公共政策的主要部门，其负责专利的注册和管理，财务独立核算，无须国家拨款。[2]

---

❶ 宋昕哲．法国的专利保护和公共健康［EB/OL］.［2019-09-21］. http：//www.iprdaily.cn/article_ 19527. html.

❷ 章璠．奠定大陆法系知识产权制度理论基础——法国工业产权局简介［J］. 中国发明与专利，2008（5）：80-82.

同中国一样，法国药品专利保护期也是20年，但根据《法国公共健康法典》第L5121-8条规定，药品需要获得“市场准入许可”（Autorisation de mise sur le marché，AMM）才能投入市场。

许可证由法国药品及健康产品安全局（Agence nationale de sécurité du médicament et des produits de santé，ANSM）或欧盟药品局（European Medicines Agency，EMA）颁发；该上市许可制度依据质量、安全性和有效性进行审核，具体来说，将审核药品成分的质量和数量是否与厂商提交的一致、药品在正常使用情况下是否会对人体产生危害以及治疗效果等。从1994年起，针对严重且没有其他治疗方法的疾病，“临时使用许可”（Autorisation temporaire d'utilisation，ATU）可代替“市场准入许可”，旨在快速推动药物上市。

由于“市场准入许可”所要求的试验数据和审批过程耗费数年，客观上缩短了药品专利权利人行使和享受技术独占权期限，为此，法国在1990年设立了补充保护证书制度（Certificat complémentaire de protection，CCP）。

补充保护证书制度作为延长药品专利保护期的一种特殊制度，弥补了专利权人的保护期损失，最多可以长达5年（有效期为基础专利申请日至第一个上市许可授权日之间的期限，减去5年，同时最长不能超过5年），其赋予权利人同专利权相同的权利，但有效专利保护期和补充专利保护期之和不得超过15年。

申请补充保护证书的，须专利权人在法国首次获得“市场准入许可”6个月内，向法国国家工业产权局递交申请书；如授予专利晚于获得上市许可，则在专利授予后的6个月内提交申请。[1] 获得保护证书者，须每年缴纳费用，否则，保护证书失效。

---

[1] 冯术杰. 法国专利申请中的特殊制度［J］. 电子知识产权，2010（7）：19-23.

VR技术外观设计保护的困境与对策研究

■ 郭国中　祁春倪　李佳俊

摘要：国家知识产权局在2014年3月修订的《专利审查指南》中增设了图形用户界面这一保护客体，而2020年10月17日，第十三届全国人民代表大会常务委员会第二十二次会议通过修改最新版《专利法》，其中拟建立局部外观设计保护制度，两次调整对局部外观设计，尤其涉及图形用户界面的外观设计的保护范围产生了重大影响。随着信息网络的快速发展，VR技术已经渗透各个领域，而VR技术创新成果的保护问题，尤其在新法律环境下，给知识产权领域带来了新挑战。因此，本文将以具有代表性的VR眼镜为例，探讨实现VR技术外观设计专利的保护策略。

关键词：局部外观设计；VR；保护策略

在《专利法》第四次修订中，与外观设计相关的重要变化是，将外观设计的定义扩展到产品“局部”的新设计，即外观设计专利不仅可以对产品“整体”的新设计进行保护，还可以对产品局部的形状、图案或者其结合以及色彩与形状、图案的结合所作出的富有美感并适于工业应用的新设计进行保护，从而建立局部外观设计保护制度。而局部外观设计保护制度建立的原因是什么？建立局部外观设计保护制度又会给VR技术的知识产权保护带来什么样的影响呢？本文将对上述问题展开分析，并给出相应的专利保护策略建议。

一、我国局部外观设计保护制度的探索沿革

1984 年我国通过《专利法》，并于 1985 年 4 月 1 日开始施行。❶ 图 1 是自 1985 年来外观专利的申请趋势图，可以看出，近年来我国外观设计专利申请量呈现飞跃式的增长趋势，其中 2012 年的涨幅达到最大值，2013 年之后则稳步增长。图 2 是自 1985 年以来各个专利局受理外观设计专利数量的统计，可以明显地看到，截至 2019 年，我国外观设计专利的申请量已经达到约 500 万件。国家知识产权局的外观设计专利的受理量超过了总受理量的一半；且自 1996 年以来，中国的外观设计专利申请量一直为世界第一位。

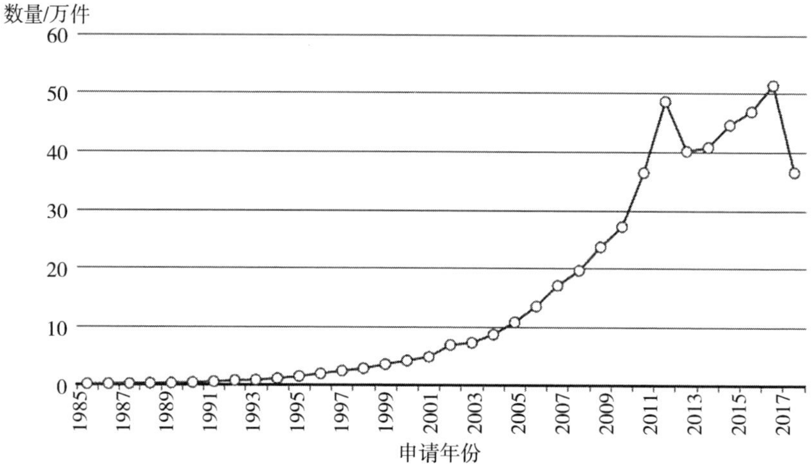

图 1　1985~2018 年外观专利申请趋势

虽然我国外观设计专利的申请量一直居于领先位置，但是我国对外观设计的保护制度仍需随着科技发展所带来的新客体不断完善。众所周知，现行《专利法》对外观设计的定义为："外观设计，是指对产品的形状、图案或者其结合以及色彩与形状、图案的结合所作出的富有美感并适用于

❶ 中华人民共和国专利法（1984 年制定）［Z/OL］.［2019-04-01］. http：//www.sipo.gov.cn/zcfg/zcfgflfg/flfgzl/fl_ zl/1063509. htm.

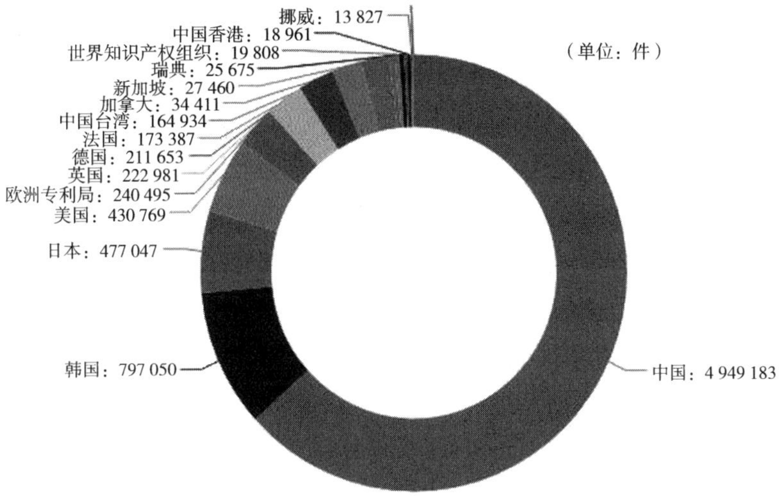

图 2　1985~2019 年各专利局受理外观设计专利数量的统计

工业应用的新设计。”从法条的理解来看，《专利法》对于外观设计的保护标准是“产品”的“新设计”。而产品必须是完整的产品，即保护的客体必须是产品的全部，而不是产品的局部。在实践中，由于局部外观设计不属于专利的保护范围，因此有些竞争对手会采取拼接、截取等方式对产品的一部分进行抄袭、仿制、销售等，严重损害了专利权人的利益，专利权人的合法权益得不到有效的保护，设计者的创新积极性会受到严重挫伤。

与之相对的是，国外早已经对专利法进一步优化调整，增设了对局部外观设计的保护。例如，日本在 1998 年修改了《日本意匠法》，明确规定将产品的局部外观设计纳入保护范围。韩国也于 2001 年修改了《韩国外观设计法》，明确将局部外观设计纳入外观设计保护对象。❶ 美国虽然没有修改专利法，但是经过 In re Zahn 裁定后，美国法院对外观设计专利权的客体和载体作了清楚的界定，认可部分外观设计保护制度。且美国专

❶ 管育鹰．局部外观设计保护中的几个问题［J］．知识产权，2018（4）：11-25.

利商标局对专利审查指南作出修改，修改后的规定是“外观设计是指包含于或应用于工业产品（或其部分）的外观设计，而非产品本身”。[1]

我国对外观设计的保护制度也在持续优化中，国家知识产权局在2014年3月修订的《专利审查指南》中增加了图形用户界面这一保护客体，去除了原先的“产品的图案应当是固定的、可见的，而不应是时有时无的或者需要在特定的条件下才能看见的”，增加“对于包括图形用户界面的产品外观设计，如果涉案专利其余部分的设计为惯常设计，其图形用户界面对整体视觉效果更具有显著的影响”。这一修订明确了图形用户界面（GUI）能够归于外观设计进行保护。而GUI的保护方式是“产品”加“界面设计”，“界面设计”是主要的设计要点。而在实践过程中，设计者提交外观专利申请时，必须提交必要的载体，而载体通常不具备设计要点。在专利维权时，对于其他经营者采用不同载体使用该界面设计是否侵犯设计者的权利，目前还没有明确的规定。

2020年10月17日，第十三届全国人民代表大会常务委员会第二十二次会议通过修改最新版《专利法》，其中修改了外观设计的定义：“对产品的整体或者局部的形状、图案或者其结合以及色彩与形状、图案的结合所作出的富有美感并适于工业应用的新设计”。对比原先的外观设计的定义，本次调整增加了“或者局部”四个字。从该调整能够明显看出，产品的局部也被纳入外观设计专利的保护范围，这一调整对外观设计专利的保护产生了深远的影响。目前GUI专利申请是图形用户界面加载体，设计要点为图像用户界面，而载体是非设计要点，但是外观设计专利的侵权判定方式为整体观察、综合判断，如果在侵权判定中将非设计要点的载体作为判断因素之一，对专利权人来说，这显然不公平。而局部外观设计制度能够解决上述问题，将设计要点本身独立出来作为保护客体，从而加大了外观设计专利的保护力度。因此，不管是从专利授权角度，还是从专利维权角度，局部外观设计制度均具有重要的意义。

---

[1] 曹新明．我国增加局部外观设计专利保护研究［J］．知识产权，2018（4）：3-10.

局部外观设计制度的确立也对 VR 行业等新兴行业的知识产权保护产生了重要影响。

二、局部外观设计保护制度有助于 VR 技术的知识产权保护

1. VR 技术的概要介绍

VR 技术是一种可以创建和体验虚拟世界的计算机仿真系统，它利用计算机生成一种模拟环境，是一种多源信息融合的、交互式的三维动态视景和实体行为的系统仿真，并使用户沉浸到该环境中。VR 技术是多种技术的综合，包括实时三维计算机图形技术，广角（宽视野）立体显示技术，对观察者头、眼和手的跟踪技术，以及触觉/力觉反馈、立体声、网络传输、语音输入输出技术等。[1]

随着互联网的进一步发展，VR 技术已经被广泛运用于娱乐、教育、军事、体育、医疗等领域，而随着 5G 技术的发展，VR 技术必然将越来越成熟。

2. 局部外观设计保护制度使得 VR 产品的 GUI 能够被单独保护

VR 产品可以拆分为头盔等硬件载体，以及 GUI 等软件这两个部分。软件通常单独由软件公司开发，竞争对手一般同样是软件公司，而软件公司往往并不会实施制造、许诺销售、销售进口硬件载体的行为，这使得开发 VR 软件 GUI 的软件公司在整体外观设计保护制度下进行维权时存在困难。因此，专利法修订草案中新增的局部外观设计保护制度，对 VR 产品中 GUI 的保护而言非常重要，这使得 VR 产品的 GUI 本身有了单独被保护的可能性。

3. 局部外观设计保护制度对 VR 产品的 GUI 有了明确的保护范围

对传统的产品而言，其专利的保护范围是明确的，例如汽车，其外观的保护就是汽车的前后左右上下六个方向的视图，采用平面图像的表现形式。而对于 VR 技术，其表现形式为沉浸式的视图体现，并非传统的专利

---

[1] 虚拟现实［EB/OL］.［2019－04－01］. https：//baike. baidu. com/item/% E8% 99% 9A% E6% 8B% 9F% E7% 8E% B0% E5% AE% 9E.

保护形式，且需要结合载体实现。而局部外观设计制度能够进一步明确GUI专利的保护范围，不会受到载体的限定。

三、VR技术在申请外观设计专利中的难点

局部外观设计制度的建立，有效地解决了VR技术在专利申请保护中遇到的诸多问题，包括保护范围的界定等问题，但是在局部外观设计制度下，VR技术的具体实操还存在诸多难点。

（1）提供何种视角的视图？随着局部外观设计保护制度的建立，如何利用新制度对非传统表现形式的VR技术的展现方式最大化的保护是一大问题。在实际使用中，用户观察到的界面实际上是由左眼和右眼两个屏幕合成的效果，不同于传统设备，例如手机就只有一个屏幕。而人眼观察到的图像则是一个完整的图像。那么在申请外观设计时，应当提供实际的视图还是观察到的视图呢？在侵权判定时，应该将视图与左右眼图像分别比对，还是与合成图像进行对比？这些是值得探讨的问题。

（2）如何对动态效果进行保护？在VR视角中，当人头部转动时，界面也会相应地变化，例如虚拟界面为一立体界面，当转动时，界面也会相应转到立体界面的某一位置产生动态效果，类似这种主观视角性的运动，我们应该如何把握具体的保护形式，如何对图片或者简要说明进行处理，这是需要进一步研究的问题。

（3）如何对非平面视觉效果进行保护？在传统的GUI界面中，界面通常是平面的。例如手机APP的界面所展现的载体是手机屏幕，属于平面的展现方式。但是在VR技术领域，界面可以是立体的，例如界面中可以呈现出环绕用户的一圈位置都是窗口这种界面效果。显然，传统的GUI界面的保护策略，不宜直接适用于VR技术的界面保护。

四、VR技术外观设计专利保护的建议

本节将以VR眼镜为例，针对VR技术在专利申请保护中带来的难点相应地给出具体的对策，并阐述如何对VR技术进行专利保护。VR智能眼镜的图像处理算法、交互算法等可以申请发明专利，笔者在这里不再展

开阐述。而对于 VR 眼镜而言，最直观、也容易被其他经营者跟随的应该是能够与用户进行信息交互的 VR 界面，对于这类界面如何能够最大化地进行保护，笔者给出具体建议。

1. 专利申请文件准备——以 VR 眼镜展示的界面为准

VR 眼镜的界面是由两个屏幕分别展示不同的图像，但是人眼观察到的图像是一个完整的图像。那么到底是以人眼看到的图像为准，还是以屏幕的界面图像为准呢？传统的思维应该是眼见为实，以人眼看到的图像为准，实际上却应该是以 VR 眼镜展现的界面为准，在这里需要结合 VR 眼镜的原理来解释。VR 眼镜的基本原理是：VR 眼镜的左右两个屏幕分别提供一个界面，左右两个屏幕提供的界面基本相似但一定具有差异，而人的左眼和右眼会分别看到左屏幕的界面和右屏幕的界面，进而在人脑里合成，形成人眼看到的图像。因此，人眼看到的图像并不属于“眼见为实”的图像，实际是在人脑里形成的图像。在专利申请文件中，实际上是提供不了所谓“人眼看到的图像”的，因此在专利申请文件中应该提供屏幕的界面图像，进一步地，鉴于左右两个屏幕均提供图像，且两个屏幕的图像并不完全相同。建议申请时将两边的图像作为相似图像申请，以扩大保护范围，也有利于对 VR 企业的保护。

2. 动态效果保护——通过人体运动前后的观察对比图片展现

对于 VR 的沉浸式表现形式，也是通过观察图片展现出来的，包括随着头部或脚步的运动而改变的 VR 的变化界面，可以通过观察转动头部前后的图片之间的变化来体现。在这里，最突出的变化应该是人机交互的变化。在传统的 GUI 保护中，通常是人在屏幕上进行相应操作，包括点击、滑动、双击、长按等动作，操作后的界面和操作前的界面的关联性较强，并且人眼能够从外部直观地看到上述操作。因此，传统的 GUI 能够直观地进行保护。而对于 VR 界面，首先交互方式大都为头部的运动，或者是眼镜的动作，头部在转动时，VR 界面也会相应转动，这种方式可能会出现转动后的界面和转动前的界面对应不上的问题。且人眼实际上是沉浸在 VR 界面中的，对于交互方式的判断较弱。因此，在进行 VR 界面的专利保护时，需要对简要说明进行针对性的描述，重点在于交互方式，对于常规的交互，显然不能体现VR界面的变化，导致界面之间没有关联性。因此在简要说明中一定要体现头部运动或者脚步运动等VR眼镜的交互方式，这样才能对动态效果进行有针对性的保护。

3. 非平面视觉效果保护——通过使用状态参考图来展现

在外观设计专利中主视图等视图通常是VR眼镜使用者的主观视角，而主观视角较难表现出类似多个界面环绕使用者的效果。此时，不妨利用使用状态参考图，跳出使用者的视角，站在全局的视角，例如轴侧视角，从而能够观察到立体的界面效果。进一步地，通常我们通过VR智能眼镜能够看到的界面包括界面背景以及界面内容，而界面背景可以是多种多样的形式，例如海景、沙滩等。而界面内容也会显示多种图案，包括APP图表、主题图案等。因此，如果提供整个界面视图的话，很容易被他人规避，仅修改界面背景或者界面内容，则VR界面整体上就相应不同。在提供VR界面时，须避免提供带有背景或者界面具体内容的VR界面，仅保留核心要素，例如界面主题的设计框架、层次等。这样能够最大化地对VR界面设计进行保护，不会受到界面具体内容的限制。当然，涉及界面变化时，也应该避免含有具体内容的VR界面。在简要说明中，需要具体描述本界面的用途，例如界面从A界面变化到B界面，以清楚表述设计要点。

五、总　结

在“局部外观设计保护”的制度背景下，合理、充分地利用好局部外观设计制度对VR技术的外观设计进行保护，是增加外观专利保护力度的重要策略。对于VR技术中的特殊显示界面，一方面，我们应该考虑保护界面的核心设计要素，包括界面主题设计、层次设计、变化界面，弱化具体界面背景、界面内容对显示界面保护范围的影响。另一方面，我们应该最大化考虑界面的保护范围，从多维度视角对界面的保护范围进行综合判断。

某高端制造企业的专利分析评议工作启示录

▩ 郭国中 黄亚雄 李佳俊

摘要：《专利法》第四次修订加强了对知识产权的保护，同时健全了侵权惩罚性赔偿制度，企业在科技创新活动中须更加重视专利侵权风险的管控。本文以笔者经办的知识产权分析评议项目为例，分析知识产权分析评议是如何有效提升专利侵权风险管控的效果，并提出如何优化知识产权分析评议工作的具体建议，以供企业和分析评议团队参考。

关键词：知识产权；分析评议；专利侵权；风险管控；专利法

专利保护是知识产权保护系统中最重要的方面。目前《专利法》已完成第四次修订，本次修订是在《中共中央关于全面深化改革若干重大问题的决定》提出的"加强知识产权运用和保护，健全技术创新激励机制"要求之下进行的，修订的重要方面是加强专利保护，健全侵权惩罚性赔偿制度，大幅提高专利侵权的违法成本。因此，企业在科技创新活动中须更加重视专利侵权风险的管控，以避免遭遇专利侵权诉讼而面临高额的赔偿。知识产权分析评议与科技创新活动的关系极为密切，科技创新活动中的知识产权分析评议主要起到专利侵权规避等功能。[1] 因此，开展知识产权分析评议项目是企业实现专利侵权风险管控的一种高效工具。本文将以笔者所在分析评议团队协助国内某单位（以下简称"甲方单位"）

---

[1] 贺化．评议护航：经济科技活动知识产权分析评议案例启示录［M］．北京：知识产权出版社，2014.

开展的知识产权分析评议项目（以下简称“评议项目”）为实例进行分析，探究以专利侵权风险管控为目的的分析评议工作中的几个关键要点与难点，并通过该实例分析得到启示，对企业以及分析评议团队的实践工作给出优化建议。

一、知识产权分析评议项目的实例分析

（一）知识产权分析评议项目的背景简介

甲方单位是高端制造企业，其待开发设备中的关键零部件产品以进口为主，国内企业相关产品的市场占有率低于10%，随着该设备技术和市场的发展，亟须进行相关关键零部件产品的国产化开发。甲方单位为打破关键零部件被国外企业垄断的局面，实现国产设备相关技术的产业化发展，进行了某系统（以下简称“目标系统”）的研发。与此同时，甲方单位对专利侵权风险管控有着严格要求。

针对甲方单位的专利侵权风险管控需求，笔者所在知识产权团队组建了相应的分析评议团队，其中包含律师、专利代理师、海归工程师等，以协助甲方单位开展知识产权分析评议项目。在评议项目初期阶段，分析评议团队向甲方单位提供了初步的产品技术拆解图以及报告大纲，并与甲方单位进行了充分沟通，使得甲方单位能够逐步剖析出自身的真实需求。其间甲方单位提出，在本评议项目中，需要在常规分析评议工作的基础上重点关注以下事项：

（1）对国内市场中主要的竞争对手进行详细调查。甲方单位在国产化研发的过程中，面临的首要问题是核心技术掌握在国外巨头企业手中，且尚未全面掌握这些国外巨头企业在中国等地域的专利布局情况。如果不将这些问题调查清楚与充分摸底，则很有可能在产品上市后引起专利侵权纠纷，造成前期研发投入的巨大损失。

（2）分析评议应结合甲方单位已有的研发基础。甲方单位在评议项目实施之前已经具有一定的研发基础，并且已有初步的产品设计，需要在此研发基础上获得研发突破的同时，做好专利侵权风险管控。因此，本评

议项目选择侵权规避为目的的知识产权分析评议种类，而非项目立项的知识产权分析评议种类。

(3) 要求从法律与技术结合的角度，给出科学、务实的侵权规避策略。也就是说，甲方单位要求最终出具的知识产权分析评议报告中，应具有能够指导实际生产研发活动的侵权规避策略。该要求也是国家知识产权局制定的《知识产权分析评议工作指南》的精神核心所在。

(二) 知识产权分析评议项目的实施过程介绍

知识产权分析评议项目涵盖的内容较多，例如背景技术调查、技术拆解、检索策略确定、宏微观技术解读、图表可视化制作等。本文将针对甲方单位重点关注的几个事项以及分析评议的难点，进行评议项目实施过程的介绍。

1. 竞争对手调查

竞争对手调查处于知识产权分析评议项目的情报收集调查阶段。甲方单位在经营研发活动中对目标系统的市场供应商进行关注，发现主要同行为A公司以及B公司，均为国外巨头企业。目前国内目标系统产品的市场基本被这两家公司占据。因此在组织分析评议的初期，笔者建议甲方单位对A公司与B公司的专利进行重点关注。甲方单位在提供竞争对手信息时，遇到如下三个问题。

第一个问题是，如何准确找出国外公司的中国关联公司，例如，A公司的中文译名有好几个，究竟以哪个为准；

第二个问题是，难以提供A公司等国外公司的其他相关专利申请人的名称；

第三个问题是，难以获知行业较为知名的企业以外的竞争对手的信息。

针对第一个问题，一方面可以搜索国外公司的中文官网得到官方译名，再进行国内相关专利的检索；另一方面，可以直接在世界范围的专利数据库中直接以A公司的英文名称作为申请人关键词，检索中国同族专利，并找到申请人信息。从专利检索的角度上看，前一种方式有一定的局限性：一是国外专利通过 PCT 或者巴黎公约进入中国时，可能进行了优先权转让，被转让的国内申请人名称可能发生了较大变化，进而导致根据公司译名无法准确检索到相关专利；二是某些国外公司可能并无中文官网。后一种方式虽然能够有效避免上述问题，但是也存在一定的缺陷。例如，国外公司在中国建立的分公司或者合资公司本身具备一定的研发实力，某些专利可能仅在中国进行了申请布局，仅通过英文关键词将无法检索到这些专利。因此，在实际操作中，应该将这两种方式进行综合利用。

针对第二个问题，也可以通过阅览竞争对手公司相关网站与提取专利信息两种方式解决，但是对于初步获取的信息需要进一步加工整理。例如，在竞争对手公司相关网站可以查询：（1）该公司在本国与他国成立的分公司、合资公司，以及具有专利申请资格的其他形式主体；（2）该公司收购合并的历史信息；（3）该公司的曾用名称；（4）与该公司进行过合作的主体；（5）同一集团下的其他公司，等等。还可以从专利信息方面寻找线索，例如可以通过对权利转移、共同申请人等信息的挖掘，得到该公司其他相关专利申请人的名称。

针对第三个问题，可结合新闻、论坛、技术文献、宣传资料等内容进一步研究行业背景，也可先以技术主题与技术问题作为检索关键词进行专利检索，再通过进行检索得到的专利而获得其他竞争对手的信息。

在甲方单位的分析评议项目中，以 A 公司为例，其间通过对 A 公司这一竞争对手进行调查，发现该公司存在如图 1 所示的公司关系图。

通过进一步整理发现，A 公司在中国的专利申请人主体除了自身之外，还包括如下关联公司：收购公司、两合公司、分公司、研发生产基地公司等。

但在后续进行专利技术方案的详细解读中发现：A 公司与 B 公司在目标系统方向申请的中国专利并不多，造成这种现象的原因可能有以下三点。

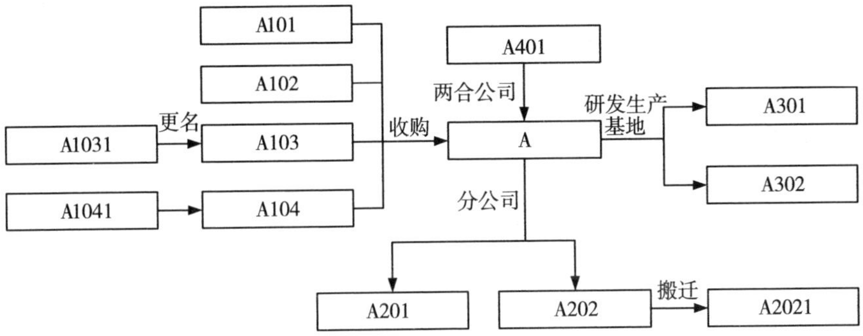

图 1　A 公司关系图

（1）相关国外企业在硬件结构方向起步较早，技术较为成熟，后续研发投入较少。例如，图 2 展示了 A 公司在目标系统技术方向的专利申请趋势，从中可发现 A 公司在目标系统技术方向相关的专利自 1931 年即存在申请，除了 2002 年之外，近年没有相关专利申请。

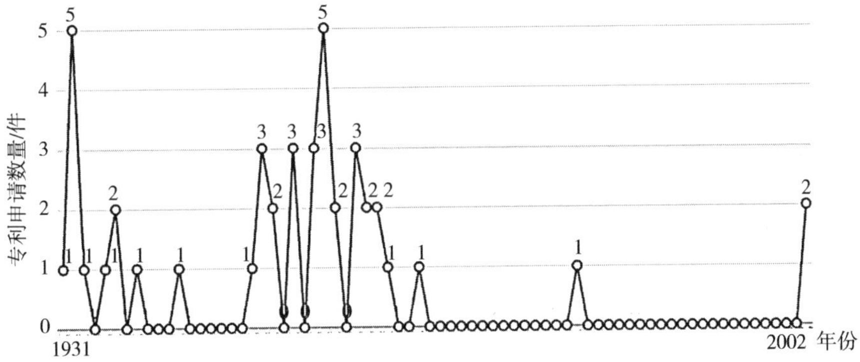

图 2　A 公司在目标系统技术方向上的专利申请趋势

（2）相关国外企业倾向于通过技术秘密的方式保护软件。软件方面，由于软件主要位于后台，较难被逆向工程破解，因此这些企业倾向于通过技术秘密的方式进行保护。

（3）相关国外企业当前并不重视在中国的专利布局。A 公司在目标系统技术方向相关的专利主要在美国、德国以及英国进行了申请与布局。实际市场占有率 90% 的国外巨头企业在中国并没有形成有效的专利布局，这对于甲方单位是一个好消息。但是，竞争对手的调查工作还需要继续开展，通过技术主题与技术问题检索发现，国内某公司（以下简称“C 公司”）申请的多项专利与甲方单位研发方向高度重合，而且保护范围较大，甲方单位若在研发中不做好侵权规避工作，后续有极大可能陷入 C 公司的专利雷区。因此，分析评议项目的下一步工作重心转移到就高风险专利进行排查，以及就疑似侵权专利进行技术、法律和商业层面的风险管控的阶段。

2. 技术层面的专利侵权风险管控

在知识产权分析评议工作中，可将甲方单位初步成型的产品技术方案假设为被诉侵权产品进行侵权比对，但是处理方式存在一定的差异，具体表现为：在专利侵权纠纷诉讼中，权利人可能会主张被诉侵权产品落入了独立权利要求以及从属权利要求等多条权利要求各自所限定的技术方案的保护范围；而在分析评议工作中，是将产品技术方案与对比专利中独立权利要求所限定的技术特征进行比对。

侵权比对的判定结果分为侵权与不侵权。如图 3 所示，对于判定为不侵权的情况，应着重分析区别技术特征不相同也不等同的原因，并建议在后续的研发产品中保留区别技术特征。对于判定为侵权的情况，一方面，分析评议团队应与甲方单位进行充分沟通，从技术与法律角度分析是否确实侵权；另一方面，还应积极地寻找可行的技术特征替换或省略的方案。值得注意的是，如果采用技术特征替换或省略的方案，还须重新进行专利的查全或查准检索，并重新进行侵权比对，通常应开展到判定为侵权风险可控为止。

在本评议项目中，最初的侵权比对结果显示，甲方单位初步成型产品的技术方案与 C 公司的专利技术方案相比，虽然存在一些不相同的技术特征，但具有等同侵权而落入 C 公司专利保护范围的风险。因此，在后续的工作中，一方面，分析评议团队运用专利检索与分析能力寻找技术研发突破口；另一方面，甲方单位的工程师也从技术专家的角度不断提出新的技术方案。通过分析评议团队与甲方单位双方的多次沟通，利用图 3 所示的侵权规避设计流程图，最终确定合理的产品设计方案，从技术层面实现了侵权风险的管控。

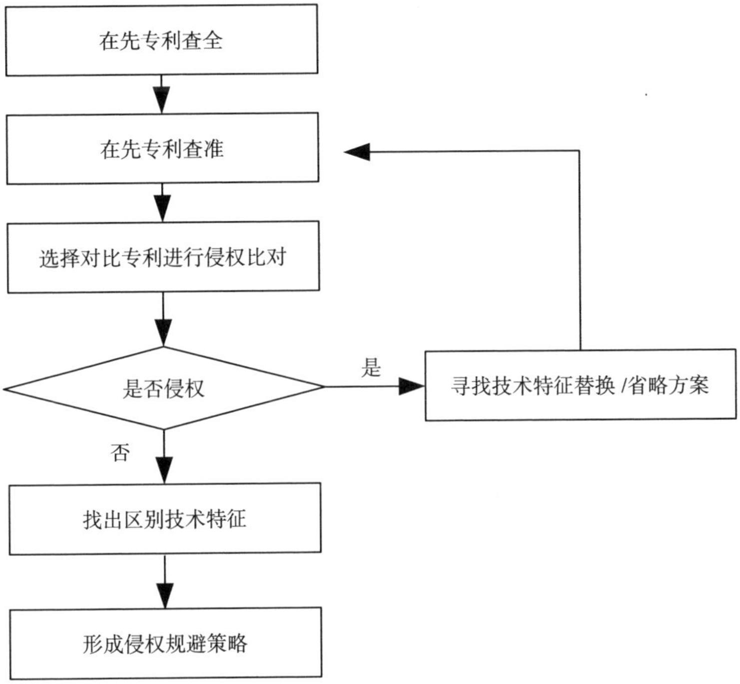

图 3　侵权规避设计流程图

3. 法律和商业层面的专利侵权风险管控

除了在技术层面实现对侵权风险的管控之外，还可以在法律和商业层面进一步对风险进行管控。

（1）通过自主的专利布局使侵权风险可控。

交叉实施许可是控制专利侵权风险的有效手段，也是专利侵权风险管控中能够由被动变为主动的策略之一。但是，交叉实施许可的前提条件是企业自身具有专利布局，其中，专利布局的要点如下。

①视情况，不请求专利提前公开。一方面，对于核心技术专利，如果过早公开申请内容，他人就可能利用该技术，抢先研发并形成专利包围，增加后续产品侵权风险；另一方面，可以通过要求优先权的方式对专利进行修改，防止被竞争对手监控专利申请与修改动向。当然，核心技术也可以暂时作为技术秘密不进行公开。

②提炼发明点，分别申请专利。在整体系统进行专利保护时，对于核心分项技术也同步进行专利申请布局。通过增加已有核心技术所在专利池中的专利数量，可防止竞争对手通过省略发明或替换发明的形式从技术层面规避侵权，并且还可以构成他人专利申请的在先专利，从而规避或降低自身后续成型产品的侵权风险。

③通过外围专利形成包围。对竞争对手还未成熟的行业核心技术形成专利包围，以做好后续与其他创新主体之间形成专利交叉实施许可的准备，从而控制侵权风险。在分析评议过程中，笔者发现甲方单位初步成型产品技术方案的某些技术特征，实质上能够取得较好的技术效果或经济价值，甲方单位也针对这些内容进行了专利布局，以实现对竞争对手的专利包围。

④主动公开技术，阻止竞争对手专利被授权。提交专利公开相应的技术方案，防止竞争对手后续获得专利授权。例如，C公司所申请专利中的技术方案，实际上是对A公司产品硬件构造的简单改进，但由于A公司并未针对产品硬件构造申请专利，也未在其他电子文献中进行公开，导致难以找到相关的对比文献，使得C公司专利最终能够授权。虽然后续能够以在先使用公开的证据主张对C公司的专利无效，但是要花费一定的人力物力以及时间成本。而如果有在先公开的技术作为证据，则将大大减少专利无效中证据收集的工作量，而且在竞争对手的发明专利处于实审阶段时，还可以通过提交公众意见的方式阻止专利授权。

（2）利用在先文献使侵权风险可控。

①值得考虑的是，有没有侵权风险，以及有侵权风险但侵权风险是否

可控，这是两种考虑问题的不同思路。前者更多地聚焦于侵权比对问题本身，要得出的是侵权比对问题本身的答案。后者虽然同样需要进行侵权比对，但是在考虑时更多地将综合性的信息都考虑在内。这些综合性的信息包括：专利权人是否是行业内的竞争对手，与专利权人之间是否有合作关系或者有未来合作的可能，发生专利纠纷诉讼后企业是否有实力抗辩，专利权是否足够稳定，企业的产品是否利用的是现有技术，专利是否有被无效的可能性，专利权的保护期还有多久等。将这些综合性的信息整合统筹考虑后得到侵权风险是否可控的结果，这也是知识产权分析评议，尤其是专利分析评议所强调的要基于技术、法律、商业综合性分析而后给出评议，而非孤立地看问题。

②利用在先文献做好专利无效的准备。对于一些保护范围广、难以从技术层面规避但是权利稳定性差的专利，可提前做好专利侵权纠纷的应对准备，即使后续遇到专利侵权纠纷，也可以及时快速应对。例如，提前准备专利无效对应的在先公开文献证据，以在纠纷发生时快速启动专利无效工作。此外，专利无效工作的准备也是企业与专利权人谈判的重要筹码，在某些情况下，企业可以将已准备的对比文件提前提供给专利权人，请专利权人自行判断其专利被无效的概率，从而迫使其回到谈判桌上进行协商，以快速解决纠纷。

③利用在先文献中的失效专利作为现有技术抗辩的基础。根据《专利法》的原理，专利失效后其技术方案即进入公有领域，专利权人不再对该技术方案享有垄断权，社会公众可以无偿地使用，并由此获得经济效益。失效专利是一种极其重要的资源，具有很高的利用价值。因此，为规避专利侵权风险，可以有效地利用失效专利，并可在后续研发中对失效专利进一步改良升级，从而形成自主的知识产权布局。在未来，现有技术还有望在诉讼中成为判断涉案专利权利的有效性的证据，使得纠纷得以尽早在诉讼中即得到解决，避免纠纷双方的诉累。

④利用在先文献寻求合作开发。对专利技术内容的解读，一方面可以为己方提供更多的研发思路，另一方面，能获取相关技术领域中研发团队

的信息。在新兴的技术领域，可能并未形成成熟的技术思路，不同研发团队所擅长的方向也不尽相同。所以完全可以通过分析在先技术文献，选择合适的合作开发对象，以合作开发的形式结成联盟，相互之间给予专利的交叉实施许可，并共同抵御来自第三方的侵权风险。进一步地，对于实力相当的企业之间，还可以通过评价彼此的专利并从中选择中高价值的专利来组建专利池，通过专利池的形式实现深度合作。

（三）知识产权分析评议项目的实施成果介绍

在甲方单位的知识产权分析评议工作中，分析评议团队结合宏微观分析结果与甲方单位自身研发现状，协助甲方单位在技术层面形成改进的产品设计，并在法律和商业层面提供三项措施，以对未来可能发生的侵权风险进行管控：一是对自身研发的区别于现有技术的核心技术进行专利布局，防止竞争对手在甲方单位研发方向上的“布雷”，避免后续出现专利侵权风险；二是进行专利雷区预警，避开可能踩雷的研发改进方向；三是合理利用失效专利。

二、知识产权分析评议项目实例的启示

（一）对知识产权分析评议项目中企业的工作优化建议

企业应重视知识产权分析评议工作对研发与创新活动的指导意义，积极配合分析评议团队的工作。

在笔者对知识产权分析评议项目需求调查的过程中发现，不少企业在产品设计策略上科学性不足，出现投入产出比高、产品被诉侵权等问题。因此，企业对侵权规避等类型的分析评议工作有实际的需求。但与此同时，也存在企业对知识产权分析评议工作实际能起到的指导作用并未引起充分重视的问题。究其原因，可能是企业对自身实际需求并非特别明确、难以向分析评议团队准确表达自身需求等。

上述问题一方面可以通过企业内部沟通得以解决，另一方面也可以通过积极配合分析评议团队的工作得到解决。例如，知识产权分析评议工作中，分析评议团队往往会根据企业给出的技术文件，进行行业背景与行业

技术的资料检索，并形成详细的技术拆解图。企业可根据技术拆解图剔除市购技术与开源技术，保留自身后续需要进行研发并须关注侵权规避。通过上述处理方式，能够基本解决企业需求不明确、需求表达不清楚的问题。此外，企业给出的技术文件的内容充实程度，也会直接影响技术拆解图的质量。

综合起来，企业应从以下三个方面做好知识产权分析评议工作。

（1）加强企业内部宣传，使企业决策者与工程师等人员充分认识知识产权分析评议对产品研发设计的重要性，在必要情况下自主启动并开展知识产权分析评议工作；

（2）加强企业分析评议团队的培养，培养在知识产权分析评议项目中能够进行内部沟通以及与分析评议团队对外沟通的专利工作者或专利工程师，从而提高分析评议工作的效率；

（3）培养对知识产权分析评议工作具有评判能力的工作人员，通过沟通使得分析评议团队最终给出的书面指导建议能够务实地指导企业的实际工作。

（二）对知识产权分析评议项目中分析评议团队的工作优化建议

分析评议团队应根据企业的实际需求，确立科学化的分析方法，并在整个评议工作期间保持与企业的及时与密切沟通，结合企业创新活动现状，给出务实化的指导建议。同时，分析评议团队还应不断加强自身专业能力的培养。具体地，分析评议团队应从以下六个方面做好知识产权分析评议工作。

（1）提高专业素质能力。分析评议团队中应培养具有专利代理师能力、专利律师能力、商务沟通能力的复合型人才。专利代理师能力主要包含专利检索能力、技术文献解读能力等；专利律师能力主要包含侵权比对能力、专利无效能力、专利诉讼能力、专利谈判能力等；商务沟通能力主要包含与企业管理人员、技术人员、流程人员等沟通的能力。

（2）提升项目管理能力。知识产权分析评议工作周期一般比较长，而且工作种类多，工作量大，因此单个分析评议项目往往配置多个人员，其中至少应具有专利代理师与专利律师等角色。知识产权分析评议的工作性质，也直接要求分析评议团队人员应具有项目管理能力，例如合理规划分工、及时监控进度的能力，以保障分析评议项目按照计划时间表顺利推进。

（3）培养宣讲辅导能力。知识产权分析评议的推广目前正处于快速发展阶段，许多企业仅仅是有所了解而不清楚知识产权分析评议能够为生产研发具体带来哪些帮助，因此分析评议团队人员在具备专业能力的基础上，应该系统性了解知识产权分析评议与企业之间的关联信息，例如，知识产权分析评议对企业研发生产的意义、如何开展知识产权分析评议以及政府扶持政策等内容，以便对企业进行培训宣讲。

（4）增强业务沟通能力。分析评议团队人员应具备与客户进行技术沟通、商务沟通的能力，以推动分析评议工作的顺利进行。例如，在上文中提到，存在客户对自身需求无法准确描述的情况，这时需要分析评议团队人员具有对企业管理者或工程师进行引导的能力，以掌握客户的实际需求。此外，分析评议工作中，分析评议团队人员与企业相关人员必然存在当面沟通的情况，此时也要求分析评议团队人员具有一定的商务沟通能力。

（5）确立科学化的分析方法。对于科学化的分析方法，以专利侵权比对的工作过程为例：分析评议团队应通过技术关键词对各个技术方向上的现有专利进行查全处理，并向企业提供专利清单。企业工程师针对专利清单中的专利进行初步解读，对技术明显不相关的专利进行剔除，对与技术相关的专利进行人工标引。分析评议团队针对甲方单位返回的专利清单与初步设计产品的技术交底，进行技术特征的提取以及补充检索，剔除明显不相关专利；在侵权规避的知识产权分析评议中，还应剔除失效专利，然后向企业提供人工解读后的专利清单，供企业工程师进行详细解读。一般在此期间，企业的研发工作也在不停地推进，因此需要经历多次补充检索、详细解读的交叉循环，必要时分析评议团队与企业工程师之间还需要进行当面沟通。

（6）加强务实化指导的能力。对于务实化的指导建议，一方面，要从多个维度进行建议。例如，哪些国家或地区存在风险、哪些行为有风险、哪些技术特征需要在产品中继续保留以规避侵权、哪些技术特征需要在产品上进行变化以规避侵权、哪些专利需要申请以对竞争对手形成反包围、哪些专利需要提起专利无效、哪些专利需要发起公众意见、哪些专利已失效而可以利用、哪些零部件适用于现有技术抗辩，等等。另一方面，要求分析评议团队具有周延思维。分析评议团队如果仅仅从法律层面出发，难免会出现建议过于宽泛甚至脱离实际的情况。因此，这就要求分析评议团队综合考虑技术可行性、技术经济性、企业经营状况、国家或地方政策等因素，给出可操作的务实性指导建议。

三、总　　结

企业是科技创新的主要力量，在对知识产权严格保护的形势下，企业专利工作的首要内容是如何尊重他人的知识产权，在产品上避免发生专利侵权纠纷，而后才是在尊重他人知识产权的前提下有的放矢，形成自主知识产权。在产品从最初设计到最终定型投放市场的过程中，始终需要配置足够的资源来进行专利侵权风险的管控。如何才能够做好这样的管控，一方面需要企业自身内部人员的重视与参与，具备主动发现侵权风险的意识；另一方面，尤其是像专利这种技术与法律结合性较强的领域，企业需要借助外部分析评议团队开展知识产权分析评议，切实做好专利侵权规避工作。

从全球视野看，虽然美、日、韩等国家早于我国开展知识产权分析评议工作，但是我国开展的知识产权分析评议有着鲜明的中国特色，[1] 国内分析评议团队一方面能够借鉴国外的经验，另一方面需要更多地从中国企业的实际情况出发，就如何协助企业做好专利侵权风险管控工作进行深入实践与探索总结。

综上所述，有效务实的知识产权分析评议，能够助力企业提升专利

[1] 孟海燕．知识产权分析评议基本问题研究［J］．中国科学院院刊，2013（4）：427-434．

侵权风险管控的效果，切实为企业的科技创新活动保驾护航，而分析评议团队需要在宣讲辅导能力等方面进行优化。企业只有真正重视知识产权分析评议工作，才能在知识产权保护日趋严格的法律环境中成为受益者。

NPE 是专利运营还是“专利流氓”

▩ 郭国中　丁　浩

摘要：2016 年，加拿大知名 NPE 机构 Wi-LAN 旗下子公司——无线未来科技，以专利侵权为由将索尼移动通信产品（中国）有限公司诉至南京市中级人民法院，索赔 800 万元并申请法院禁令。❶ 该案被视为国内首例由外国 NPE 发起的专利诉讼，虽然该案以原告无线未来科技一方撤诉告终，但 NPE 模式开始涌现在公众的视野之中。近两年，国内 NPE 的活动渐渐频繁，与此同时，国外 NPE 也开始在国内市场发起一系列专利侵权诉讼。这一现象已经引起业界对该模式的关注。

关键词：非专利实施主体；专利运营；专利流氓

一、NPE 概述

所谓 NPE，其全称为 Non-Practicing Entity，直译为“非专利实施主体”，是指那些本身拥有或收购大量专利但是并不从事实体生产销售等经营活动的市场主体。NPE 模式自 20 世纪 90 年代在美国诞生之后，一直饱受争议。有的学者认为 NPE 模式是一种名为行使专利权、实为敲诈勒索的行为，NPE 因扰乱市场秩序而被直接等同于“专利流氓”（Patent Troll），必须对其进行特别的规制。也有相反观点认为，在当前我国专利交易市场尚不完善的背景下，NPE 模式在某种程度上可以激活专利运营市场，促进专利技术的价值变现，进而可以间接地激励技术创新。对于

❶ 江苏省南京市中级人民法院（2016）苏 01 民初 1133 号民事裁定书。

NPE 模式有着两种截然不同的观点，加上 NPE 模式自身的双重属性，有必要对其进行定性。

NPE 在美国诞生之初，同样经历过一段业界激烈的讨论。其从最初出现在美国联邦贸易委员会发布的《促进创新：竞争与专利法律政策的适度平衡》报告，❶ 到一度被认为就是“专利流氓”，❷ 直到现在被称为专利主张实体（Patent Assertion Entities，PAEs）❸ 或专利货币化实体（Patent Monetization Entities，PMEs）。❹ 这一系列的转变，体现着美国社会对于 NPE 的认识渐渐从一开始的误解，到理性分析其合理性之后的正确认识。

二、典型 NPE 模式

NPE 模式自 20 世纪 90 年代开始出现，直到现在已经存在近 30 年，其间出现了许多典型的商业模式。其中最成功也最著名的 NPE 有两家公司，即高智发明公司（Intellectual Ventures）与 RPX 公司，两家公司分别代表了不同的商业策略，下面将分而述之。

1. 科研型 NPE

所谓科研型 NPE 主要是指那些进行基础学术研究，然后通过专利申请在获得相应的专利权之后便对外进行专利许可从而获得一定资金回报的专利权人。使用这一类模式的 NPE 主要是一些大学院校和研究实验室等，其本身并不进行产品生产，而是更多地将精力放在科学研究中。虽然其符

---

❶ US Federal Trade Commission. To Promote Innovation：The Proper Balance of Competition and Patent Law and Policy（2003-10）[R/OL]. [2019-07-10]. https：//www. ftc. gov/sites/default/files/documents/reports/promote-innovation-proper-balance-competition-and-patent-law-and-policy/innovationrpt. pdf.

❷ 无讼阅读：专利怪物、专利渔翁、专利地痞？——美国的 Patent troll 应当翻译成什么[EB/OL]. [2019-07-10]. http：//victory. itslaw. cn/victory/api/v1/ articles/article/b6b14727-9e53-4284-a780-076fcaa76b3e.

❸ US Federal Trade Commission. The Evolving IP Marketplace：Aligning Patent Notice and Remedies with Competition（2011-03）[R/OL]. [2019-07-10]. https：//www. ftc. gov/reports/evolving-ip-marketplace-aligning-patent-notice-remedies-competition.

❹ Executive Office of the President. Patent Assertion and U. S. Innovation（2013-06）[R/OL]. [2019-07-10]. https：//obamawhitehouse. archives. gov/sites/default/files/docs/patent_ report. pdf.

合 NPE 不实施专利的特点，但是通常较少提起专利诉讼，因此也很少被拿来和“专利蟑螂”进行对比。

2. 投机型 NPE

投机型 NPE 可能是大部分人对 NPE 的最主要印象，即“专利蟑螂”。使用此类模式的 NPE 即那些购买专利的个人或公司，其通过购买所得的专利，对市场上那些已经形成一定规模的产品提出专利诉讼。使用此类模式的 NPE 常常受到各个行业公司的痛斥，认为其行径无异于敲诈勒索，仅仅依靠手中所持的专利攫取实际远高于专利赋予产品的价值，还在一定程度上阻碍了技术的进一步创新。另外，由于此类 NPE 并不实际进行生产制造，因而其诉讼对象无法通过反诉或交叉许可进行反制。像上文提到的高智发明公司，就属于此类型的 NPE。

高智发明公司创建于 2000 年，目前总计运营了 1200 多家知名的空壳公司，其在全球拥有超过 6 万件专利，所涉及的领域几乎覆盖工业所有领域，从计算机硬件到生物医药，从电子消费品到纳米技术等。根据相关数据显示，高智发明公司已成为美国第 5 大专利持有者，在全球位列前 15 名。以如此庞大的体量，高智发明公司已经从收购的专利中获取了超过 20 亿美元的收益。他们的策略是通过在研发源头对发明人进行资助，旨在获得该专利的排他性授权许可，随后将该专利权进行商业化运作。高智发明公司通过不断地大量收购专利，形成自己的专利池，并将这些专利整理之后，组合打包许可或者出售给其他公司，从而获得利润。其主要承担着一个从大量低价值专利中挖掘出有价值专利的“淘金人”角色。虽然高智发明公司每年也会发出许多针对其他公司的专利诉讼，但专利诉讼的成本相对专利许可更高，诉讼获赔并非其主要利润来源。

对于投机型 NPE 主体而言，不能因为其名称而戴着有色眼镜来看待。实际上，在目前环境下对个人而言，专利维权成本高、时间久且最终执行困难，很多专利权人在考虑到这些因素后，往往会放弃维权。正是因为有着投机型 NPE 的存在，那些无法自己进行专利维权的主体可以委托给投机型 NPE 提起专利诉讼，某种程度上也为专利的保护带来一定的积极作用。但是在当前环境下，专利诉讼及无效等程序需要投入较高的成本，投机型 NPE 的诉讼行为实际会给很多实际生产商品的公司带来更大的生产负担。这样令这些企业在平时的运营中，由于害怕无意间侵犯他人的专利权在生产中畏首畏尾，也不敢更多地花费精力和成本在技术创新上。从这个角度来看，投机型 NPE 依然存在一些消极影响。

3. 防御型 NPE

防御型 NPE 与上面的投机型 NPE 一样，也会收购许多专利，但是二者的目的并不一致。投机型 NPE 收购专利更多用于后续专利诉讼，而防御型 NPE 则是为了对抗投机型 NPE 公司的专利诉讼。简单来说，防御型 NPE 通过并购或者成员贡献的方式，从外部获取专利，由此建立规模较大的专利资源库，之后成员面对专利诉讼时，可以由防御型 NPE 给予对应专利的授权许可，通过“共享”专利达到防御的目的，合法地保护成员的利益。这种模式的 NPE 并不会阻碍整个行业的创新，相反减轻了成员的生产负担，使其能更大限度地投入技术创新中，而不是一味地受到诉累影响而畏首畏尾。

RPX 是一家典型的防御型 NPE 公司。RPX 公司商业策略可以称为防御型 NPE 模式。RPX 公司同样会收购大量专利，并建立规模较大的专利资源库，但其主要适用于当 RPX 公司的会员受到潜在的专利威胁时，利用其专利资源，规避侵权的风险。会员可以获得短期许可合同以及预防专利库，RPX 公司相当于为会员提供保护伞。

相对于投机型 NPE，防御型 NPE 起到了一种类似“诉讼防御保险”的作用。成员通过支付一定的会费，便可与其签约合作，并借助其拥有的广泛专利组合，在遇到专利侵权诉讼时，达成与起诉方和解或交叉许可协议。从这一点而言，防御型 NPE 无疑起到十分积极的作用。此外，由于防御型 NPE 的存在，减少了投机型 NPE 的部分专利来源，从而间接地减少了投机型 NPE 提起诉讼的可能。但是防御型 NPE 同样存在一些问题。例如，在不断收集专利的过程中，防御型

NPE 无意间形成了一种市场垄断，这样会导致专利竞赛，引起社会上掠夺专利资源的浪潮。这实际上对于那些真正参与生产的企业而言是不利的。

三、NPE 自身的双重性

NPE 自身不实施专利的特点给其带来许多非议，同时其承担着专利运营的工作。这样的双重属性是给 NPE 定性的重要前提，笔者下面将从两方面分别分析。

1. NPE 与“专利流氓”

《专利主张与美国创新》[1] 明确了“专利流氓”的几个主要特点，其中包括专利流氓本身不“实施”专利，其权利主张往往选择在实体企业进行了不可逆转的投资之后提出，获得专利只是为了以专利侵权诉讼为要挟获得巨额利润等。

从上述内容可以看出，专利流氓最主要的特点，也是引起公众反感的地方在于，以专利权作为武器，在实体企业进行实际生产之后采取恶意诉讼，逼迫实体企业应诉。企业在遭遇专利诉讼之后，会陷于一种两难的境地：若不应诉，可能会承担败诉的风险，面临高额的赔偿金额；若积极应诉，则必须要耗费大量的时间和律师费用等资源，所以企业疲于诉累，往往会趋于与原告进行和解，[2] 这也正是“专利流氓”的目的所在。除此之外，本身不实施专利并非“专利流氓”最显著的特点。换句话说，那些本身在实施专利，但是同样提起恶意专利诉讼，试图阻碍竞争对手发展，抢占市场份额的行为，也是一种广义上的流氓行为。

反观 NPE，其与“专利流氓”唯一相同的地方在于二者均不实施专利。此外，NPE 的目的在于将专利货币化，而非商品化。虽然 NPE 中存在一些投机型 NPE 试图以专利诉讼的形式攫取专利的价值，但是对于绝

---

[1] John Collier，Vaughan Lowe. Settlement of Disputes in International Law：Institutions and Procedures［M］. New York：Oxford University Press，1999：10.

[2] UNGA. 99th Plenary Meeting of the 51st Session，Official Records，A/51/PV. 99［R］. 1997-05-21.

大多数的NPE而言，主要业务在于专利许可及专利转让等专利运营事务，并非专利诉讼。实质上，NPE与“专利流氓”仅仅是表面上存在一点相同，因此不应当简单地将NPE与“专利流氓”画等号。

2. NPE与专利运营

NPE的角色定位具有双面性，市场上存在一种类似中介的NPE，其最核心的工作是把市场上的专利分门别类地搜集，为企业和高校、科研机构之间牵线搭桥。因为在庞大的专利群中，企业往往难以找到适合自己需要的专利，所以会联系一些NPE寻求相关服务。也有甚者，会利用这些NPE提供的服务，为打击同行业竞争者提供便利。这样的NPE主要营利来源是收取中介费用。

NPE由于其自身不实施专利的特点，很容易让人把它和“专利流氓”联系在一起。但是另一方面，NPE并非只通过诉讼的方式进行运营，其很大一部分收入是来自专利许可、专利转让等专利运营。虽然确实存在一些利用专利权从事恶意诉讼等投机型NPE，但是不能因为个别案例而单纯地给NPE贴上“专利流氓”的标签。NPE模式同时也扮演着在知识产权市场上的价值发现者、供需匹配者以及价值实现和维护者的角色。总体而言，其对于知识产权保护有着积极的推动作用，不能因为存在个别不良的NPE而全盘否定其在知识产权市场运营的作用。

四、结　　语

2020年10月17日，第十三届全国人民代表大会常务委员会第二十二次会议通过最新版《专利法》，其中加大了对侵犯专利权行为的惩罚力度[1]，并且近些年我国高新技术行业的持续发展，这些都给NPE模式的产

[1] 《专利法》（2020修正）第七十一条　侵犯专利权的赔偿数额按照权利人因被侵权所受到的实际损失或者侵权人因侵权所获得的利益确定；权利人的损失或者侵权人获得的利益难以确定的，参照该专利许可使用费的倍数合理确定。对故意侵犯专利权，情节严重的，可以在按照上述方法确定数额的一倍以上五倍以下确定赔偿数额。

权利人的损失、侵权人获得的利益和专利许可使用费均难以确定的，人民法院可以根据专利权的类型、侵权行为的性质和情节等因素，确定给予三万元以上五百万元以下的赔偿。

生带来契机。NPE 虽然本身并不主动实施专利，但其运营专利的方式同样会给市场带来活力。其通过一种间接的方式促进技术的创新，应当被界定为中性的市场主体，也是市场上不可或缺的参与者。在看待 NPE 时，不能仅仅因为其中存在部分投机型 NPE，而简单地将其等同于“专利流氓”。这会加深大众对 NPE 的误解，不利于客观全面定性 NPE 本身，也误伤了那些善意的 NPE 主体。

商标权篇

商标变商品的“PK 大战”

——国内知名餐饮配料企业“肉宝王”商标行政诉讼案件

■ 郭海荣

商标的特征在于其显著性，其功能主要在于区分商品及服务的来源，如果商标使用不当或者被竞争对手故意当作通用名称使用，会导致商标的淡化，并可能会导致商标变成商品通用名称，丧失其显著性，甚至使权利人丧失商标权。及时维权、保护商标显著性，才能有效保护权利人的商标权，防止侵权人合法规避其侵权行为。

一、案情介绍

本案件属于一起由行业协会发起的商标行政诉讼案件，原告为平度市食品配料商会（以下简称“平度食品商会”），被告为国家工商行政管理总局商标评审委员会（以下简称“商标评审委员会”），第三人为青岛瑞可莱餐饮配料有限公司（以下简称“瑞可莱公司”）。争议商标为第3734392号“肉宝王”商标，由青岛瑞可莱食品有限公司于2003年9月26日申请注册，2005年5月14日被核准注册，核定使用在第30类食用香料（不包括醚香料和香精油）、食用芳香剂等商品上，后经国家工商行政管理总局商标局核准于2012年4月9日转让至本案第三人名下，经续展，专用期限至2025年5月13日止。

因“肉宝王”本身的含义迎合了消费者的审美需求，瑞可莱公司所生产的“肉宝王”食用香料品质良好，且瑞可莱公司投入大量财力宣传推广该商标，该“肉宝王”商标很快在同行业及社会公众中具有了极高的知名度。因国内及青岛本地的食品添加剂企业纷纷搭“肉宝王”商标的便车，有的直接使用“肉宝王”作为商标，有的使用“××肉宝王”等作为商标，有的将“肉宝王”作为商品名称使用。“肉宝王”商标被侵权案件层出不穷，瑞可莱公司开始商标维权，触动了侵权人的利益。

2013 年 4 月 11 日，平度食品商会针对争议商标向商标评审委员会提出争议申请，以“肉宝王”是一种食用调味品和复合食品添加剂，是食品配料、调味品行业对一种特定配料的调味品的通用名称，缺乏显著性等理由，申请撤销争议商标的注册。瑞可莱公司答辩称，争议商标不属于通用名称，具有显著性，可以作为商标注册；平度食品商会提出商标争议诉讼具有主观恶意性，其目的为阻挠商标权利人维权，请求维持争议商标注册。经审查，商标评审委员会认为，本案的审理焦点为争议商标使用在核定商品上是否构成商品的通用名称或因直接表述了商品的功能、用途而缺乏显著性。商品的通用名称，通常指国家标准、行业标准规定的或者本行业中约定俗成的名称，包括全称、简称、缩写、俗称等。“肉宝王”为瑞可莱公司在食品添加剂商品上最先使用且获得注册的商标，在瑞可莱公司一直持续使用且积极维权和声明权利的情况下，部分业内人士对“肉宝王”商标的侵权使用、不当使用和部分业外人士对“肉宝王”商标的不规范使用，不足以证明“肉宝王”已经成为约定俗成的食品添加剂中的通用名称。通用名称包括法定通用名称和约定俗成的通用名称，法定通用名称具有规范性，而约定俗成的通用名称须具有地域广泛性的特点，平度食品商会须证明某商标已经在较广地域内成为相关行业约定俗成的通用名称。平度食品商会提交的证据不足以证明在争议商标申请注册日之前“肉宝王”已成为食品添加剂中的通用名称，亦不足以证明至本案审理时，经业内的广泛使用，“肉宝王”已经成为约定俗成的食品添加剂的通用名称。争议商标注册使用在核定商品上，既未构成 2001 年《商标法》第 11 条第 1 款第（1）项所指“本商品的通用名称”的情形，也未构成第 11 条第 1 款第（2）项所指“仅仅直接表示商品的功能、用途”的情形，平度食品商会的该项理由不成立，平度食品商会的其他争议理由也均不能成立。2014 年 4 月 14 日，商标评审委员会作出被诉裁定，裁定争议商标予以维持。

平度食品商会不服该裁定，向北京市第一中级人民法院提起行政诉讼，法院经审理认为：2001 年《商标法》第 11 条第 1 款第（1）项规定，仅有本商品的通用名称的标志不得作为商标注册；第（2）项规定，仅仅直接表示商品的功能、用途的标志不得作为商标注册，商品的通用名称是指国家标准、行业标准规定的或约定俗成的商品名称。本案中，平度食品商会提交的其他证据大多形成于争议商标申请日之后，既不足以证明"肉宝王"在争议商标申请时已成为商品通用名称，也不足以证明在争议商标核准注册时已成为商品通用名称。在案证据也不能证明"肉宝王"系仅仅直接表示商品的功能、用途。平度食品商会关于争议商标属于商品通用名称的主张不能成立，法院不予支持。平度食品商会的其他理由也不能成立，法院判决驳回平度食品商会的上诉请求。

二、案件评析

本案件的焦点是"肉宝王"是否为食品配料、调味品行业对一种特定配料的调味品的通用名称。我国《商标法》第 11 条规定："下列标志不得作为商标注册：（一）仅有本商品的通用名称、图形、型号的；（二）仅直接表示商品的质量、主要原料、功能、用途、重量、数量及其他特点的；（三）其他缺乏显著特征的。前款所列标志经过使用取得显著特征，并便于识别的，可以作为商标注册。"我国《商标法》虽前后三次修订，但第 11 条的内容未进行修订。《商标法》的以上规定，主要在于维护商标作为识别商标来源的功能，保护公共利益和公平竞争，防止公共资源被垄断。

如何判定诉争商标是否属于通用名称的判定原则，在以上案件审理过程中虽尚无具体法律或者司法解释予以规定，但最高人民法院的判决中有明确的关于如何判定通用名称的相关原则。2017 年 3 月 1 日施行的《最高人民法院关于审理商标授权确权行政案件若干问题的规定》【法释

〔2017〕2号】已经作出具体规定。《最高人民法院关于审理商标授权确权行政案件若干问题的规定》第10条规定："诉争商标属于法定的商品名称或者约定俗成的商品名称的，人民法院应当认定其属于《商标法》第11条第1款第（1）项所指的通用名称。依据法律规定或者国家标准、行业标准属于商品通用名称的，应当认定为通用名称。相关公众普遍认为某一名称能够指代一类商品的，应当认定为约定俗成的通用名称。被专业工具书、辞典等列为商品名称的，可以作为认定约定俗成的通用名称的参考。约定俗成的通用名称一般以全国范围内相关公众的通常认识为判断标准。对于由于历史传统、风土人情、地理环境等原因形成的相关市场固定的商品，在该相关市场内通用的称谓，人民法院可以认定为通用名称……人民法院审查判断诉争商标是否属于通用名称，一般以商标申请日时的事实状态为准。核准注册时事实状态发生变化的，以核准注册时的事实状态判断其是否属于通用名称。"依据最高人民法院的相关判决及以上司法解释可以看出，判断商标是否属于通用名称，有三个关键要点：（1）时间。在商标申请日前，该商标是否已经属于通用名称；如果商标申请日与核准注册日间隔时间较长，商标核准注册时的事实状态发生变化，则以商标核准注册时的事实状态确定是否属于通用名称。（2）行业或者地域。约定俗成的通用名称一般以全国范围内公众的常识或者全国范围内同行业的常识为判断标准。但需要注意的是，由于历史传统、风土人情、地理环境等因素，在某个特定地域内形成的商品通用称谓，也可以被认定为通用名称。（3）类别。通用名称分为两类，法定的通用名称及约定俗成的通用名称。法定通用名称的判定相对简单，但是对于约定俗成的通用名称的判断难度较大且争议较大。

本案件中平度食品商会主张"肉宝王"属于约定俗成的通用名称，商标评审委员会及法院以商标申请时的事实状态、不具有地域广泛性等理由驳回平度食品商会的请求。平度食品商会主张"肉宝王"属于调味品，调味品属于工业产品，全国各地均有生产销售，不具有明显的地域特征，因此应当以全国范围作为考量"广泛性"的因素，不能仅以平度本地的同行业对该商标的认知为准。

三、律师心得与体会

日常生活中，为了交流的简便，人们往往会简化一些商品的名称，以商品的商标来代指该商品。比如在酒店，服务人员会问要什么饮料，要王老吉，还是可口可乐，或者百事可乐，人们一般不会说要王老吉牌凉茶，而是会回复“要王老吉”。不知不觉中，人们会习惯于用“王老吉”来代表凉茶，用商品的商标来代指该商品。没有哪个企业甘愿自己辛苦创立的商标最后变成所售卖商品的通用名称。

本案是一个关于商标与商品通用名称利益角逐的案件，该案件再次提醒各企业在增加商标知名度的同时，一定要保护好商标的显著性，防止商标因过于知名而导致商标淡化，沦为商品的通用名称，导致企业的知识产权成果付诸东流。

为保护商标的显著性，防止商标被淡化，特提出以下建议：(1) 新产品投入市场时，新产品的命名要通俗易懂，便于消费者记忆和交流。如果新产品名称过于生僻或者不便于交流、使用，而商标更便于记忆或者交流，消费者会选择用商标指代该产品，商标存在变为产品通用名称的巨大风险。(2) 商标权人要正确使用、宣传自己的注册商标，同时要引导社会公众正确使用注册商标，如果商标权人未正确使用其注册商标，极易使商标变成商品的通用名称。(3) 广告宣传中注重商标的知名度及显著性推广。(4) 以主商标为中心设立系列商标，产品多元化发展。(5) 商标权人应当关注同行业的动态，防止搭便车。一旦发现侵权，及时维权，防止商标潜移默化地被淡化。

关于企业如何应对商标恶意抢注的几点建议
——以境外企业抢注香港某知名公司名下商标为例

周 勋

摘要：商标恶意抢注一直以来都是商标界的热点问题。面对频频发生的恶意抢注行为，本文通过简述商标恶意抢注的定义、类型、危害、法律依据及现状，并结合境外企业恶意抢注香港某知名公司名下商标的案例，总结几点经验教训，希望对正在面临或将要面临商标恶意抢注的企业提供帮助及建议，减少因商标恶意抢注而造成的损失。

关键词：商标恶意抢注；商标保护

商标恶意抢注是目前商标界比较关注的热点问题和难点问题。由于目前法律缺乏对恶意抢注者进行经济制裁的规定，恶意注册的违法成本低而获利又相对比较容易，所以恶意注册行为屡禁不止，呈现高发态势，甚至还出现规模化和专业化的特点。商标恶意抢注不仅损害在先权利人的合法权益，还扰乱了公平竞争的市场秩序和商标注册管理秩序，浪费了行政、司法资源，危害极大。

一、商标恶意抢注的定义

商标恶意抢注，指以牟取利益为目的、用不正当手段抢注或搭乘他人享有较高知名度的商标。其中抢注的形式多种多样，主要是利用在先知名品牌的影响力及良好声誉，通过混淆消费者认知达到占领市场的非法目的。恶意则是一种主观状态，主要通过行为人的行为及相关客观事实推知。在判断恶意时，可以考虑以下要素：在先标志的独创性及标志的相似程度；在先标志或权利的影响力；行为人明知的程度、与在先标志或权利人是否存在业务往来关系；是否有向被侵权人恶意索要经济赔偿的行为；行为人搭便车的主观意图是否明显；行为人对自己商标独创性有无合理解释和声明等。

商标恶意抢注主要通过搭便车的行为达到非法目的，随着市场经济的发展，商标恶意抢注行为的类型也呈现多样化。

二、商标恶意抢注的类型及法律依据

商标恶意抢注类型多样化，目前《商标法》主要打击以下商标恶意抢注行为。

类型一，复制、模仿或者翻译他人驰名商标，适用《商标法》第13条❶的规定。

此条款体现了对驰名商标的保护，即从保护驰名商标持有人利益和维护公平竞争及消费者权益出发，对可能利用驰名商标的知名度和声誉、造成市场混淆或者公众误认、致使驰名商标持有人的利益可能受到损害的商标注册行为予以制止，弥补严格实行注册原则可能造成不公平后果的不足。此条条款适用的前提为被抢注商标达到驰名商标保护，故门槛较高。

类型二，擅自注册被代理人或者被代表人商标，适用《商标法》第15条❷第1款的规定。

此条款旨在禁止代理人、代表人的恶意抢注行为。此条款的适用条件为：（1）抢注人与被抢注人存在代理、代表关系；（2）指定在相同或类

---

❶ 《商标法》第13条："为相关公众所熟知的商标，持有人认为其权利受到侵害时，可以依照本法规定请求驰名商标保护。"

❷ 《商标法》第15条："未经授权，代理人或者代表人以自己的名义将被代理人或者被代表人的商标进行注册，被代理人或者被代表人提出异议的，不予注册并禁止使用。

就同一种商品或者类似商品申请注册的商标与他人在先使用的未注册商标相同或者近似，申请人与该他人具有前款规定以外的合同、业务往来关系或者其他关系而明知该他人商标存在，该他人提出异议的，不予注册。"

似商品/服务上；(3) 构成相同或近似商标；(4) 抢注人未取得授权。适用此条款须满足以上四个要件。

类型三，特定关系人抢注他人在先使用商标，适用《商标法》第 15 条[1]第 2 款的规定。

此条款旨在禁止利用特定关系明知他人商标而恶意抢注的行为，维护公平有序的市场竞争秩序。此条款适用的条件为：(1) 抢注人与被抢注人存在合同、业务往来关系或者其他关系；(2) 被抢注商标存在在先使用；(3) 指定在相同或类似商品/服务上；(4) 商标相同或近似。适用此条款须满足以上四个要件。

类型四，损害他人在先权利（著作权、字号权、姓名权、肖像权、外观设计专利权等）的恶意注册，适用《商标法》第 32 条[2]第 1 款的规定。

此条款旨在保护抢注商标申请注册日之前已经取得的，除商标权以外的其他权利，包括著作权、字号权、姓名权、肖像权、外观设计专利权以及应予保护的其他合法在先权益。

类型五，抢注他人在先使用并有一定影响商标，适用《商标法》第 32 条第 2 款的规定。

此条款基于诚实信用原则，对已经使用并有一定影响的商标予以保护，制止以不正当手段抢注行为，弥补严格实行注册原则可能造成不公平后果的不足。此条款须满足：(1) 在抢注商标申请日之前已经在先使用并有一定影响；(2) 构成相同或近似商标；(3) 构成相同或类似商品/服务；(4) 抢注人采取了不正当手段。

类型六，大量抢注他人商标，或在非类似商品或服务项目上大量抢注

---

[1] 《商标法》第 15 条："未经授权，代理人或者代表人以自己的名义将被代理人或者被代表人的商标进行注册，被代理人或者被代表人提出异议的，不予注册并禁止使用。

就同一种商品或者类似商品申请注册的商标与他人在先使用的未注册商标相同或者近似，申请人与该他人具有前款规定以外的合同、业务往来关系或者其他关系而明知该他人商标存在，该他人提出异议的，不予注册。"

[2] 《商标法》第 32 条："申请商标注册不得损害他人现有的在先权利，也不得以不正当手段抢先注册他人已经使用并有一定影响的商标。"

他人独创性强、知名度高的商标，明显超出实际经营所需，缺乏真实使用意图。目前适用《商标法》第 7 条❶“诚实信用原则”、第 44 条❷第 1 款“以欺骗手段或者其他不正当手段取得商标注册”进行遏制。

第六种恶意抢注类型出现的频率越来越高。由于适用《商标法》第 13 条面临驰名商标认定的高门槛，《商标法》第 15 条、第 32 条适用于类似商品或服务项目的抢注，《商标法》第 7 条的规定作为总则中的条款，不能作为单独援引的实体依据。因此，目前审理实践中，一般把这种大规模商标抢注适用《商标法》第 44 条第 1 款“以欺骗手段或者其他不正当手段取得商标注册”进行遏制。其中本文引用的境外企业恶意抢注香港某知名公司商标的案例中，抢注人也符合此种抢注形式。

商标恶意抢注类型多样，均造成严重后果，危害极大。

三、商标恶意抢注的危害

商标恶意抢注对我国的商标注册秩序、公平竞争的市场竞争环境造成严重损害，是目前商标界存在的主要问题，具有极大的危害性。主要表现在以下方面。

首先，商标恶意抢注阻碍商标功能的正常发挥。商标具有区别商品或服务来源、品质担保、广告等功能，如果商标恶意抢注频发，会导致类似商品上近似商标的大增，消费者通过商标区分商品或服务变得困难。同时，商标对所使用的商品质量有一定的保证作用，但抢注人出于成本、收益等方面的考量，令商品质量无法保证。

其次，商标恶意抢注损害了其他在先权利人的合法权利或权益。抢注商标与被抢注商标共存于市场，极易造成相关公众的混淆误认，削弱被抢

---

❶ 《商标法》第 7 条：“申请注册和使用商标，应当遵循诚实信用原则。

商标使用人应当对其使用商标的商品质量负责。各级工商行政管理部门应当通过商标管理，制止欺骗消费者的行为。”

❷ 《商标法》第 44 条第 1 款：“已经注册的商标，违反本法第四条、第十条、第十一条、第十二条、第十九条第四款规定的，或者是以欺骗手段或者其他不正当手段取得注册的，由商标局宣告该注册商标无效；其他单位或者个人可以请求商标评审委员会宣告该注册商标无效。”

注商标及其权利人之间的联系。同时，抢注商标利用在先权利人对被抢注商标的广告宣传等投入，被抢注商标知名度越高，抢注商标的市场越容易打开。这都严重损害在先权利人的合法权利或权益。

再次，商标恶意抢注危害消费者权益及侵犯社会公共利益。商标具有区别商品或服务来源的功能，如抢注商标与被抢注商标共存市场，会严重影响消费者区分商品或服务来源，甚至造成误认。抢注人生产的商品质量无保证，最终损害消费者的合法权益。

最后，商标恶意抢注危害我国商标注册制度的有序进行及正常的市场竞争秩序的建立。恶意抢注商标的泛滥，会使相关公众对我国的商标注册制度及权威性产生怀疑，维权提起的大量行政诉讼也会增加行政机关的压力，影响效率。并且恶意抢注人通过低投入获得高收益，严重扰乱公平竞争的市场经济秩序。

综上，商标恶意抢注危害极大，从根本上违反了诚实守信原则，与我国的社会主义道德风尚严重不符。国家工商总局也加大重视力度，采取了大量遏制商标恶意抢注的措施，努力为商标品牌竞争营造良好的市场环境。

四、遏制商标恶意抢注的措施

目前，权利人在面对商标恶意抢注时，在商标程序上，可以依据《商标法》第33条❶、第45条第1款❷的规定提起商标异议或无效宣告申请。这两种维权措施主要在提起的时间段、受理机关等方面不同，在维权

---

❶《商标法》第33条："对初步审定公告的商标，自公告之日起三个月内，在先权利人、利害关系人认为违反本法第十三条第二款和第三款、第十五条、第十六条第一款、第三十条、第三十一条、第三十二条规定的，或者任何人认为违反本法第四条、第十条、第十一条、第十二条、第十九条第四款规定的，可以向商标局提出异议。公告期满无异议的，予以核准注册，发给商标注册证，并予公告。"

❷《商标法》第45条第1款："已经注册的商标，违反本法第十三条第二款和第三款、第十五条、第十六条第一款、第三十条、第三十一条、第三十二条规定的，自商标注册之日起五年内，在先权利人或者利害关系人可以请求商标评审委员会宣告该注册商标无效。对恶意注册的，驰名商标所有人不受五年的时间限制。"

效果方面无实质性差异。

权利人为遏制商标恶意抢注而提起商标异议与无效宣告程序的对比如表1所示。

表1 权利人为遏制商标恶意抢注而提起商标异议与无效宣告程序的对比

	商标异议	无效宣告
适用法条	《商标法》第33条	《商标法》第45条
提起时间	初审公告期3个月内	商标注册后5年内； 对恶意注册，驰名商标所有人不受5年的时间限制
受理机关	商标局	商标评审委员会
权利人称呼	异议人	申请人
权利人的后续救济途径	异议人不服，可提出无效宣告申请	申请人不服，可以提起一审诉讼
审理时间	12个月，可延长6个月	
权利人主体资格要求	在先权利人和利害关系人	

这是两种遏制抢注商标的措施，可以依据发现抢注商标的时间段不同采取相应的措施。尽量早发现侵权商标，早采取措施。在审理实践中，很多商标异议未成功的案件，通过无效宣告程序获得成功。权利人除对抢注商标依法采取以上措施外，目前商标主管行政机关商标局也在积极进行遏制商标恶意抢注的探索。

五、目前商标局对遏制商标恶意抢注进行的探索及采取的措施

随着我国商标申请量的剧增，商标恶意抢注行为日益严峻，社会各界对遏制商标恶意抢注行为的呼声日渐高涨，希望商标局可以出台相应措施，有效打击及制止商标恶意抢注行为。

商标局也极为重视，在商标审查中，将打击恶意注册的关口前移，在实质审查阶段审查申请人的恶意，并针对恶意抢注行为予以驳回。这是商标局针对恶意抢注行为采取的强有力的措施。一时间很多企业的商标以恶

意囤积、无实际使用意图为由被驳回。

这一措施在一定程度上的确可以遏制主观恶意的商标申请人。但是，在商标申请阶段，商标局通过商标申请文件对申请人的了解极为有限，那么判断申请人是否属于商标恶意申请则存在一定的主观性及偏差性。一般根据申请人申请商标的数量、商标的关联程度、是否包含他人享有较高知名度的商标、字号、姓名等信息予以判断申请人的主观恶意程度，如果存在大量申请商标，与申请人实际经营不符，且名下商标多与他人知名商标或字号或姓名等在先权利相关，则判断商标申请人属于恶意囤积商标者，对申请商标予以驳回。这一措施的确打击了很多恶意囤积商标者。例如，商标局公开信息显示，珠海典昱贸易有限公司在 2018 年 6 月 27 日申请 5061 件商标，珠海冠芮贸易有限公司在 2018 年 7 月 27 日申请 5754 件商标，这两家公司商标申请涉及全类别，且商标名字也非常独特，但是根据其企业规模及短时间内（一天内）申请大量商标，超出其实际经营所需，最终商标局均以其恶意申请为由驳回这两家公司名下的全部商标申请。这显然有利于遏制囤积商标行为。诚信经营的企业，根据市场经济规律很难在一天内申请 5000 多件商标。对这种恶意申请企业需要严厉打击，以维护正常的商标申请秩序。商标局官网数据显示，2018 年，商标局在商标注册审查和异议环节，累计驳回非正常商标申请约 10 万件。

当然，这样一刀切的措施，也给某些正常经营的商标申请人带来了不便。目前就我国很多企业的商标申请现状来说，大型知名企业名下的商标申请量都是非常大的，且很多商标并未实际使用，而是作为防御商标申请保护。如果仅以商标申请量来判断，则会造成很大的误判。实践中的确出现过，申请人诚信经营，但由于其处于互联网文学行业，名下大量优秀作品名称需要进行商标注册保护，却被商标局以恶意囤积为由予以驳回的情况。虽然申请人属于诚信经营的市场主体，但是处于商标局严厉打击的关键时期，商标被驳回后只得通过驳回复审程序予以争取。当然通过驳回复审，企业向商标局说明商标的合理来源、所处行业的特殊及商标保护的必要性。最终，商标局完全认可申请人的复审理由，对驳回商标予以初审公告。虽然经过驳回复审程度，问题得以解决，但是企业在这一过程中将付出大量时间及成本，对企业来说是一大损失，也是商标局在采取打击恶意囤积商标措施过程中所带来的不便之久。

以上可知，在商标局采取将恶意抢注的审查关口前移措施后，带来了正反两方面的影响。当然任何一项措施在施行过程中，必然有利有弊。但是，这足见商标局对打击恶意抢注行为的决心。

商标局在推出以上举措的同时，加快了相关法规的制定，于2019年2月12日提出并于2019年12月1日施行的《规范商标申请注册行为若干规定（征求意见稿）》，其中第3条对非正常申请商标注册的行为予以规定：

（一）摹仿为相关公众所熟知的商标申请商标注册，攀附他人商誉；

（二）抢先申请注册他人已经使用并有一定影响的商标，不当攫取他人商誉；

（三）明知或应知存在其他在先权利，但仍抢先申请注册与其相同、相近似的商标；

（四）重复申请商标注册，明显具有不正当目的；

（五）短时间内大量申请商标注册，明显超过合理限度；

（六）申请商标注册缺乏真实使用意图，没有对商品或者服务取得商标专用权的实际需要；

（七）其他违反诚实信用原则，侵害他人合法权益或者扰乱市场经营秩序的商标申请注册行为；

（八）帮助他人或者商标代理机构代理进行本条第（一）项至第（七）项所述类型的商标申请注册行为。

同时，在2019年修正的《中华人民共和国商标法》中以法条的形式规定打击商标恶意抢注及非正常商标申请行为。其中，第4条明确规定“不以使用为目的的恶意商标注册申请，应当予以驳回”。虽然“不以使用”“恶意”的判断标准暂不明晰，但是，这一规定将审查商标申请恶意的主动权掌握到商标局手中，对商标恶意申请起到了威慑作用。当然，希望在以后的具体实施过程中，可以有更加明确的标准，更好地打击商标恶意抢注行为。

以上法律、法规及商标局的举措，有效地打击了商标恶意抢注行为，当然商标恶意抢注并未完全消失，我们仍需要在较长时间里，通过政府、社会、公众等多方努力，共建和谐有序的商标申请环境。

六、案例简析：境外企业抢注香港某知名公司名下商标

境外企业抢注香港某知名公司名下商标的案例，是非常典型的商标恶意抢注。其中对抢注人恶意的分析调查，以及香港某知名公司打击抢注商标的措施等方面对同类型案件具有指导意义。

1. 案情简介

香港某知名公司（以下简称L公司）是由上海市国有资产监督管理委员会的市管重点大型国有企业投资成立，主要负责酒店管理业务。其项目已遍及北京、上海等全国20个省（自治区、直辖市）所属的70个县区市，以及洛杉矶、悉尼、法兰克福等海外城市，覆盖高档豪华、度假休闲、商务经济等全系列产品。L公司在酒店行业的知名度及影响力较高。

L公司对其名下商标非常重视，委托商标代理机构对其名下主要商标进行监控管理。在监控中发现，海外企业高店集团有限公司（以下简称高店集团）注册多件包括L公司名下主要商标的商标，有非常明显的商标抢注行为。在实际市场使用中，极易使相关公众认为抢注商标源于L公司，从而造成混淆误认。高店集团名下抢注的商标包括第10985200号“绿地铂瑞 GREENLAND PRIMUS”、第11519742号“绿地铂骊 GREENLAND QUBE”、第16506862号“绿地假日 GREENLAND PRIMUS HOTELS GREENLAND HOLIDAY”、第17758861号“绿地铂瑞酒店 GREENLAND PRIMUS HOTELS”、第20043807号“GQHR GREENLAND QUBE HOTELS & RESORTS”等多件商标。由于发现及时，商标代理人为L公司提供了多个建议，并采取相应措施，成功令抢注商标无效，维护了L公司名下

主要品牌。当然部分案件正在审理程序中。下面以已经审理结束的第10985200号“绿地铂瑞 GREENLAND PRIMUS”商标为例，详述商标代理人如何为L公司维护商标权利，打击恶意抢注商标的行为。

第10985200号“绿地铂瑞 GREENLAND PRIMUS”（以下简称抢注商标）由高店集团有限公司于2012年5月28日提出注册申请，核定使用在“第43类住所（旅馆、供膳寄宿处）；养老院；旅馆预订；咖啡馆；饭店；酒吧服务；日间托儿所（看孩子）；柜台出租；自助餐馆；会议室出租等服务”上。商标代理人在发现时，抢注商标正处于申请程序，故商标代理人对抢注商标的审查结果一直密切关注，当抢注商标进入初步审定公告期后，代理人便提醒L公司提出异议申请。

2013年9月16日，L公司提出异议申请，代理人主要从抢注商标侵犯了L公司在先注册的第9986738号“PRIMUS”、第10024635号“铂瑞”商标，易造成相关公众的混淆误认，且抢注商标侵犯了L公司在先使用的字号权，并且详细论述高店集团名下抢注大量知名品牌的事实。依据修改前《商标法》第28条、第30条、第31条，《民法通则》第4条，《反不正当竞争法》第5条的相关规定，提出异议申请。但是，商标局经审理认为，抢注商标与L公司引证商标整体区别较大，不构成近似商标，且L公司主张的恶意抢注及侵犯字号权的行为证据不足，故抢注商标准予注册。

在收到抢注商标准予注册的决定书后，L公司及时与商标代理人沟通，并且希望通过其他方式可以令抢注商标撤销。商标代理人通过分析商标实际状况，提出了收购或者对抢注商标提出无效宣告。当商标代理人通过与抢注商标代理机构进行沟通时，对方报价却是100万元以上的高价。因此，这促使L公司下定对抢注商标提起无效宣告的决心，严厉打击恶意抢注行为。

此时，正值《商标法》新法已经实施的阶段，在实际审查经验中，很多在先案例均引用《商标法》第44条第1款（旧法第41条第1款）的立法目的严厉打击超出使用需求以外囤积商标、以销售或转让为目的注册商标的行为。因此，在抢注商标第二次注册公告以后，L 公司对抢注商标提出了无效宣告申请。

商标代理人的无效理由，除论述抢注商标侵犯 L 公司引证商标的权利及 L 公司的规模及实力外，商标代理人重点调查抢注人高店集团。调查发现，此时高店集团名下商标已经将近 200 件，属于空壳公司；并且另外一家抢注 L 公司名下的国外企业，与其商标代理机构为同一家；他们的商标代理机构名下也注册了大量商标，远超实际经营所需，可见这三者属于抢注商标的利益共同体。故依据《商标法》第 4 条、第 7 条、第 30 条、第 32 条、第 44 条第 1 款，《反不正当竞争法》第 5 条等相关规定，申请宣告争议商标无效。

2. 裁定结果

商标评审委员会经审理认为，首先，争议商标完整包含申请人引证商标，且未形成明显区别含义，已构成近似标识。争议商标核定使用的住所（旅馆、供膳寄宿处）等服务与引证商标核定使用的住所（旅馆、供膳寄宿处）等服务，属于同一种或类似服务。争议商标与引证商标并存使用在上述同一种或类似服务上，易使消费者对服务来源产生混淆，违反《商标法》第 31 条的规定。在指定使用的养老院、日间托儿所（看孩子）两项服务上不属于类似服务，故在这两项服务上不构成近似商标。其次，本案被申请人申请大量商标，且不乏与他人在先知名商标或字号相同近似的商标，被申请人的上述行为明显超出正常的生产经营需要，主观恶意明显，有损公平竞争的市场秩序，构成《商标法》第 44 条第 1 款规定的以不正当手段取得注册的情形。综上，依据《商标法》第 31 条、第 44 条第 1 款、第 3 款和第 45 条第 1 款、第 2 款及第 46 条的规定，裁定争议商标予以无效宣告。

3. 典型意义

从 L 公司打击商标恶意抢注的案件中可以借鉴以下经验。

首先，企业需要专业的商标代理机构对名下重点商标进行监控管理，及时发现商标抢注问题。因为对初步审定公告的商标有 3 个月可以提出异议申请，对已注册商标有5年时间可以提出无效宣告，对恶意注册的、驰名商标不受5年的时间限制。如没有专业人员对企业商标进行监控，则会因为对商标抢注的发现不及时，从而错失打击恶意抢注商标的有利时机。L公司正是因对名下商标的重视，委托商标代理机构监控商标抢注问题，及时发现并采取相应措施。

其次，权利要争取，如果商标对企业非常重要，坚持用完所有的商标救济途径。L公司在收到抢注商标准予注册决定书后，并未放弃，积极通过协商转让或无效宣告等途径解决，最终成功令抢注商标无效。

再次，商标异议申请程序与商标无效宣告程序对比，商标无效宣告程序中针对恶意抢注行为的打击更严厉，成功率相对较高。这是在商标实践中得出的，当然现在商标局在异议程序中也严厉打击商标恶意抢注行为。如果为了节省成本，也可以在商标注册后，提起无效宣告程序。

最后，针对申请注册多件商标，且与他人具有较强显著性的商标构成相同或者近似的，或申请注册大量商标，且明显缺乏真实使用意图的，均属于《商标法》第44条第1款“以不正当手段取得注册”的情形。

4. 其他关于应对商标恶意抢注的建议

第一，企业发展，商标先行，强化商标保护意识。商标被抢注的一个重要原因是权利人商标意识淡薄。我国虽然实行“自愿注册原则”，但是注册商标受法律保护的力度更大。企业在推广某一品牌之前，应该进行商标布局，提前注册，应避免企业进行了大量的商标使用却未取得商标权利。通过后期的商标维权等途径争取商标，则会造成人力物力的浪费。

第二，构筑防御性注册保护体系。权利人在进行主要商标在主要商品上保护的同时，也应该将近似商标在类似商品上进行保护，建立更加全面的商标保护体系。其中非常知名的防御保护是“娃哈哈”商标。娃哈哈集团除在自己经营的主要产品类别上注册“娃哈哈”商标外，还将“娃哈哈”商标在其他多个类别上注册。同时，还将易与“娃哈哈”混淆的“哈娃哈”“哈哈娃”等商标分别进行了注册。全面的商标保护体系，会减少恶意抢注人的抢注空间，从而对企业商标进行更好的保护。

七、结　　语

制止商标恶意抢注任务艰巨，不仅需要行政、司法机关采取严厉的打击措施，也需要社会各界的共同参与，需要良好的舆论导向和政策宣传，希望社会公众共同努力，创造一个良好的商标注册环境。愿每个市场主体都有自己独特的商标，树立自己独特的品牌。愿我国由商标大国转变为品牌强国！

商标海外注册受阻该如何处理

——以香港某知名公司商标在韩国注册受阻为例

■ 周 勋

摘要：随着经济全球化的发展，国内申请人想要“走出去”融入世界市场，首先要进行商标的全球布局，进行商标的国际注册，为后期发展打下坚实基础。什么是商标国际注册，途径有哪些，以及如何利用撤销三年不使用程序获得商标专用权，建立商标全球保护体系，是每个品牌发展必须解决的问题。

关键词：商标国际注册、途径及对比；商标全球布局；撤销三年不使用制度

随着经济全球化发展，中国越来越多的企业“走出去”。企业发展，品牌先行。因此，商标的国际注册日益增多。在商标注册中，必定会遇到各种各样的问题，本文将以香港某知名公司商标在韩国注册受阻为例，简述在商标国际注册上的小技巧。

一、商标国际注册定义及途径

1. 什么是商标国际注册

商标国际注册是申请人到外国申请商标，主要途径有两种：一种是逐一国家注册，即分别向各国商标主管机关申请注册；另一种是马德里商标国际注册，即根据《商标国际注册马德里协定》（以下简称“《马德里协定》”）或《商标国际注册马德里协定有关议定书》（以下简称“《马德里

议定书》”）的规定，在马德里联盟成员间所进行的商标注册。

这两种方式均可以实现商标的国际注册目的，但是，两者在注册条件、手续、费用等方面存在差异，表 1 对两者进行了对比。

表 1　单一国家注册与马德里商标国际注册的差异

<table>
<tr><th></th><th>马德里商标国际注册</th><th>单一国家注册</th></tr>
<tr><td rowspan="2">申请注册条件</td><td>1. 申请人必须具有一定的主体资格。申请人须在我国设有真实有效的工商营业场所，或在我国境内有住所，或拥有我国国籍。2. 申请人需要具有相应的国内申请或注册基础。而国内申请周期长，较拖延。3. 申请人计划注册保护的目的国属于《马德里协定》缔约方，否则不能通过马德里体系进行注册保护</td><td>通常不需要国内申请或注册基础，申请人只需到各国商标主管机关直接提交商标注册申请即可</td></tr>
<tr><td colspan="2">优劣势分析：马德里商标国际注册需满足的条件较多，而单一国家注册的门槛则较低，灵活性高</td></tr>
<tr><td rowspan="2">申请注册手续</td><td>一份注册申请里指定保护多个缔约方</td><td>根据各国商标注册的要求准备申请注册的文件</td></tr>
<tr><td colspan="2">优劣势分析：马德里商标国际注册申请手续较为简便，但是，一旦遇到驳回或异议的情况，申请人则需要直接向各指定缔约方的商标主管机关提交驳回复审、异议答辩，按照各指定缔约方的法律法规准备相应文件，如提供经公证认证的商标代理委托书。在这种情况下，手续可能比单一国家注册更加复杂。单一国家注册也相对复杂，但是有专业的代理机构进行服务的话，可很大程度地减少申请人的工作量</td></tr>
<tr><td rowspan="2">注册费用</td><td>较低</td><td>较高</td></tr>
<tr><td colspan="2">原因：马德里商标国际注册由中国商标局、世界知识产权组织国际局转交注册申请至各指定缔约方的商标主管机关，费用主要包括官费和国内代理机构的服务费。对于单一国家注册，根据各国法律的要求，申请人通常需要委托各国的本地代理机构提交注册申请，除了官费和国内代理机构的服务费之外，还会产生国外代理机构的服务费。这样的客观原因导致单一国家注册的费用通常会比马德里商标国际注册的费用高许多。此外，在单一国家注册中，部分国家要求提交经公证认证的商标代理委托书等材料，该公证认证手续也会产生一定费用</td></tr>
<tr><td rowspan="2">注册证</td><td>在形式审查完毕以后，世界知识产权组织国际局会给申请人颁发一份国际注册证，但该证并无真正意义上的注册证效力，仅代表世界知识产权组织国际局已受理。只有美国、日本和韩国等极少数缔约方会单独颁发注册证</td><td>单一国家商标注册完成后都会颁发商标注册证</td></tr>
<tr><td colspan="2">优劣势分析：马德里注册的国际注册证通常都是黑白打印，仅在商标图样处可能会彩色打印，核准保护通知也是黑白打印或只有电子版，对申请人维权、证明权利归属造成诸多不便。单一国家颁发的注册证，能够直观地表明在各国的商标权利，为满足企业后续的需要提供了很大的便利</td></tr>
</table>

续表

<table>
<tr><th></th><th>马德里商标国际注册</th><th>单一国家注册</th></tr>
<tr><td rowspan="2">申请日</td><td>根据《马德里协定》及《马德里议定书》的规定，若自申请人提交马德里商标国际注册申请至原属国商标局的日期起 2 个月内，世界知识产权国际局收到该马德里商标国际注册申请，则国际注册日为申请人提交马德里商标国际注册申请至原属国商标局的日期。否则，国际注册日为国际局收到马德里商标国际注册申请的日期</td><td>根据申请人直接向各国商标主管机关提出注册申请的日期，可以尽快确定申请日</td></tr>
<tr><td colspan="2">优劣势分析：根据实践情况，大多数情况下，世界知识产权组织国际局收到马德里商标国际注册申请的日期都会超过 2 个月，不利于申请人确权。单一国家可以尽快确定申请日，有利于申请人确权。</td></tr>
<tr><td rowspan="2">注册风险</td><td>风险高</td><td>稳定，风险低</td></tr>
<tr><td colspan="2">原因：在一份马德里商标国际注册申请书里无法同时满足各国对商标描述、商标释义、商品分类、商品规范等方面的众多要求，这可能会导致各国商标主管机关下发审查意见或驳回意见。单一国家注册，申请人则可以根据各国的商标审查标准，制定相应的商标注册申请策略，最大限度地降低审查意见或驳回意见的可能性，提前规避不必要的风险</td></tr>
<tr><td rowspan="2">权利稳定性</td><td>由于“中心打击”原则，商标效力具有不稳定性</td><td>更稳定</td></tr>
<tr><td colspan="2">原因：根据《马德里议定书》第 6 条规定，“在注册之日起 5 年期满前，如果基础申请或由之产生的注册或者基础注册分别就全部或部分国际注册中所列的商品和服务被撤回、过期、被放弃、最终驳回、注销或被宣布无效，无论其是否已被转让，都不得再要求国际注册给予的保护”。而单一国家申请不存在此现象</td></tr>
<tr><td rowspan="2">封闭与开放</td><td>许多国家仍然不在《马德里协定》缔约方之列</td><td>可以直接向各目的国家的商标主管机关提出商标注册申请，申请方式更加开放</td></tr>
<tr><td colspan="2">原因：如马来西亚、泰国、巴基斯坦、阿联酋、南非、巴西、阿根廷等尚无法通过马德里体系来进行注册保护</td></tr>
<tr><td>商标效力</td><td colspan="2">马德里商标国际注册在各指定缔约方的效力与单一国家注册的效力是相同的。
实际情况：部分非洲国家虽然已经成为马德里商标国际注册的缔约方，但是其国内商标法并未进行相应的修订，马德里商标国际注册在这部分国家的效力有待商榷，而单一国家注册在这部分非洲国家能够受到有效的保护</td></tr>
<tr><td>后续管理</td><td>只需提交一份申请即可办理，便于统一管理</td><td>需按照各国的规定分别办理，管理难度高</td></tr>
</table>

综上，马德里商标国际注册的优势为手续简单、费用低廉，劣势为门槛较高、风险较大；单一国家注册的优势为门槛较低、利于确权、风险易

把控，劣势为成本偏高、手续复杂、管理难度大，两种注册方式各有千秋。企业在办理国际商标注册的时候，须综合考虑注册目的、风险把控、经费预算、市场重要性、出口需求等因素以决定采取何种注册方式或注册方式的组合，量身定制最适合企业的国际商标注册策略。

截至2018年12月31日，马德里体系共有103个联盟成员，覆盖119个国家和地区。其具有以下优点。

（1）手续方便。申请人只需要使用一种语言，向原属局提交一份申请、缴纳一组费用，就可以向除本国之外的其他商标主管机关，提交商标注册申请。

（2）覆盖全球。马德里体系缔约方不断增加，将逐步实现覆盖全球的保护范围。

（3）性价比高。一是为申请人节省了时间成本；二是节省了费用，尤其是节省了在各国委托代理机构的费用；三是一键注册统一管理，马德里商标在世界知识产权组织国际局登记以后，想办理注册人名称地址变更或者办理转让，或者10年到期需要办理续展，都是通过一份申请，就可以完成在所有指定国家和地区的注册人名称地址变更、转让或者续展业务。

同时，马德里体系在中国获得突飞猛进的发展。通过马德里体系领土延伸到中国的申请量从1990年的2048件，到2017年的206 148件，增长10多倍，中国从2005年开始连续13年成为马德里联盟中被指定最多的国家。我国的马德里商标国际申请量从1990年的40件，2015年的2321件，2016年是3014件，到2017年达到4810件。由此可见我国企业的商标海外保护意识也得到进一步的提高。

因此，一般从节省成本考虑，可以利用马德里商标国际注册的则通过马德里体系进行注册，其余则利用单一国家注册。在指定国家较多的情况下，一般选择马德里商标国际注册加单一国家注册。

2. 为什么需要进行商标国际注册

商标保护具有“地域性”，这里的地域性主要是指商标的注册保护分国界，一般商标注册后仅在注册国受到法律保护。比如，在中国注册的商标只在中国大陆享有商标专用权，如果企业想要让商品进入他国市场，首先需要取得这个国家或地区的商标注册权。由于缺乏商标国际注册意识而受到严重损害的实例非常多，其中较为公众熟悉的是苹果公司为了进入中国市场，不得不支付6000万美元购买在中国在先注册的iPad商标。同时，随着经济全球化的进展，很多知名品牌面临大量的商标国际抢注，由于抢注而无法进入他国，造成严重经济损失。可见进行商标国际注册布局至关重要。

3. 世界上国家那么多，该怎样进行商标国际注册的布局

目前全球国家众多，指定每个国家和地区的商标注册均需要一定的费用。如何既进行了商标的全面保护，又节省商标注册成本，企业在进行指定国家时，可以考虑以下因素：

（1）企业产品或服务是否已经进入或有计划进入该国/地区市场；

（2）企业产品或服务是否在该国/地区进行过各种形式的宣传；

（3）企业产品或服务品牌的无形价值是否较大，在该国/地区有被他人恶意抢注或非法利用的危险；

（4）企业是否在该国/地区利用当地代理商销售产品或推广服务。

在指定国家和地区时，既考虑当前发展需要，又兼顾企业长远发展，才能更好地保护品牌。

4. 商品或服务如何进行选择

通常来说，商品和服务的选择应当遵循“核心项目必选、关联项目附带”的基本原则，商标申请指定的商品/服务应当涵盖主营产品、服务，以及一定的防御范围，项目不宜过多，但涵盖范围也不宜太窄。

各个国家或地区关于商品和服务项目的要求、限制条件不同：部分国家像中国一样，在大的类别之下还有当地“小类似群”；部分国家和地区在类别划分上，根据当地的历史和文化执行不同于国际标准分类的当地标准；还有部分国家和地区对于超出当地额定数量的指定项目，会加收金额不等的官费。因此，为了获得一个最优的性价比（指定并获得保护的范

围尽可能大、申请费用尽可能低)，需要基于权利人企业主营产品或服务的情况以及当地法律规定和实践的具体情形，研究并确定最恰当的申请方案。

随着我国融入世界经济的进度加快，通过马德里商标国际注册及单一国家的商标国际注册数量越来越多，但是在国际注册过程中肯定会遇到各种问题，如何正确应对，才可以维护商标权利，从而打开某国的国内市场。下面将重点介绍“撤销三年不使用”（以下简称“撤三”）制度。

二、“撤三”制度定义、现状以及应对措施

1. 商标“撤三”制度的定义

“撤三”，指的是商标注册满 3 年后，任何人可以连续 3 年未使用为由提出撤销，商标权利人须在指定时间内提供商标在指定期间的使用证据。

由于接下来的案例将会涉及韩国的商标“撤三”制度，同时目前“撤三”制度是取得商标注册的小技巧，故对“撤三”制度进行介绍。

我国与韩国均是《保护工业产权巴黎公约》和世界知识产权组织成员方，是《与贸易有关的知识产权协定》和《商标国际注册马德里协定有关议定书》缔约方。同时，中国与韩国都基本属于大陆法系国家。因此，商标“撤三”制度基本相同，故下文将对我国的“撤三”制度进行介绍。

2. 我国“撤三”制度的现状

“撤三”制度的立法目的在于督促商标注册人合法有效使用商标，客观上起到清理闲置商标、遏制恶意注册、维护公平竞争秩序的目的，可在一定程度上抑制“注而不用”，遏制滥用注册商标专用权谋取不正当利益的行为。

第一，“撤三”申请数量逐年增加。因为“撤三”申请的提起条件简单，只需要满足商标注册满三年，对提起的申请人无主体资格方面的要求。因此，“撤三”申请成为帮助企业消除在先障碍商标的有利手段，

“撤三”申请量也逐年增加。据国家商标局统计数据显示，商标“撤三”数量2015年2.9万件，2016年4.0万件，2017年5.7万件。

第二，“撤三”成功率相对较高。一方面，“撤三”制度采取举证责任倒置，即需要被申请人也就是商标权利人提交商标使用证据。由于很多企业在实际使用中不注意保留商标使用证据，导致无法提供合法有效的证据证明商标的使用，从而导致商标被撤销。另一方面，由于商标权利人地址的变更，很难收到“撤三”申请的答辩通知书，也就无法得知名下商标被他人提交“撤三”申请从而按时提交商标使用证据，最终导致商标被撤销。另外，我国是商标申请量大国，故很多商标的确是闲置商标。综上原因，商标“撤三”申请的成功率整体来说相对较高。

第三，“撤三”申请也可能成为打击竞争对手的手段。虽然其并非常用手段，但是，在实践中，某些企业的确用来打击竞争对手。

3. 企业如何应对“撤三”制度

“撤三”制度的目的是激励商标申请人使用商标，故应对“撤三”申请的核心是使用。企业至少做到以下几点，可以更好地应对“撤三”申请。

第一，企业要及时保留商标使用证据。这就要求企业在生产经营过程中，注意保留商标的使用证据，包括销售合同、销售发票、商品出库单、商品照片等。如果遇到商标“撤三”申请，可以提供出具有完整证据链的商标使用证据，从而保留商标。

第二，企业要保持商标注册地址与工商地址的一致，确保可以收到商标局的官方文件。企业在实际经营中可能会变更营业地址，那么一定要同时变更商标的注册地址，这样在遇到商标被“撤三”时，才可以收到商标局下发的提供使用证据答辩通知书，从而提供商标使用证据，保留商标。

第三，企业要做好商标维护，必要时可对注册满三年的核心商标重新提交一次注册申请。这就要求企业要随时关注名下商标的权利状态，及时发现商标异常。为了减少应对“撤三”的风险及难度，对于核心商标可以在注册满三年后重新提交一次注册申请。

目前“撤三”申请的应用越来越广。当企业商标出现驳回时，或者前期查询有完全相同商标时，企业首先想到的是通过“撤三”申请消除障碍商标。当然，笔者建议，对障碍商标进行市场调查，只有未发现使用时再提起“撤三”，而不是恶意提起。

而企业在进行商标国际注册的时候，如遇到有在先相同或近似商标的情况，建议采取“撤三”程序，而各个国家和地区“撤三”程序的不同需咨询当地专业的商标代理机构。

三、案例简析

香港某知名公司 P 商标在韩国的注册过程非常具有典型性，对同类型案件具有重要的指导意义。以下将详细说明。

1. 案情简介

香港某知名公司（以下简称“L 公司”）是由上海市国有资产监督管理委员会的市管重点大型国有企业投资成立，主要负责酒店管理业务。其项目已遍及北京、上海等全国 20 个省（自治区、直辖市）所属的 70 个县区市，以及洛杉矶、悉尼、法兰克福等海外城市，覆盖高档豪华、度假休闲、商务经济等全系列产品。L 公司为更好地发展，在完成国内商标布局的同时，开始着手名下主要商标的国际注册。其名下主要商标 P 商标指定在韩国、法国、加拿大、英国、欧盟等国家和地区的注册。但在指定韩国商标注册时遇到阻碍，且较为典型。故下文将详述 P 商标在韩国的注册过程，并对商标在国际注册过程中遇到的问题应如何应对提供几点建议。

在 L 公司决定进行 P 商标的国际注册时，首先委托国内专业商标代理机构对 P 商标在各国的注册成功率进行了查询。其中，韩国的查询结果为，在先有完全相同的注册。这意味着 P 商标在韩国将无法取得商标专用权，也就是 L 公司的 P 商标无法进入韩国市场。P 商标作为 L 公司的主要品牌，如无法进入韩国市场，将是巨大的损失。面对这一严峻情况，

L 公司认真咨询了商标代理机构的专业意见。

商标代理机构给出的建议为：启动注册申请程序的同时，辅之“撤三”、协商转让。因为在先 P 商标的注册人为东方啤酒公司（Oriental Brewery CO., LTD），申请日期为 1995 年 10 月 14 日，注册已满 3 年，可以通过启动“撤三”程序对其撤销。但是由于“撤三”程序并非百分百成功，且时间消耗较长，结果具有不确定性。因此，在启动注册加“撤三”程序的同时，商标代理人积极接触在先注册人东方啤酒公司，由于在先商标注册人为啤酒公司，故 P 商标在第 43 类餐饮服务上使用的可能性较小，在先 P 商标属于防御性注册。因此，通过等价交易的方式取得 P 商标的专用权可能性较大。这样一来，在提交注册的同时，通过“撤三”、协商转让的方式排除障碍，那么取得 P 商标权利的机会则大大提升，从而将表面上的不可能变为可能。

在实际操作中，也是比较顺利的，基本按照商标代理人的预想进行。首先，国内商标代理人通过多方比较选择了一家专业能力较强、存续时间较长的韩国商标代理机构，委托其提交 P 商标在第 43 类餐饮服务上的商标注册，并对在先注册的 P 商标提出了“撤三”申请。在等待韩国商标主管机关审理的同时，商标代理人开始接触在先商标注册人东方啤酒公司。当然在接触前，商标代理人进行了大量的市场调查，并未发现 P 商标在第 43 类餐饮上的使用，这也增加了协商转让的成功率。经过多次交涉，东方啤酒公司最终同意将 P 商标在第 43 类上的申请转让给 L 公司，当然 L 公司付出了相应的对价，对之前提交的“撤三”申请进行了撤回。故 L 公司最终取得了 P 商标在韩国的餐饮服务商标专用权。

2. 典型意义

从 L 公司 P 商标韩国注册的过程，可以看出“撤三”程序在整个过程中的重要性。通过这个案例，可以总结出以下经验。

首先，企业在“走出去”的同时，要提前进行商标布局，以免造成损失。商标的保护是分国界的，如果想要打开某个国家的市场，需要提前进行商标的布局，以免因为商标问题而无法进入某国市场，从而造成重大损失。L公司在向海外扩展的同时，提前进行商标的海外布局，从而避免后期因侵权等问题造成的损失。

其次，申请前做专业的商标查询非常必要。查询是商标注册申请前一道不可或缺的程序，专业的商标查询至关重要。通过查询可以发现相同或非常近似的商标，企业可以根据商标的重要性、企业发展规划等方面综合考量，决定是否申请，或修改商标标志进行申请，从而避免经过长时间审理期后却未取得商标专用权，造成时间、费用的浪费。

最后，通过合理利用商标程序，将表面上的不可能转变为可能。即使发现有完全相同的在先注册商标，也不要轻易放弃，可以通过“撤三”、转让等其他途径进行争取。这样可以帮助企业获得非常重要的商标，从而避免失去已经创造的无形价值。L公司在发现P商标在韩国有在先注册后并未放弃，而是通过其他合理途径争取，从而获得P商标专用权，打开了韩国市场。

四、结　语

企业发展，商标先行。无论是国内商标布局还是国外商标布局，如果是企业的主要商标，应积极争取，合理利用商标程序，从而避免不必要的损失。

从“江小白”商标无效案，看商标风险规避策略

■ 郭国中　玄珍延　占佳伟

摘要：凭借“戳心”文案走红的江小白，虽然获得了行业内的一众力挺，却终究没能挽回在商标战场的失败。近期，北京市高级人民法院的一纸判决公布，判决驳回了江小白公司的诉讼请求，宣告第10325554号“江小白”商标无效。此判决意味着江小白公司在历时两年的商标纠纷案中最终失利。

在失去这枚商标之后，等待江小白的将是什么？江湖真的再无“江小白”了吗？为何江小白公司的商标被判无效？近年来频频爆发的商标战背后除了“成王败寇”的结局外，又留下了哪些启示？本文试图分析“江小白”商标无效案件的来龙去脉，同时针对商标品牌建设提出一些思考，以使得商标申请人在获取商标专用权的过程中得到一些借鉴。

关键词：商标无效；商标风险规避；申请布局；品牌建设

一、案情介绍

近日，“江小白”商标行政纠纷上诉案由北京市高级人民法院作出终审判决，认定第10325554号商标“江小白”无效。至此，有关“江湖再无‘江小白’”的传言风起云涌！

目前，“江小白”商标无效案的“前世今生”逐渐被揭晓，可谓一波三折跌宕起伏。经笔者查询，诉争商标系第10325554号“江小白”商标，由成都格尚广告有限责任公司（以下简称“格尚公司”）于2011年

12 月 19 日申请注册，2013 年 2 月 21 日被核准注册，核定使用在第 33 类“果酒（含酒精）、茴香酒（茴芹）、开胃酒、烧酒、蒸馏酒精饮料、苹果酒、酒（利口酒）、酒（饮料）、酒精饮料（啤酒除外）、含水果的酒精饮料”商品上，专用期限至 2023 年 2 月 20 日。2012 年 12 月 6 日，国家工商行政管理总局商标局（以下简称“商标局”）核准诉争商标转让至四川新蓝图商贸有限公司（以下简称“新蓝图公司”）；2016 年 6 月 6 日，商标局核准诉争商标转让至江小白公司。

2016 年 5 月 30 日，江津酒厂针对诉争商标向商标评审委员会提出无效宣告请求，其主要理由为：（1）江小白公司是江津酒厂江小白酒产品的经销代理商，其申请注册诉争商标，违反了《商标法》第 15 条的规定；（2）江小白公司抢先注册江津酒厂在先使用并具有一定知名度的商标“江小白”，主观恶意明显，违反了《商标法》第 32 条的规定；（3）诉争商标与江津酒厂享有著作权的文字作品“江小白”构成实质性近似，诉争商标的申请侵犯江津酒厂的在先著作权；（4）诉争商标与第 6319680 号“几江”商标、第 10223859 号“几江”商标、第 7259934 号“几江及图”商标构成使用在相同或类似商品上的近似商标，违反《商标法》第 30 条的规定；（5）江小白公司以欺骗或其他不正当手段取得诉争商标注册，违反《商标法》第 44 条的规定；（6）诉争商标的注册会对社会造成不良影响，违反《商标法》第 10 条第 1 款第（8）项规定。综上，江津酒厂请求宣告诉争商标无效。

商标评审委员会向江小白公司寄送的答辩通知被退回，江小白公司在规定期限内未予答辩。2016 年 12 月 27 日，商标评审委员会经审查作出商评字（2016）第 117088 号《关于第 10325554 号“江小白”商标无效宣告请求裁定书》（以下简称“被诉裁定”）。商标评审委员会在被诉裁定中认定：江津酒厂提交的证据显示，新蓝图公司、江小白公司是江津酒厂的经销商，二者存在一定的合作关系；新蓝图公司与江小白公司的法定代表人陶某某曾与江津酒厂有关于设计稿的邮件往来，其对江津酒厂的“江小白”商标理应知晓。虽诉争商标未以江小白公司名义申请注册，但未经江津酒厂授权，新蓝图公司申请注册与江津酒厂的商标高度相近的诉争商标具有明显恶意。诉争商标的注册已构成 2001 年修正的《商标法》第 15 条所指的不予注册并禁止使用之情形。商标评审委员会认为江津酒厂的无效宣告理由成立，裁定予以诉争商标无效宣告。

江小白公司不服商标评审委员会作出的被诉裁定并提起诉讼，请求撤销被诉裁定，江小白公司同时向北京知识产权法院提交一系列证据。北京知识产权法院认为，商标评审委员会对诉争商标是否构成 2001 年修正的《商标法》第 15 条规定情形的审查，并不构成审查程序违法。在诉争商标申请日前，“江小白”商标并非江津酒厂的商标，新蓝图公司对诉争商标的申请注册并未侵害江津酒厂的合法权益，未构成 2001 年修正的《商标法》第 15 条之情形。江津酒厂在一审庭审后提交的审计报告系根据江津酒厂自行提交的资料得出，对待证事实无证明力，故不予采纳。综上，商标评审委员会作出被诉裁定的主要证据不足，认定事实及适用法律错误，审查结论错误。北京知识产权法院依照《行政诉讼法》第 58 条，第 70 条第 1 项、第 2 项之规定，判决：（1）撤销被诉裁定；（2）商标评审委员会重新作出裁定。

商标评审委员会不服原审判决并向北京市高级人民法院提出上诉，请求撤销原审判决并维持被诉裁定。商标评审委员会的主要上诉理由是：诉争商标的原申请人新蓝图公司系江津酒厂的经销商，其对江津酒厂的“江小白”商标理应知晓，故诉争商标的注册已构成《商标法》第 15 条规定的情形，诉争商标应被宣告无效。江津酒厂不服原审判决并向北京市高级人民法院提出上诉，请求撤销原审判决并维持被诉裁定。江津酒厂的主要上诉理由是：诉争商标的注册申请具有主观恶意，违反了诚实信用原则，违反了《商标法》第 15 条规定；诉争商标是对江津酒厂在先使用并有一定知名度的“江小白”商标的抢注，应根据《商标法》第 32 条的规定撤销其注册；江小白公司还抢注了其他知名企业的品牌，恶意非常明显，严重违反诚实信用原则，故诉争商标应被宣告无效。江小白公司服从原审判决。

北京市高级人民法院经审理查明后判定，商标评审委员会作出的被诉裁定认定事实清楚，适用法律正确，审查程序合法，审查结论正确。商标评审委员会的上诉主张成立，江津酒厂的上诉主张部分成立，北京市高级人民法院对商标评审委员会及江津酒厂的上诉请求予以支持。原审判决认定事实基本清楚，但适用法律有误，依法予以纠正。江小白公司的诉讼主张缺乏事实和法律依据，其诉讼请求应予驳回。依据《行政诉讼法》第69条、第89条第1款第2项之规定，判决如下：

（1）撤销北京知识产权法院（2017）京73行初1213号行政判决；

（2）驳回重庆江小白酒业有限公司的诉讼请求。

一审案件受理费100元，由重庆江小白酒业有限公司负担（已交纳）；二审案件受理费100元，由重庆江小白酒业有限公司负担（于本判决生效后七日内交纳）。

本判决为终审判决。

根据终审判决书以及商标评审委员会裁定可知，新蓝图公司、江小白公司曾经是江津酒厂的经销商，二者存在一定的合作关系；新蓝图公司与江小白公司的法定代表人均为陶某某，陶某某曾与江津酒厂有关于“江小白”相关品牌设计稿的邮件往来。诉争商标虽由格尚公司申请注册，但申请注册过程中就由格尚公司转让至新蓝图公司，而新蓝图公司与江小白公司的法定代表人为同一人。北京市高级人民法院最终认为，陶某某对江津酒厂“江小白”商标理应知晓，虽诉争商标初始并非以江小白公司名义申请注册，但未经江津酒厂授权，新蓝图公司申请注册与江津酒厂的商标高度相近的诉争商标的行为属于商标抢注行为。

二、案件启示

江小白的商标之争留给社会的借鉴意义远大于案件本身的最终结果，这或许是中国现代商业文明的一个标志，体现出知识产权意识深入人心。实际上，近年来因商标归属而闹得沸反盈天的例子不胜枚举，从王老吉、加多宝之争，到洛阳杜康与陕西杜康之争，从南北露露到南北稻香村之争，都曾吸引无数眼球。

很多品牌在创立之初，品牌所有人和实际运营商早期签署的合作协议过于简单，没有明确关于知识产权的相关界定。这次江小白商标归属问题，也给各大企业敲响警钟，企业在发展过程中需要及早思考如何构建品牌保护的“护城河”、如何不断巩固与完善品牌的知识产权体系等问题。尤其是发展初期，要特别重视品牌合法性的审查与完善，尽可能避免商标注册和使用上可能存在的瑕疵和法律风险。近些年一些低价竞争的商标代理机构对商标法律服务的价值有严重的误导作用，容易让企业认为商标问题就是代理申请或者直接“买入大吉”，这可能让企业丧失完善其商标合法性的机会。企业尤其要提高品牌布局意识，把商标的法律基础夯实，千万不要在别人的土地上建自己的宫殿。

随着知识产权法律制度的逐渐完善以及广大民众对知识产权法律保护意识的逐渐增强，知识产权在企业经营活动中的重要性日益凸显。商标权作为重要的知识产权类型之一，在现代经济领域发挥着越来越重要的作用。

在现代经济活动中，企业的经营离不开品牌，更离不开商标，只有获得商标权的品牌才真正享有合法的垄断权，而企业所拥有的商标权可能是由企业自主申请取得，也可能是企业转让取得，在企业取得商标权的过程中，应该注意进行相应的风险规避，笔者认为，可以从以下几个方面着手。

1. 确定品牌之前，应进行商标全面检索，规避侵权风险

根据统计数据显示，截至 2018 年年底，我国国内有效商标的注册量达 1804.9 万件，从如此庞大的有效注册量可以分析得知，一些较为常规或者朗朗上口的词汇，大多已经被注册为商标。申请人随意想一个词语直接申请商标就成功注册的时代已经一去不复返。在目前新法律环境下，申请人在进行商标申请时，前期的检索分析就显得尤为重要。申请之初的检索分析是一个商标申请的开始，申请人通过商标检索，能够在注册前期就清楚了解商标的注册风险，避免侵犯他人的注册商标专用权，进一步地，

在发现自己使用的商标已经被他人注册时，可及早停止使用，避免盲目投入经营造成不必要的损失。此外，申请人通过检索分析还可以发现抢注商标行为，及时采取异议申请、无效宣告等法律手段进行救济。

关于商标申请工作，笔者还有一个小建议，就是商标申请一定要注重商标申请时机，因为商标申请所遵循的一个重要原则就是“申请在先”，根据这一原则的要求，两个或者两个以上的商标注册申请人，在同一种商品或者类似商品上，以相同或者近似的商标申请注册的，初步审定并公告申请在先的商标；同一天申请的，初步审定并公告使用在先的商标，驳回其他人的申请，不予公告。简单来说，商标申请就像排队，如果有其他的权利人早于申请人在相同或相类似的群组上申请了相同或相近似的商标，那么在后申请人的商标就难以获得注册。

2. 确定品牌之后，商标保护应注重长远规划与中期布局

商标首先要依附于具体的商品或服务，即依附于具体的类别而存在，商标申请需要选择相应的类别进行。商标申请的分类标准是基于世界知识产权组织提供的《商标注册用商品和服务国际分类表》而确定，在商标分类中，可选择的类别总共分为 45 类，这其中既有具体的商品类，也有具体的服务类，45 个类别所涉及的范围基本涵盖了不同行业的方方面面。

一般而言，任何行业的业务范围都可以分为三个层次，即核心业务、关联业务、外围业务，与之相对应，形成该行业进行商标注册申请的核心类别、关联类别、外围类别，其申请注册的重要性与必要性依次递减。申请人应当结合自身所处行业的特点，保证核心业务的核心类别注册，争取关联业务上的关联类别注册，兼顾外围业务上的外围类别注册。申请人应当采取符合其具体经营规模、发展规划、发展战略的注册申请策略，进行合理的申请布局。

以食品饮料行业为例，笔者查询了光明乳业股份有限公司、内蒙古伊利实业集团股份有限公司、中国贵州茅台酒厂（集团）有限责任公司、佛山市海天调味食品股份有限公司等几家该行业具有代表性的上市公司的商标注册申请类别及申请数量情况。经查询发现，上述食品饮料行业上市

公司申请的商标涉及全部45个商品和服务类别，当然在具体的申请类别布局上有其侧重，具体而言，注册申请最集中的6个类别是：第5类商品（包括营养食物和物质，膳食补充剂等）、第29类商品（包括肉类食品以及日用或储藏用的蔬菜等）、第30类商品（包括咖啡，茶，可可等日用或储藏用的植物类食品、调味佐料等）、第31类商品（包括未加工的农业、水产养殖业、园艺、林业产品等）、第33类商品（包括各类含酒精的饮料等）。其次是第1类、第16类、第35类、第39类、第42类、第43类等6个类别。

可以发现，各上市公司在最核心的6个类别上布局着力最多，光明乳业股份有限公司在核心类别中的商标申请量甚至达到了公司商标申请总量的97%以上，这是一个非常高的占比。进一步从商标申请情况分析可知，海天调味和光明乳业采取的是选择性注册的保护策略（根据自身业务需求，选择部分类别进行申请），而伊利实业和贵州茅台则采取了全类别注册的保护策略。不同的公司在申请商标时，有的高度集中布局在主营业务，有的则根据自身多元化发展的需求在各个类别均衡布局，不同的布局思路，充分体现了不同公司商标保护策略的差异性。

具体到江小白公司，笔者从商标局官网核实，其名下共有1735项商标或商标申请，布局基本涵盖了45个类别。在最为核心的第33类（白酒相关），其名下有多个“江小白”商标，虽然其名下的第10325554号商标已经被无效，但除了被无效的商标外，江小白公司还有多件“江小白”相关商标。从2011年开始，江小白公司就陆续注册“江小白”相关商标，布局涉及多个类别，目前其名下已注册百余项“江小白”商标。从法律的角度，第10325554号商标被无效，并不影响其继续使用“江小白”商标，江小白产品的销售不会受到太大影响。试想一下，如果当初江小白公司并未进行整体的申请布局，在第10325554号商标被无效之后，其将面临无商标可用的尴尬境地，所有江小白相关产品的销售都将受到严重影响。此外，由于江小白公司前期极为注重对商标申请的整体布局，在45个大类都进行了商标防御申请，目前并无任何其他酒企持有“江小白”

商标。不单在国内，江小白公司在全球主要国家和地区也都已注册“江小白”等商标，境外注册商标的权利进一步为“江小白”品牌的商业运营保驾护航。

3. 如受让或许可商标，应做好尽职调查，充分预判法律风险

近年来，由于商标申请量剧增，商标申请核准通过率越来越低，不少企业开始考虑通过购买闲置商标的方式获得商标专用权。购买商标可以在最短的时间获得商标专用权，为企业的运营争取充足的时间。

在实践中，企业通过受让方式获得商标专用权或者使用权，尤其是涉及多次转让的，一定要注意对转让方的权利进行尽职调查，充分了解转让方商标权利的合法性，避免在后续转让过程中引起不必要的法律纠纷。相应的尽职调查内容包括但不限于调查转让商标是否有商标许可、商标质押等情形，是否涉嫌抢注以及具有其他权利瑕疵等潜在的风险。此外，也需要在相关行业所对应的产品或服务消费市场，对转让商标的品牌影响力进行调查。

商标转让其本质上是商标权利的转移，商标转让相对商标注册申请有时间上的优势、成功率更高，某些已经产生一定影响力的商标还能为受让人带来附加价值。在商标转让过程中，相关利害关系人（转让方、受让方）最担心的情况就是不予核准，尤其很多商标转让程序并未经过专业商标代理人的把关，不予核准的风险更是大大增加。笔者简要分析日常工作中遇到的一些案例后，总结可能导致商标转让不予核准的主要原因，具体如下。

第一，商标转让过程中，转让人并未将名下的近似商标一并转让。《商标法》第 42 条有明确规定：“转让注册商标的，商标注册人对其在同一种商品上注册的近似的商标，或者在类似商品上注册的相同或者近似的商标，应当一并转让。对容易导致混淆或者有其他不良影响的转让，商标局不予核准，书面通知申请人并说明理由。转让注册商标经核准后，予以公告。受让人自公告之日起享有商标专用权。”实践中，很多转让人并不了解这一规定或者初步了解但无法准确判断近似商标，由此导致转让不

成功。

第二，在商标转让完成之前，转让人（尤其是企业）将营业执照进行注销。转让人的法律状态在商标转让过程中，应当是合法有效的，企业走到生命的尽头需要注销固然可以理解，但在商标转让过程中的注销，会使得待转让的商标失去权利依附的载体，进而使得转让程序受阻；此种情况下，如未及时按照商标审查部门的要求及时补充文件，转让将不被核准。

第三，在商标转让过程中，商标权利状态失效。一个商标在申请后即可进行转让，如果商标最终并未通过审查，则商标失效，转让自然也就无效了；对于已经注册的商标，在转让期间可能被无效、撤销、注销，那么最终的商标转让也无法成功。

第四，商标转让过程中，提供的相关文件、证件不符合要求。此类问题比较常见，包括印鉴签章不符、身份证明文件不符、申请文件信息内容有误等。

4. 规范知识产权工作体系，防范代理人或代表人进行抢注

现行《商标法》第15条规定："未经授权，代理人或者代表人以自己的名义将被代理人或者被代表人的商标进行注册，被代理人或者被代表人提出异议的，不予注册并禁止使用。就同一种商品或者类似商品申请注册的商标与他人在先使用的未注册商标相同或者近似，申请人与该他人具有前款规定以外的合同、业务往来关系或者其他关系而明知该他人商标存在，该他人提出异议的，不予注册。"

代理人或者代表人未经授权，擅自注册被代理人或者被代表人商标的行为违反了诚实信用原则，侵害了被代理人、被代表人或者利害关系人的合法权益，该条款设置的目的就在于禁止代理人或者代表人恶意抢注他人商标的行为。我国是《保护工业产权巴黎公约》的成员方，《商标法》第15条来源于《保护工业产权巴黎公约》的相关规定。《保护工业产权巴黎公约》第6条之7规定："（1）如果本联盟一个国家的商标所有人的代理人或代表人，未经该所有人授权而以自己的名义向本联盟一个或一个以

上的国家申请该商标的注册，该所有人有权反对所申请的注册或要求取消注册，或者，如该国法律允许，该所有人可以要求将该项注册转让给自己，除非该代理人或代表人能证明其行为是正当的。（2）商标所有人如未授权使用，以适用上述第（1）款的规定为条件，有权反对其代理人或代表人使用其商标。（3）各国立法可以规定商标所有人行使本条规定的权利的合理期限。”

企业在日常经营活动中，要注意防范商标被恶意抢注，重点要确立健全的商标保护策略、商标保护制度，建立企业知识产权工作的规范体系，进一步强化知识产权创造、运用、管理和保护，增强自主创新能力，实现对知识产权的科学管理和战略运用。

（1）规范企业知识产权管理。企业应当有明确的知识产权管理方针和管理目标，并要求知识产权管理“领导落实、机构落实、制度落实、人员落实、经费落实”，应当建立知识产权管理制度、职责等。

（2）规范知识产权的资源管理。围绕企业的人力资源管理、财务资源管理、信息资源管理，对上述管理活动涉及的知识产权事项作出相应的规范。

（3）规范企业生产经营各个环节的知识产权管理。明确规定企业研究与开发活动、原辅材料采购、生产、销售、对外贸易等重要环节的知识产权管理规范要求，以确保企业生产经营各主要环节的知识产权管理活动处于受控状态，避免自主知识产权权利流失或侵犯他人知识产权。

（4）规范企业知识产权的运行控制。围绕企业的知识产权创造、管理、运用和保护四个重点环节，明确规定企业在知识产权权利的创造和取得、权利管理、权利运用和权利保护四方面的规范性要求。

（5）规范企业生产经营活动中的文件管理和合同管理。企业在生产经营活动中涉及的有关知识产权的各类活动，应当有相应的记录并形成档案，特别是对企业对内、对外的合同管理作出明确要求。

（6）明确规定企业应建立知识产权动态管理机制。企业应当对自身知识产权管理工作进行定期检查、分析，并对照管理目标对管理工作中存在的问题，制定相应的改进措施，以确保管理目标的实现。

作为市场竞争的利器，商标在市场经济活动中的作用日益凸显。从没有商标的普通产品和有商标有品牌影响力的产品的价格区别就可以感受出来，比如，爱马仕（Hermes）、古奇（Gucci）这些品牌的箱包，其原材料可能普普通通，但价格却可能高达五位数或者六位数。在这种情形下，商标就是竞争的利器，商标使得这些商品与普通商品相比拥有更强的竞争力。商标经营已经成为企业经营的最高境界。

在全球化的市场环境下，企业的各种营销活动都是为了将其思想、产品品质、服务理念，甚至生活方式等凝聚在自己的商标里，提升商品的知名度。正如美国《财富》杂志在公布“全美最受人尊敬的公司”时所言，“品牌就是一切”。表 1 所示的是 2018 年福布斯全球品牌价值榜前十名。

表 1　2018 年福布斯全球品牌价值榜前十名

世界排名	品牌名	中文名	品牌价值（亿美元）	品牌收入（亿美元）	所属行业
1	Apple	苹果	1828	2286	技术
2	Google	谷歌	1321	972	技术
3	Microsoft	微软	1049	984	技术
4	Facebook	脸书	948	357	技术
5	Amazon	亚马逊	709	1693	技术
6	Coca-Cola	可口可乐	573	234	饮料
7	Samsung	三星	476	2034	技术
8	Disney	迪士尼	475	304	休闲
9	Toyota	丰田	447	1764	汽车
10	AT&T	美国电话电报	419	1605	通信

榜单上排名第一的是苹果，品牌价值达 1828 亿美元，这已经是苹果连续 8 年蝉联榜首。关于品牌的价值，有个经典的故事，美国可口可乐公

司的一位经理说，即使一夜之间他的工厂化为灰烬，也可凭借“可口可乐”标志的声誉从银行立即贷款重建工厂。可见，对拥有名牌商标的企业来说，商标就是企业自身发展的一种依托与保证，是一笔巨大的无形资产。它能将产品或服务信息在恰当场合、恰当时间迅速传达给相应的消费者，国外企业界已把它视为一种最经济、最直接和最有效的促销手段。

商标能把产品的质量形象和价值形象凸显出来，能诱发消费者对宣传产品和质量保证产生兴趣。它是生活方式的无声推销员，是提醒消费者回忆传递信息的有效形式。正因为商标有着如此巨大的作用，国外许多企业不惜耗费大量财力，借助各种宣传活动去树立企业的象征性商标，通过在销售环境中展示其象征性商标，让消费者了解、认识商标所代表的企业、产品及经营风格。

综上，品牌对于企业的重要性可想而知，但如何给品牌穿上法律的铠甲，则是企业亟须关注的工作。企业发展过程中，应注意如下方面：品牌未动，商标先行，及时申请商标；在申请过程中，注重合理布局，形成稳定的防御体系；如通过受让方式取得商标权，应当谨慎对待，做好前期调查，避免陷入不必要的权利纠纷。

“江小白”商标无效案，向每一个追求快速发展的企业敲响了警钟，在当今社会，唯有注重知识产权保护，方可获得企业的长远发展。企业只有真正重视了知识产权，知识产权才能为企业的发展保驾护航。

著作权篇

股市第一歌《死了都不卖》案

——迷雾重重的著作权法

刘春泉 陈梦园

摘要：改编歌曲屡见不鲜，其牵扯的侵权纠纷亦是司空见惯。究其根源，在于改编歌曲牵扯的法律问题极其复杂。本文介绍的经典案例中的涉案作品为中国最早的网红歌曲。文章简单介绍了案件背景，并着重分析作品改编涉及的法律问题，厘清改编歌曲应当获得哪些权利人授权，这一实践中极其重要的法律问题。

关键词：著作权；改编权；邻接权

一、引　言

著名音乐制作人高晓松有一句话："在外国看到做音乐的都很有钱，开豪车、住别墅，而且一首走红的音乐能让一个作者吃20年。我觉得很酸，因为我的很多歌也很有名，但是我的主要收入却不是用音乐得来的。"乐坛"教父级"艺术家刘家昌甚至说："我一直不说话，不代表我死了！"

为何中国的音乐版权现状让这些知名音乐制作人如此绝望呢？

音乐作品不同于文字作品、电影作品、美术作品等，它的著作权人是作词者与作曲者。而民众对歌曲的直接接触与感受均来自歌曲的演唱者，他们通过主要演唱者的声音来感知歌曲。同时不得不承认，任何一首好听且爆红的歌曲皆需要一个完美的演唱者来成就。因此，当一首歌火了后，人人追捧演唱者，甚至民众常常以为演唱者才是作者。而音乐作品的真正作者居于幕后，大都默默无闻，他们不能及时获得应得报酬又时常面临极大的维权困境。即便发声，也常被评以“不就是要钱”“蹭流量”“蹭热度”等，“粉丝”对演唱者的维护对于真正著作权人是一种伤害，公众常常忘了，这些原来是他们作为作者应得的。

这种现象，归根结底来自民众乃至演唱者、节目制作组、唱片公司极其微弱的版权意识与对著作权法的重重误解，更来自现今音乐圈的畸形发展，人们虽然开始知道要尊重创作，尊重原创，却在利益驱动下误以为获利最多的是最值得尊重的。而这一现象，似乎并没有被越来越多的维权官司所改善。

近几年，从网易云音乐中音乐不断“变灰”到努力为自己维权的李志、冯翔等创作者的不断发声，“音乐版权”渐渐深入人心，为知识付费的理念亦被渐渐植入，可民众对著作权法的误解，自 2007 年至今似一脉相承。

一首歌曲的作者是谁?

使用该歌曲应当与谁签订许可协议?

侵权作品是否享有版权?

……

这一系列问题，在华语乐坛疯狂发酵。在歌曲类选秀节目不断，音乐版权正走向规范化之路的今天，很多从业人员仍对上述问题的认识模糊不清，很多侵权诉讼亦因此而起。本文所述的这桩发生在 2007 年并在当年颇具瞩目的歌词版权案件，对至今仍然令人满腹困惑的问题进行了深入探讨。

二、案件背景

收录于我国台湾地区摇滚乐队信乐团 2002 年 5 月 14 日发行的专辑《SHIN 同名专辑》中的歌曲《死了都要爱》曾红遍大江南北，一度成为 KTV 必点曲目之一，有人如此评价这首歌——“吼完了需要含 9 片金嗓子喉宝”。及至今时今日，它的旋律仍常飘荡在大街小巷。

2007年春夏，中国证券市场延续2006年的涨势一路飙红，并且屡创新高。“五一”长假期间，一首用歌曲《死了都要爱》乐曲填词翻唱的名为《死了都不卖》的“股票歌”在网上走红。节后不少媒体纷纷打探作者并做出采访。《死了都不卖》的作者龚凯杰是一名普通公司职员，同时也是一个老股民，一天他在公交车上听到信乐团的《死了都要爱》，灵感突发，回到家仅用15分钟就完成了根据该歌改编的《死了都不卖》歌词。然而，龚凯杰本人并不擅长唱歌，他找来他的好友王某演唱这首歌，随后传到某网站个人主页上。

王某说当时就用自己家里的电脑和普通麦克风进行演唱，然后传到网上，没有去管它。谁也没想到，《死了都不卖》在互联网上迅速走红。短短十几天点击率便突破100万次。要知道那时候还是PC互联网时代，百万点击量瞬时就成为网络第一热点。“死了都不卖，不给我翻倍不痛快。”这句歌词十分贴合2007年股民的心境。看到这种巨大的人气所包含的潜在商业机会，浙江泛亚电子商务有限公司、北京华友飞乐数码音乐科技有限公司（以下简称“华友飞乐”）等企业和演唱者原本是龚凯杰好友的王某，在未取得词作者许可的情况下，浙江泛亚电子商务有限公司将王某包装成演唱者和词作者，强力推她作为潜在艺人明星，华友飞乐则迅速包装一个被称作“电音公主”的女孩邵某某，全国大范围推广宣传，并迅速推出《死了都不卖》唱片。刘春泉律师带着年轻同事贾晓慧律师一起帮助龚凯杰开始了长达一年多的维权之路。先后向上海市浦东新区人民法院起诉浙江泛亚电子商务有限公司和王某，向上海市黄浦区人民法院起诉华友飞乐和唱片销售商。经上海市浦东新区人民法院和黄浦区人民法院分别审理，判决被告分别赔偿原告损失2.7万元和4.5万元。当时上海电视台案件聚焦、中央电视台财经频道等都报道了这个神奇连接了股市和娱乐的“神曲”官司。上海市版权局与上海市法院2008年度公布的十个典型版权案件中，该案名列榜首。因为这首歌，龚凯杰至少五六次去央视做节目，频繁接受中国内地、中国香港地区甚至新加坡、韩国等娱乐和财经媒体采访，大街小巷连理发店都播放《死了都不卖》，真是红极一时。中央电视台当年播出相关节目的名称为《股市第一歌》，播出的频道不是音乐，不是娱乐，而是财经频道。

三、案情简介

2007年4月26日，龚凯杰有感于自己的炒股经历和当时火爆的股市，根据《死了都要爱》的曲调重新填写了《死了都不卖》歌词（以下称“龚凯杰版歌词”或“龚版歌词”），发表于Loveinhere.com网站上，署名“凯哥”。

2007年5月6日，龚凯杰请被告王某演唱该歌曲，王某演唱后将录音文件通过QQ传给龚凯杰，龚凯杰将该歌曲挂上个人主页。当年“五一”劳动节假期后的第一天，由龚凯杰作词、王某演唱的作品在互联网上爆红。

2007年5月底至6月初，龚凯杰作为《死了都不卖》歌曲的词作者、王某作为演唱者陆续接受了上海人民广播电台《记录2007》节目、新民网《新闻夜总会》栏目、杭州电视台《新闻60分》节目的访谈。访谈中，王某表明是龚凯杰将《死了都不卖》的歌词给她并让她演唱这首歌曲，即承认龚凯杰为《死了都不卖》的词作者。

同时，王某与浙江泛亚电子商务有限公司签订著作权许可合同，开始合作。王某将《死了都不卖》歌词许可浙江泛亚电子商务有限公司使用，浙江泛亚电子商务有限公司取得歌曲的使用权，并推广歌曲和演唱者。

2007年5月25日，经被告王某修改的歌词（以下称“王版歌词”）并署名“作词：王某”的《死了都不卖》歌曲开始在第一被告浙江泛亚电子商务有限公司的娱乐基地网站www.5fad.com上传播，方式为歌曲的视听、下载。

2007年10月11日，该网站的“推荐彩铃”“最新金曲彩铃”“最新点击彩铃”栏目的列表中显示有男、女声版和DJ版的《死了都不卖》，在“最新点击彩铃”和“彩铃订购本月排行榜”中，该歌曲排在最前面。至龚凯杰提起诉讼期间，该歌曲仍在浙江泛亚电子商务有限公司网站传播。

同时，据新华网报道，2007 年谷歌和百度对搜索关键词进行排名，系争歌名“死了都不卖”进入谷歌“年度中国热榜”和百度 2007 年搜索风云榜“十大上升最快”的第 4 位。

经比对，龚版歌词《死了都不卖》与《死了都要爱》歌词总字数均为 189 字，其中 84 个字相同，两者每句的字数相同，但内容分别为炒股和爱情，具有明显差异。龚版歌词《死了都不卖》和王版歌词《死了都不卖》内容均为炒股，总字数均为 189 字，其中 23 个字不同，具体如表 1 所示。

表 1　龚版、王版歌词《死了都不卖》与《死了都要爱》歌词的差异

《死了都要爱》歌词	龚版《死了都不卖》歌词	王版《死了都不卖》歌词
把每天当成是末日来相爱	把股票当成是投资才买来	把股票为了是赚钱才买来
一分一秒都美到泪水掉下来	一涨一跌都不必害怕掉下来	一涨一跌都不用害怕掉下来
不理会别人是看好或看坏	不理会大盘是看好或看坏	不理会大盘是看好或看坏
只要你勇敢跟我来	只要你翻倍我才卖	只要你翻倍我才卖
爱不用刻意安排	我不听别人安排	我不听别人安排
凭感觉去亲吻相拥就会很愉快	凭感觉就买入赚钱就会很愉快	凭感觉就买入赚钱我会很愉快
享受现在别一开怀就怕受伤害	享受现在别一套牢就怕受失败	可是现在有人套牢就怕受失败
许多奇迹我们相信才会存在	许多奇迹中国股市永远存在	许多奇迹中国股市永远存在
死了都要爱	死了都不卖	死了都不卖
不淋漓尽致不痛快	不给我翻倍不痛快	不给我翻倍不痛快
感情多深只有这样才足够表白	我们散户只有这样才不被打败	我们散户只有这样才不被打败
死了都要爱	死了都不卖	死了都不卖
不哭到微笑不痛快	不涨到心慌不痛快	不涨到心慌不痛快
宇宙毁灭心还在	投资中国心永在	股市牛市一直在
穷途末路都要爱	就算深套也不卖	就算深套也不卖
不极度浪漫不痛快	不等到暴涨不痛快	不等到暴涨不痛快
发会雪白土会掩埋	你会明白卖会责怪	你会明白操作不好
思念不腐坏	心态会变坏	心态会变坏

续表

《死了都要爱》歌词	龚版《死了都不卖》歌词	王版《死了都不卖》歌词
到绝路都要爱	到顶部都不卖	到顶部我才卖
不天荒地老不痛快	做股民就要不摇摆	做股民就要不摇摆
不怕热爱变火海	不怕套牢或摘牌	不怕套牢或洗牌
爱到沸腾才精彩	股票终究有未来	股票终究有未来

与此同时，2007年“电音公主”邵某某专辑《死了都不卖》（以下简称“邵版《死了都不卖》”），是内地歌手第一张为中国股市鼓与呼的EP，其中包括邵版《死了都不卖》《一万点》《股神传说》和《股市奇迹——中国股民之歌》等“股民之歌”。封套内页《死了都不卖》标明由谭某、汪某、邵某某作词，汪某、张某作曲。

龚凯杰认为这张由华友飞乐数码音乐科技有限公司组织创作、九州音像出版公司和广东飞乐影视制品有限公司出版发行、上海书城销售的《死了都不卖》专辑完全在搭其歌曲的便车，是跟风之作。不但如此，歌词内容还剽窃了自己的作品《死了都不卖》，遂将北京华友飞乐数码音乐科技有限公司、九州音像出版公司、广东飞乐影视制品有限公司和上海书城等4个被告告上了上海市黄浦区人民法院，索赔107万余元。

邵版《死了都不卖》歌词在句式结构与内容上看上去与龚版歌词有较大出入，原告诉讼中将两首歌的相似度归纳为4句话：“同义替换，稍加改动，改头换面，十分神似。”刘春泉律师指出：“中国文字中含义相同的有很多，虽然两首歌文字用的不同，但整个歌曲表达的意思是相同的”。

表2截取了两首歌高潮部分的内容，对比如其所示。

表2　龚版、邵版《死了都不卖》高潮部分歌词对比

龚版《死了都不卖》歌词	邵版《死了都不卖》歌词
死了都不卖	死了都不卖

续表

龚版《死了都不卖》歌词	邵版《死了都不卖》歌词
不给我翻倍不痛快	无所谓掉下来或摘牌
我们散户只有这样才不被打败	我相信有未来
死了都不卖	只有这样我们才不会被打败
不涨到心慌不痛快	就是死了都不卖

四、法律问题梳理

（一）本案中被告的法律误区

1. 谁是《死了都不卖》的著作权人

从本案的案件经过可以看出，浙江泛亚电子商务有限公司并非毫无版权意识。在该歌曲大火之后，浙江泛亚电子商务有限公司先与本案原告龚凯杰谈合作协议，后未谈妥，遂与王某签订著作权许可合同。

懂得知识产权法的人们或许觉得浙江泛亚电子商务有限公司的想法荒唐可笑，但歌手也是著作权人这一误解实际上广泛存在。

倘若浙江泛亚电子商务有限公司真想宣传这首歌，到底应当与谁签订著作权许可合同？厘清该问题的关键就是分辨谁是《死了都不卖》的作者。《死了都不卖》曲作者为《死了都要爱》的曲作者 Yoo Hae Jin，词作者为龚凯杰，而《死了都要爱》词作者为姚若龙，曲作者为 Yoo Hae Jin。浙江泛亚电子商务有限公司实际上需要获得《死了都要爱》与《死了都不卖》词曲作者的授权后，再去宣传这首歌才能保证不侵权。

因此，实际上演唱者并无权与第三人签订著作权许可合同。该案 11 年后，著名相声演员郭德纲因同一误解被起诉。

2014 年 2 月 14 日，岳云鹏曾在其与《牡丹之歌》原唱蒋大为老师合影的微博下对网友的提问“问问他听过您的成名曲吗?”作出回答：“他说听过我的五环，他还说不收版权费。”之后在不少节目采访中，岳云鹏亦多次回应《五环之歌》版权问题。

2018 年 6 月，因“美团”一则广告用了改编自《牡丹之歌》的《五环之歌》，北京众得文化传播有限公司（《牡丹之歌》权利人）将《五环之歌》改编者岳云鹏、广告制作者北京赞意互动广告传媒有限公司和"美团"运营商北京三快在线科技有限公司诉至北京市海淀区人民法院，案由为侵害《牡丹之歌》改编权，要求被告承担连带赔偿责任 50 余万元。

很多网友看到上述新闻，并有不少人翻出上文提及的岳云鹏当年微博为岳云鹏鸣不平，声称岳云鹏已经获得蒋大为老师的授权，不应当承担法律责任。岳云鹏也多次在电视节目中提及蒋大为老师已默许他改编《牡丹之歌》。

首先需要说明的是，这里被诉的《五环之歌》与上述微博中提及的岳云鹏成名曲《五环之歌》并非同一首歌曲，为了区别这两首歌曲，后文将被诉"美团"广告曲《五环之歌》称为《新五环之歌》。

为清晰展示三者的差别，表 3 对比了三首歌的歌词。

表 3　《牡丹之歌》《五环之歌》《新五环之歌》歌词对比

《牡丹之歌》歌词	《五环之歌》歌词	《新五环之歌》歌词
啊牡丹	啊五环	啊 五环
百花丛中最鲜艳	你比四环多一环	五环套餐配大蒜
啊牡丹	啊五环	啊 五环
众香国里最壮观	你比六环少一环	五环套餐治脑残
有人说你娇媚	终于有一天	我把外卖送到五环
娇媚的生命哪有这样丰满	你会修到七环	送完这单后面还有两单
有人说你富贵	修到七环怎么办	
哪知道你曾历尽贫寒	你比五环多两环	

需要说明的是，本文是为了结合近期同类法律问题而做出分析，仅为学术探讨，无从得知《牡丹之歌》版权方是否就《五环之歌》的改编与岳云鹏达成了著作权许可协议，或者也如《牡丹之歌》的演唱者蒋大为采用了默示许可方式，这些属于事实问题需要由各方律师去解决。不管怎

样，根据从公开渠道查到的这些情况，姑且假设为事实，则《牡丹之歌》版权方就岳云鹏成名曲《五环之歌》的改编似乎持认可态度。那么这是否代表岳云鹏将其改编成《新五环之歌》也在版权方许可范围之内呢？答案是否定的。

首先，从上文歌词对比表中可以看出，《新五环之歌》较之《五环之歌》是完全不同的新作品，属于对《牡丹之歌》的再次改编。同时，岳云鹏《五环之歌》虽用于节目表演等诸多场合，归根结底，还是一种艺术表演。而《新五环之歌》的改编为纯商业用途，它被用作“美团”广告的背景歌曲，遣词造句自然也夹带着浓浓的商业风格。因此，即使《五环之歌》的改编获得了《牡丹之歌》版权方的授权，也并不代表岳云鹏能再次改编《牡丹之歌》且用作商业用途。

那么，改编作品一般需要获得谁的许可呢？《新五环之歌》改编了《牡丹之歌》歌词，同时在表现形式上用到了《牡丹之歌》的曲，所以《新五环之歌》的改编需要获得原词和曲作者的分别授权。张信哲也曾在《天籁之音》节目中翻唱过《五环之歌》，网友称张信哲的版本是“岳云鹏的《五环之歌》与黑豹乐队《Don't Break My Heart》的完美融合”，在这种情形下，张信哲的改编演唱需要获得岳云鹏《五环之歌》、黑豹乐队《Don't Break My Heart》以及《牡丹之歌》作者的授权。这是为了说明案件涉及法律问题而进行的简单分析，具体到这些作品，可能还存在其他事实问题，需要相应进行不同的法律分析。可见，虽然看起来著作权法的法律条文人人都可以看得懂，但实际应用是异常复杂的。要做到著作权运用合规合法，还要考虑专业复杂性和涉及的时间等成本，是非常难以做到尽善尽美的。

是不是这么多的节目组、制片方就真的毫无版权意识？那恐怕未必，只是多年不健康的音乐发展方式，突出演唱者，忽略幕后作词作曲者，致使在音乐产业链中大多数作词作曲者无论在圈内地位如何尊崇，在面临最根本的利益分配时，均处劣势。在这个遵循着“流量即正义”的时代，很多规则变得扭曲且畸形，但我们希望这一切都将在权利人一次次抗争、司法判决一次次树立标尺下，逐渐重归有序状态。

2. “侵权作品”是否能获得著作权保护

本案的被告答辩观点有这样一条：《死了都不卖》的歌词抄袭了《死了都要爱》的歌词，两者句式结构相同，字数也相等，只是将内容由爱情改为股票，而著作权法是不保护内容的，因此，原告的歌曲属于侵权作品，不具有著作权，依法不应受保护。笔者清晰记得，当年上海电视台记者采访律师团队，在法庭拍摄的间隙，非常担心地问笔者：“你有把握吗？”

他的潜台词很简单，这一案件原告有没有侵权的可能？自己侵权与否还不好说，你能打赢官司吗？换句话说，龚版的《死了都不卖》是抄了《死了都要爱》的，王版的《死了都不卖》也抄了《死了都要爱》，两个作品均为抄袭作品的话，凭什么说王版的就是侵权作品呢？一般人对此肯定一头雾水。

实际上，涉案的《死了都要爱》《死了都不卖》形成一条改编链，《死了都要爱》一歌改编自韩国朴完奎的《千年之爱》，龚版的《死了都不卖》改编自《死了都要爱》，而王版《死了都不卖》是在龚版基础上小修而成。

该问题核心是回答龚版《死了都不卖》是否为作品，侵权作品是否有著作权？

这使很多对知识产权法较为陌生的人对“死了都不卖”这个案子难免产生困惑，《死了都不卖》改编自未经信乐团授权的《死了都要爱》，它本身就侵权还能获得保护？

回答这个问题，本质就是解释两个问题：第一，什么是作品？第二，侵权作品是否受到著作权法保护？

第一个问题：根据《著作权法实施条例》第2条“著作权法所称作品，是指文学、艺术和科学领域内具有独创性并能以某种有形形式复制的智力成果”的规定，涉嫌侵权不阻碍一个智力成果成为著作权法意义上作品。

第二个问题：2001年《著作权法》第4条第1款规定："依法禁止出版、传播的作品不受本法保护。"但该条已于2010年修订时被删除。《死了都不卖》歌词是独立创作的，是受著作权法保护的。该案件起诉时，律师团队已经非常慎重地做了准确法律分析判断，并没有对旋律主张权利。至于王某演唱《死了都不卖》，即使《死了都要爱》曲作者有异议，可以主张侵权，那也是曲作者的权利，不是被告可以抗辩侵权的事由。

本案是由后来被最高人民法院评定为第二届全国审判业务专家的陈惠珍亲自担任审判长主办的，陈惠珍法官对案件事实和涉及法律专业问题的细致严谨是知识产权律师敬畏有加的，本案几次开庭均在她的高效主持下由双方律师唇枪舌剑，互不相让。当时代表被告的律师抗辩意见之一就是原告也侵权，所以不受保护。在（2007）浦民三（知）初字第120号判决书中，法院对这一问题做出如下解释："著作权法所称作品是具有独创性并能以某种有形形式复制的智力成果。原告的歌词具备以有形形式复制的特点，这是毫无疑问的。关键是原告的歌词是否具备独创性而成为著作权法意义上的作品。本院认为，独创并不是首创，独创既可以是从无到有地、独立地创作一个作品，也可以是在他人作品的基础上创作，但发挥了智力创造性，使之与原作品之间存在客观上容易识别的差异，构成新的作品。原告根据其自己的炒股经历和对股票市场的认识而作的《死了都不卖》歌词，与《死了都要爱》歌词相比，主题、内容都不同，文字表达上存在较大的差异，客观上足以识别为一个新的文字作品。该文字作品符合我国《著作权法》所保护的作品应达到的独创性要求，故原告对此享有著作权，应受我国著作权法的保护。"法院认为，至于《死了都不卖》是否侵犯《死了都要爱》著作权不在本案审理范围。

事后得知，浦东和黄浦两个法院对此案都很重视，法院还曾经召集专家开研讨会，就本案涉及法律问题进行深入研讨。

虽然《死了都不卖》是否侵犯《死了都要爱》著作权不在本案审理范围，但笔者认为，实际上《死了都不卖》应该构成《死了都要爱》的改编作品，侵犯了《死了都要爱》的改编权。下文将进一步阐释何为作品改编权。

依据《著作权法》第 10 条第 14 款“改编权，即改变作品，创作出具有独创性的新作品的权利”，《著作权法释义》对改编权具体解释如下：“所谓改编作品，一般是指在不改变作品内容的前提下，将作品由一种类型改变成另一种类型。”“音乐作品的改编是一个较为复杂的问题，比如将古典音乐改写成流行音乐、将京剧的曲调改编成交响乐，或者将音乐作品改编成适合某些乐器演奏的形式，有时很难分清改编与复制、改编与重新创作的界线。一般说来，改编使用了原作品的基本内容，如果基本内容不一致，就是重新创作了；改编还必须是对原作的内容作了修改，否则就是复制了。纯技术性的改写虽然不是照搬原作品，形式上看改动大，但也不认为是创作。”

这一概念中最值得注意的一点是：改编权，将产生新作品，但应保留原有作品中独创性部分。在《乌苏里船歌》改编权经典案例二审判决书［（2003）高民终字第 246 号］中，最高人民法院曾对两者关系做出清楚说明：“著作权法上的改编，是指在原有作品的基础上，通过改变作品的表现形式或者用途，创作出具有独创性的新作品。改编作为一种再创作，应主要是利用了已有作品中的独创部分。对音乐作品的改编而言，改编作品应是使用了原音乐作品的基本内容或重要内容，应对原作的旋律作了创造性修改，却又没有使原有旋律消失。”

从这一观点同时折射出另一个问题：民众并不太理解著作权到底保护了什么？本案被告答辩观点中的“两者句式结构相同，字数也相等，只是将内容由爱情改为股票”，而其中的“只是”二字后面所述，恰好是原创作者龚凯杰改编该歌词的独创性。如果每个作者能像珍视自己的创作一样珍视别人的创作，知识产权纠纷中就会少了很多让人听之寒心的抗辩逻辑。

3. 著作权与邻接权，不曾获利≠原告没有损失

被告抗辩中提及《死了都不卖》的走红是因为《死了都要爱》的优美旋律和原歌手的名气，加上股市火爆及演唱者王某用特别的声音所作的

成功演绎，并不仅仅因为原告改词的成功。被告在网上传播《死了都不卖》系免费传播，并没有从中获利，原告自己也是免费传播，从未要求对作品以任何方式进行保护，被告的传播并不使原告蒙受损失。

被告的这一抗辩观点，透露出的价值观完美阐释了为何今日歌曲类选秀节目、歌手商业表演、翻唱改编以及观众歌迷常常会忽略歌曲的真正作者——作词与作曲者，因为人们往往认为，一首歌的成功往往仰仗歌手的成功表演，就像影视剧制作把大部分钱花在了“明星”艺人身上。

实际上，著作权法为保护作品的传播权有邻接权制度安排。国内现有音乐环境下，利益分配与大环境对创作者与传播者的关注本末倒置，这似乎是一种畸形的发展方式——这是一种商人逐利、快速消耗创作者创作热情的发展方式，与著作权法乃至知识产权制度设立之初鼓励创作、希冀文化繁荣背道而驰。许多歌手很快凭着成名作赚得盆满钵满，名利双收，大部分词曲创作者却很难获得较高收益，甚至很多老的词曲作者捧红很多艺人，自己却清寒一生甚至被人遗忘。谈起明星八卦人人津津乐道，但这些老艺术家贡献了那么多脍炙人口的词曲，他们得到这个社会多少精神和物质的回报呢？

这一状况在该案结案十多年后的今天，似乎并无多少改变，甚有愈演愈烈之态。今天各种音乐选秀节目非常多，重大著作权案件也层出不穷，如果文化企业能在很多项目立项之初就投入专业力量研究相关著作权法律问题，并有针对性地做风险防控，很多重大案件其实都可以预防在先。

别看一首歌简单，区区百八十个字，唱完也就两三分钟，要到法庭上说清楚，可不是这么简单。要分析本案中被告的抗辩是否成立，首先要厘清：一首歌中有多少权利？

一首歌从创作到传播，至少拥有3种权利（主体）：（1）歌曲和词作者的著作权；（2）演唱者的表演权；（3）唱片公司等的录音作品制作者权。三者享有的权利截然不同，其对比如表4。

表 4　音乐作品著作权、表演权与制作者权对比

词曲作者的著作权	演唱者的表演权	唱片公司等的录音作品制作者权
发表权、署名权、修改权	表明表演者身份（署名）	署名权
保护作品完整权	保护表演形象不受歪曲	
广播权	许可他人从现场直播和公开传送其表演，并获得报酬	
摄制权	许可他人录音录像，并获得报酬（首次固定）	
复制权、发行权	许可他人复制、发行录有其表演的录音录像制品，并获得报酬	复制、发行其制作的录音录像制品
信息网络传播权	许可他人通过信息网络向公众传播其表演，并获得报酬	通过信息网络向公众传播其制作的录音录像制品
出租权		出租其制作的录音录像制品
展览权、放映权		
改编权、翻译权、汇编权		

上述 3 种权利最主要的区别并不在于权利种类的差别或者包含权利的种类，它们的实质差别在于，对什么享有权利。

音乐作品作者对其作品享有权利；表演者对其表演享有权利；录音录像者对其录音录像制品享有权利。这才符合著作权法的基本逻辑，人们对其劳动成果享有权利。如果相关从业者能厘清这一要点，上文所述的著作权误区则能减去大半。本案被告亦不至于以此作为抗辩理由。

另外，被告的抗辩还违背了如下法律常识。

（1）侵权行为的构成要件是什么？一般来说，侵权行为构成要件有四：违法行为、主观故意或过失、危害结果、因果关系。本案中被告的行为完全符合上述要件，与原告是否免费传播自身作品毫无关系。

（2）被告不曾获利与原告未曾蒙受损失是两个概念，同时，并非原告亦为免费传播即原告不存在损失，被告无须承担赔偿责任。这些观点往往成为很多人未经许可使用他人作品的理由。但著作权法规定赔偿有三种，除了被告获利，还有原告损失和法定赔偿，未来有可能进一步明确惩罚性赔偿。

（二）改编权在今天

在2007年，这一案件颇值得关注。随着音乐产业迅速发展、音乐选秀节目层出不穷，各类侵权纠纷频频浮现。现今此类案件早已屡见不鲜。

2013年，羽·泉以一首《烛光里的妈妈》获得《我是歌手》冠军，但因为羽·泉未经词作者李春利的同意改变歌词，且节目词作者署名错误，羽·泉与湖南卫视一度陷入侵权纠纷；同样是该歌，某著名企业家未经李春利同意擅自改编作品引发侵权纠纷；[1] 2017年李海鹰发微博称某歌手在《我是歌手》节目中演唱的《月亮粑粑》大段引用自己创作的《弯弯的月亮》，侵犯其著作权；[2] 同年高晓松发表微博声明自己拥有《我是歌手》中张某演唱《默》的词曲版权，节目制作方未进行版权许可，且该版本对原词曲有变动，侵犯其著作权。

……

这些侵权行为一直存在，只是随着越来越多的著作权人主动维权，层出不穷的侵权行为才浮出水面。

值得注意的是，登录音著协网站点开"音乐使用者专区"可以发现，该区仅包含四个类别"复制权""表演权""广播权""信息网络传播权"，改编权授权并不包含其中，即通过音著协无法获得作品改编权许可。这就是为何音乐选秀节目中最常见的侵权纠纷之一为"改编权"侵权纠纷，而改编权是一项极其重要的权利，改编也是音乐最常见的创新方式以及最易被侵权的一种方式。

音乐创作需要灵感，音乐创作人在即兴创作时，往往最易忽略背后的版权问题。诚如前文提及的《牡丹之歌》著作权人在单纯的艺术性创造

---

[1] 《烛光里的妈妈》词作者再遭侵权［EB/OL］.（2017-04-28）［2020-10-29］.https：//www.sohu.com/a/136940214_114731.

[2] 《月亮粑粑》为何藏着个"弯月亮"［EB/OL］.（2017-02-21）［2020-10-29］.https：//www.sohu.com/a/127342404_473656.

层面展现了宽容、包容的姿态，仅在作品被投入商业使用后才起诉维权。

五、律师办案心得

这件在现今看来似乎有些稀松平常的案子，当年却曾一度引起巨大的轰动，当年只有由《老鼠爱大米》《我不想说我是鸡》这两首网络歌曲引起的舆论关注和诉讼堪与此案例相提并论。时至今日，这也是为数不多的网络音乐创作者维权成功的案例。2007 年互联网上充斥着大量免费音乐、书籍、视频，那时还是视频网站创业的初期，互联网的很多立法还没有实施，我国知识产权保护状态远不及今天。互联网精神在那时就是分享与共享，free 在英文里面既有自由又有免费的意思，今天来看应该是“自由”，在当年却是“免费”，似乎只有你想不到的没有你找不到的免费（盗版）资源。

在这样的背景下，龚凯杰因偶有的创作灵感从一介“草根”迅速成为“早期网红”，后奋起维权。在中国知识产权意识尚薄弱的那些年里，一个“草根”网民拥有这样的见识与决心，颇为难得。一些年后，各大音乐平台均开始购买音乐版权，民众也开始为音乐付费，开始习惯购买平台 VIP 会员，为下载正版电子版本音乐付费。2019 年春节档电影《流浪地球》热映、盗版横行时，公众不再是一味求资源，而是开始出现了众口一声地讨伐侵权。在这样较之以前似乎格外优待著作权人的时代，高晓松、刘家昌等著名音乐制作人却仍常常感慨维权之难，为自己不忿，为中国音乐圈忧心忡忡。由此可见，2007 年这个出身普通公司职员的“网红”，愿意与侵权歌手、唱片公司对簿公堂，既需有极高的知识产权意识，亦得有勇往直前的勇气，应该为当事人点赞。

其实龚凯杰最早找到的是笔者当时的同事，经他们推荐才由笔者接手代理，应该说这个案例是当事人信任律师、与律师通力合作、共同维权成功的典范，龚凯杰后来亦由笔者代表向音乐彩铃服务提供商提起索赔，也成功获得协商解决。

在中国文化产业蓬勃发展的今日，民众版权意识亦逐渐提高，人们开始尊重知识、文化等脑力劳动成果，愿意为知识付费。但是，很多文化产业从业人员对知识产权仍旧保留着粗浅的认知，缺乏对著作权法复杂性和专业性的尊重，也常常过于顾忌可能的律师费成本而因小失大。知识产权被郑成思老师比喻为“鬼学”，即看不见摸不着，像鬼所以叫鬼学，极具专业性和抽象性，主观臆断极易出错，常常闹出花费时间精力最终仍难以避免侵权的闹剧。文化产业与知识产权休戚相关，文化繁荣与发展完全建立在完善的知识产权制度之上，倘若一国的知识产权制度不完善，一国国民不具产权意识，如何希冀文化产业繁荣昌盛？因此，文化产业的知识产权合规必不可少，规范的合法运作方式才是长久的生存之道。

本文的结尾，笔者为企业知识产权合规提出如下建议，期盼我国尽早出现类似迪士尼那样的注重知识产权的文化巨头企业。

（1）分清楚知识产权的生产、管理、运营、保护环节，并针对性地予以防范。知识产权是无形财产，不像有形财产那样可以看到生产环节，看到疏漏带来的立竿见影的瑕疵品，但就算是服务产品的瑕疵品，损失的也是利润和利益。所以需要企业区分不同环节，予以前瞻性地防范。比如，对于著作权类产品来说，企业要明确权利人和授权链条。实际上在商业实务中，最后产生的综合作品可能涉及很多的作品和链条环节，需要分门别类地厘清每一部分的作者是谁，权利人是谁。授权链条指从创作到后续授权一系列过程的法律事实，非常复杂，一般法务和律师都很难搞明白。

（2）厘清自己的商业需求和使用行为的法律性质，制定法律和版权采购的成本预算。虽然按说自己才最明白自己的事情，但从著作权争议案件来看，90%以上的当事人在立项之初并没有预见可能的问题，或者前瞻性的准备不足，或者在预算上投入不足，导致最后要投入几倍甚至几十倍的弥补成本。比如，一档在全国火爆的电视节目，曾因为一纸禁令被停播，最后不得已更名播出。虽然这个案件最终被完美解决，但这种教训是不是值得企业警醒和提前预防？

（3）通过著作权集体管理组织或者专业律师协助，寻找权利人商谈授权事项。企业要有知识产权成本预算意识，也需要在预算有限情况下尽可能合规，令收益最大化。“简单粗暴”的方式是：聘请专业律师，让专业的人解决专业的事情。毕竟知识产权赔偿在提高，败诉有损商誉，而且关键是，版权的价值具有非常大的不确定性，提前有一个经验丰富的律师帮助处理合同，可以令作者多挣很多钱，企业少花很多钱。各方互利共赢，才不会捧红了歌曲、捧红了艺人后就打官司，分道扬镳。这些年笔者通过律师工作或者仲裁员工作处理了很多直播、网络主播、明星演艺经纪合同纠纷，以及电影、游戏等文艺产业的案件，深感好的法律工作的开展可以提高企业知识产权的收益，但遗憾的是，这个结论往往是企业在总结教训时才得到认可。

视觉中国“黑洞图片”事件背后的版权“黑洞”

刘春泉　陈梦园

摘要：视觉中国“黑洞图片”事件令曾让诸多公司头疼的、接近勒索的图片侵权批量诉讼案件得到法院的重视，其背后的法律问题也一度引起法律人的关注。本文介绍了视觉中国批量案件呈此现状的来龙去脉，并对视觉中国批量案件举证存在的问题逐一分析，以期厘清背后法律关系，并期待对企业以法律为工具谋取商业利益之风有所遏制。

关键词：著作权；图片侵权；权属证明

一、引　言

2019年4月，随着天文盛事，人类首张黑洞图片一经发布即被上市公司视觉中国主张版权，由此迅速引发“视觉中国黑洞图片”网络公共事件并一直持续发酵，令纵横中国图片市场多年一直所向无敌的图片企业——视觉（中国）文化发展股份有限公司积压已久的版权问题浮出水面。随即十来年间苦于图片版权巨额赔偿的企业纷纷揭竿而起，直指视觉中国并无真实授权却以诉讼主张高额版权费要求的“维权诉讼商业模式”涉嫌违法，甚至部分网友提出其是否涉嫌犯罪的质疑。

在一个人人斥责抄袭的年代，为何这家以图片打假起家的企业竟触犯众怒，以致人人喊打？客观上，这家企业以切肤之痛让无数企业正视知识产权，开始学习并践行为版权付费。十来年间，视觉中国的商业诉讼模式亦影响了诸多版权企业，如字体企业、软件公司。图片、字体、软件与企业运营休戚相关，企业逐渐将知识产权成本纳入运营费用之中。

视觉中国引起众怒的根源在哪里？视觉中国真的拥有这些图片的合法授权吗？此次黑洞图片事件证明，以上问题的答案值得推敲。

这次天文盛事本来与版权毫无关系。人类第一张黑洞“照片”是一张由全球200余人组成的科研团队的研究成果，却被视觉中国堂而皇之地以获得法新社授权为由明确其获得版权。根据网上披露的微信截图等信息，在舆情发酵前他们一直做出官方正式确认。一张可由全人类免费使用的黑洞照片，视觉中国却按照其惯常商业套路主张要求付费商用。实际上，这张黑洞图片并非照相设备拍摄而成，是科研团队依据测量数据经过复杂处理后制作出来的。它实际上是一种科研成果的直观体现与表达形式，并非摄影作品，也很难算得上为人类审美需求而创作的美术作品。如果把这张照片界定为现行著作权法体系下的“图形作品”，它也受著作权保护。但它的版权应归属于所有参与该项目的科学家。据网络媒体报道，视觉中国声称其获得了法新社关于该图片的授权，因此如需使用该图片，则要获得视觉中国授权许可。那么，为何视觉中国通过一家通讯社就能获得这样一个天文台的“图形”作品，进而就敢于向外销售许可了呢？

此例一爆出，“共青团中央”微博便质疑“国旗国徽也是贵公司所有？”此后各大品牌纷纷从视觉中国图片库中检索出各自商标或者司标的简单翻拍作品，过往苦于视觉中国图片商业诉讼的企业亦纷纷讨伐，很快视觉中国即被天津网信办约谈整改。

实际上，关于视觉中国是否对其官网上所有图片享有其声称的权利的讨论，并非2019年才有。

据网络检索，著名摄影师卡罗尔·海史密斯曾通过美国国会图书馆向公众捐赠了她的作品，并被图书馆称为“最伟大的慷慨之举之一”，后来70岁的海史密斯因使用自己的作品而在2015年12月收到盖蒂图片社（Getty Images，视觉中国的海外授权方）LCS公司发来的恐吓信。

2013年，一名摄影记者的推特（Twitter）照片被法新社和盖蒂照片盗用，最终摄影记者获赔120万美元。

2016年祖玛图片社起诉盖蒂图片社侵权售卖其所有的47 048张体育照片。

……

从检索到的网络历史新闻可知，盖蒂图片社的版权官司似乎从未断过。

笔者曾多次代理应诉视觉中国旗下汉华易美以及之前的华盖创意公司作为原告提起的图片版权诉讼案件，每次诉讼都会访问视觉中国网站和阅读、核实其诉讼中提供的证据。虽然是对手，但不得不承认，视觉中国的起诉手法和其版权保护无论从法律还是人性的琢磨等方面都表现出很高的专业水准，应该是由高手精心设计才可能达到商业上如此成功。

笔者经与很多知识产权律师讨论认为，图片公司维权的“尚方宝剑”来自最高人民法院2010年及2014年等再审案件的裁判文书中确定的裁判规则。其中，2014年最高人民法院提审黑龙江省高级人民法院二审判决的正林公司被控侵犯图片版权案的判决结果影响尤其巨大。视觉中国在诉讼中提交公证书（盖蒂图片社高级副总裁的声明）证其已经获得境外公司盖蒂图片社的授权，虽然只提交一个公证书就声明对某网站内容享有版权是证据不足的，但最高人民法院当时认为只要网站上的图片有水印和网站版权声明，即认可系著作权法意义上的署名效力。最高人民法院没有要求拿出图片原始文档或者底片等作为权利来源证据，这个判决极大地利好了视觉中国及一众图片公司，造成其在这类图片的诉讼中无须举证。再遇到类似情况，地方法院一般都会按照最高人民法院的判例，判定侵权成立，除非被告能够提供反证。

这种现象即造成笔者及一干代理被告律师数年间代理维权之艰难。本文便是以笔者近年代理的视觉中国系列真实案件为例，谈一谈图片版权侵权诉讼背后的法律问题。

二、案情简介

视觉中国图片系列案件的案情一般都十分相似且简单，无外乎被告企业官网、官方微博、微信公众号等用了视觉中国官网网站展示的图片，笔者代理的数起案件均是如此。

经过十多年诉讼的磨炼，视觉中国已形成成熟的法律运作体系，其每次诉讼提交的证据大致均为以下类型。随着被告抗辩及法院态度的不断调整，最终形成稳定的证据结构如表 1 所示，个案中只有具体被告和图片有差异。

表 1 视觉中国的证据结构

证据编号	证据名称	证明内容
证据一	方圆公证处的公证书	原告经美国盖蒂公司独家授权获得涉案图片相关著作财产权，是盖蒂公司在中华人民共和国唯一授权代表，并有权以自己名义对侵权行为进行维权
证据二	盖蒂官网图库 www.gettyimages.ca、原告官方图库 www.vcg.com 网页截屏	（1）美国盖蒂官方图片载有涉案图片； （2）原告官方图库载有涉案图片
证据三	涉案作品最大像素格式数码底片（电子证据）	原告方拥有最大像素格式数码底片文件，且相关数据信息与盖蒂官方图库、原告官方图库所登载情况一致
证据四	联合信任时间戳认证保全（电子证据）	被告侵权事实证据保全
证据五	图片使用许可合同	原告同类图片市场售价（可期待利益）

其中证据一、二、三为权属证明，证据四为侵权证据，证据五为赔偿证据。一般双方对被告公司未经许可使用了系争图片这一事实均无异议，此类案件的核心问题即原告提供的证据是否可作为其为诉争图片著作权人的初始证据，以及证据五的赔偿标准是否属于图片市场行情。

三、汉华易美是否有资格作为原告代表摄影师维权？

《著作权集体管理条例》第 2 条规定："本条例所称著作权集体管理，是指著作权集体管理组织经权利人授权，集中行使权利人的有关权利并以自己的名义进行的下列活动：（一）与使用者订立著作权或者与著作权有关的权利许可使用合同（以下简称许可使用合同）；（二）向使用者收取使用费；（三）向权利人转付使用费；（四）进行涉及著作权或者与著作权有关的权利的诉讼、仲裁等。”汉华易美或其前身华盖创意近年在中国提起大量诉讼，实际在行使著作权集体管理职能。但是这个抗辩观点有很多学者不同意，法院在笔者提出音乐类同类驳回判决的情况下，也选择不予以回应，回避了这个法律问题。

在江苏高院（2015）苏知民终字第00100号民事判决书中，法院认为：“本案所涉作品权利经过了一系列的流转过程，声影公司并非涉案音乐作品词曲的著作权人，其系依据与播种者公司签订的《音像著作权授权合同》主张相关诉讼权利。在该合同中，播种者公司授权声影公司以自己名义对卡拉OK等公共娱乐场所经营者独家管理、发放使用许可、收取费用、提起诉讼的约定，与《著作权集体管理条例》第二条规定的著作权集体管理组织的管理活动在性质、内容等方面均无实质性差别，而江苏省音像制品分销协会的索赔函等相关证据，亦可予以佐证。根据上述事实，声影公司以上述与他人签订的授权合同为依据对卡拉OK经营者进行收费管理并提起诉讼的行为，其实质是在行使著作权集体管理组织的相关职能及权利，违反了《著作权集体管理条例》关于除著作权集体管理组织外，任何组织和个人不得从事著作权集体管理活动的禁止性规定。据此二审法院认为，在《中华人民共和国著作权法》与《著作权集体管理条例》未赋予非集体管理组织与集体管理组织相同的法律地位和权利的情况下，声影公司对涉案音乐电视作品进行集体管理，并以自己的名义提起诉讼，没有法律依据。”

实际上，依照现行有效法条，不管合理性如何，在中国唯一有权代表摄影师提起诉讼的非营利机构仅有中国摄影著作权协会，它在每个省和直辖市的摄影家协会都设有代表处。许多在中国摄影著作权协会注册为会员的摄影师均通过该协会代表他们争取权利。据上海摄影师协会的孙承华介绍，中国摄影著作权协会曾与一些教科书出版社使用摄影作品问题进行接洽和商谈，最终为摄影师们争取了稿酬，所有赔偿费用均分配给摄影师。

笔者以为，之所以法律法规对“著作权集体管理”有严格限制，其中一点顾虑就是代理著作权人提起诉讼的这个主体是否会将获取的大部分赔偿额分给真正的作者，而以营利为目的的公司很难做到。视觉中国以图片诉讼起家，近些年来飞速发展成上市公司，收购多家国外图片公司，不难想象，诉讼获取的大部分赔偿额均落入视觉中国的口袋。笔者专门查询视觉中国上市公司财报和网站，理论上来说网站是他们的重要甚至主要成本，但没有检索到将赔偿额分配给作者的方式、金额等信息。据网络信息，有很多摄影师力挺视觉中国，原因是他们分到了摄影作品的稿酬。似乎视觉中国通过分配稿酬让一部分摄影师受益，但是不是所有的摄影师都分到了稿酬呢？分配稿酬与销售收入是否有确定的规则或者比例呢？如果没有，只有表面上的一些摄影师获得较高稿酬，那么，摄影师群体也是受害者，未经许可使用而面临巨额赔偿的公众也是受害者，唯一的得益者只有这些商业主体。

所以，当"黑洞事件"爆发后，全社会在剥离"知识产权应该受到保护"和"侵权就该赔偿"这些表象后，应冷静深思它们背后的问题。我们不能因为出现投机取巧者就降低对版权的保护，也不能因噎废食。

四、抗辩思路及证据分析

下文将结合笔者多次应诉经验分析上述证据一般存在的问题。

（一）证据一提交的公证书并不能作为初始权属证明

证据一公证书中最重要的内容为以下一段：

I confirm that Getty Images Inc., ultimately holds the Getty Images group of companies (including Getty Images International, Getty Images (US), Getty Images(Seattle) Inc.Getty Images(Canada) Inc., etc.) which have the right to display, market and license all usage rights (including copyright) related to all images for the brand collection on the attached list(exhibit A) ...

其中最核心的词为ultimately，如按照上述内容直译如下：

本人确认 Getty Images Inc. 最终拥有 Getty Images 多家公司［包括

Getty Images 国际、Getty Images（美国）、Getty Images（西雅图）有限公司、Getty Images（加拿大）有限公司等]，这些公司（括号内的公司）有权对一切与附表（附件 A）所列品牌集合全部图像进行展示、营销和使用权（含版权）许可。

北京方圆公证书后附中文翻译如下：

本人确认：Getty Images Inc. 拥有对 Getty Images 集团公司［包括 Getty Images International，Getty Images（US），Getty Images（Seattle）Inc. Getty Images（Canada）Inc. 等］（以下简称为“Getty Images”）的终极拥有权，其对附件 A 中所列出之品牌相关的所有图片享有版权，有权展示、销售和许可他人使用附件 A 中所列出之品牌相关的所有图片。

首先，似乎发现直译与方圆公证书中“巧妙翻译”的意思发生微妙的变化。例如，方圆公证书中“终极拥有权”到底是个怎样的权利？此处“终极拥有权”显然不能认为系争图片同时归属 5 个公司，笔者以为此处“终极拥有权”源于公司法中终极所有权概念，是指通过多层嵌套的股权控制关系，并非著作权法中“版权”的概念。所以盖蒂公司以非著作权中的著作权人或权利人的身份授权本案原告以“就任何第三方未经授权使用或涉嫌未经授权使用所有图像行为采取任何形式的法律行为”，并不具有著作权法的授权许可效力。

其次，这个公证本身很成问题。按照法律法规，这个公证书内容应当称作证人证言。《最高人民法院关于审理著作权民事纠纷案件适用法律若干问题的解释》（法释〔2002〕31 号，以下简称“司法解释”）第 7 条规定：“当事人提供的涉及著作权的底稿、原件、合法出版物、著作权登记证书、认证机构出具的证明、取得权利的合同等，可以作为证据。”此处提及的认证机构出具的证明应当是认证机构发文（不是个人）证实作品权属，例如根据外交渠道认可的电影协会认证电影的版权归属。此处个人声称企业自己有对系列图片享有权利的公证，并不能作为该条所述的权属证明。

再次，在汉华易美提交的公证书中提及“本人知道或持有充分证据证明 YoKo Mjyashita 亲自在本公证员面前签署了本证明书所附文件……签署所附文件之行为代表了该公司自由、自愿之行为”。授权书签署日期为2016 年 8 月 13 日，公证员签字日期为 2016 年 8 月 17 日，在签字日期与签署日期非同一日的前提下，该公证书未随附证据证明公证员亲眼看到盖蒂公司法律总顾问签字。同时，该授权书中仅有盖蒂公司法律总顾问兼高级副总裁签字，无公司章程、股东会决议、授权委托书等相关证明文件证明该副总裁签字行为代表公司行为，故该授权书真实性存疑。由于美国并无法定代表人制度，依照中国法律要求出具法定代表人证明应当依照当地法律履行公司决议授权程序。笔者严重怀疑，十年来我国图片版权案件总数也许不下数万，大概没有一次认真仔细对这些事实问题进行仔细推敲，否则这么明显的问题怎么没有被发现？

最后，该授权确认书表明，盖蒂公司对展示在其公司网站 www.gettyimages.ca 的所有图像享有版权。“. ca”网站为加拿大网站，一个美国公司如何证明加拿大网站显示的图片为其所有？知识产权具有地域性，一国享有版权并不当然在另一国享有权利，美国企业出具证据证明享有加拿大网站显示图片的版权，从证据本身即可认定不符合中国法律的真实性和合法性要求。如果这个逻辑可以成立，那为何不直接出具证据证明美国公司享有被上诉人在中国网站的所有照片版权？

（二）证据二中图片水印并非署名

这一问题是系列案件发展至今最严重的法律症结所在。在（2014）民提字第 57 号再审判决中，最高人民法院认为，“本案 getty 公司、华盖公司拥有数量巨大的图片，基本采取在官方网站上登载图片并可直接网上购买的方式经营。其网站上登载图片，虽然不同于传统意义上的在公开出版物上发表，但同样是‘公之于众’的一种方式。故网站上的‘署名’，包括本案中的权利声明和水印，构成证明著作权权属的初步证据，在没有相反证据的情况下，可以作为享有著作权的证明。如果对初步证据要求过高，比如对每一张图片都要求取得摄影师的授权证明，或者每一张图片去做著作权登记的话，对权利人而言无疑是巨大的负担。而且相关费用如属于为制止侵权而支出的必要费用，归根结底要由侵权人来承担。”

武幼章曾一针见血地指出存在这一现象的关键所在：将《司法解释》第7条第2款与《著作权法》第11条第4款“如无相反证明，在作品上署名的公民、法人或者其他组织为作者”作对比，司法解释将在作品上署名的主体从法律规定的作者扩大为著作权人和与著作权有关权益的权利人，这一改变便是系列图片诉讼案件最早出问题的地方。以《著作权法》第38条为例，表演者对其表演享有的权利第一项是“表明表演者身份”，而不是“署名权”。《著作权法》出现的“署名”全部说的是作者的署名。署名可作为初始证据的，仅针对作者。最高人民法院在此类案件中混淆了作者与著作权人的概念。

当时在针对该系列案件时，笔者采取的抗辩策略如下。

第一，“在照片上加盖水印，在法律上是一种保护版权的技术措施，指对于作品用技术标记，来表示作品的来源。这种技术措施本身，受到法律保护，即未经许可从作品上去除水印，违反版权法。但是我认为除非加盖水印者特别说明：对水印承担一切著作权法、刑法上有关署名的责任，否则水印不能等于作品的署名，不能直接用来推断作品归属。”同时，依据现今技术，在图片上加盖或去除水印非常便捷，稍微知晓技术手段的相关领域技术人员均可实施该操作，单凭图片水印初步认定著作权归属容易造成权利滥用。

现今在微博上传图片、百度上传图片、微信公众号上传图片均可添加水印，但并不代表这些上传图片的人均为图片的著作权人。就本案涉及的盖蒂公司而言，其全站图片均加盖了“getty images”水印。而根据答辩人提交的证据二至证据六可知，盖蒂公司因其网站上图片权属纠纷被告并不罕见，依据电子图片易修改的特点，图片上的水印并不能当然地认定其对该图片享有著作权，水印可以是商标法意义上的使用，表明商品服务来源，但并不是著作权法上的署名。

我国最高人民法院的确曾有过判例以图片水印类比发表作品的署名确

定作为著作权初步证据，但最高人民法院处理此类案件并不多，相关水印技术和图片产业运作实践情况是否被法院进行了充分辩论和考虑，也是值得商榷的。并且，民事诉讼是在被告有抗辩的情况下法院才审查，在此前的最高人民法院判决中，并未有人提出关于具体如何确定拍摄人和著作权流转问题，最高人民法院的判决书也从未对此进行评论。因此，该等判决不影响各级法院根据新的抗辩理由对同类的案件进行审查和得出不同结论。更何况，该等判决并非最高人民法院的指导性案例，不能作为法院裁判依据。

第二，（2017）京 0108 民初 33047 号判决提及，“视觉（中国）文化发展股份有限公司（以下简称视觉中国公司）和汉华易美（天津）图像技术有限公司（以下简称汉华易美公司）出具说明称，华盖公司和汉华易美公司是视觉中国公司的全资子公司，为凸显和宣传‘视觉中国’集团品牌，2016 年下半年视觉中国公司整合包括华盖公司 www.gettyimages.cn 在内的旗下子公司品牌官方图库，统一整合为 www.vcg.com 视觉中国官方图库，经营及展示时也会统一使用‘视觉中国’品牌。www.vcg.com 网站由汉华易美公司注册认证，仅为对原各子品牌图库内容的整合，网站在展示的摄影作品上标注了‘视觉中国’的水印及图片信息栏中有‘© 视觉中国’字样，仅为突出‘视觉中国’的品牌形象，不涉及任何对既有授权关系的改变。华盖公司与 Getty 公司独家授权关系在侵权事实发生时真实存续且合法有效，不因展示网站域名变更而发生变化。对华盖公司依法提起诉讼的侵权事实，视觉中国公司及包括汉华易美公司在内的其他分、子、关联公司均不会重复主张权利或提起诉讼。”即该公司认可其在图片中突出使用水印仅为品牌形象使用，作用类似商标，而非著作权法中所述署名。

根据网络报道，此次“黑洞事件”之后，在记者采访中，公司高管柴继军公开表示“水印均系自动生成，仅是平台的保护措施”。

在诉讼中，为了更好地说服法院，笔者同时搜集罗列并整理了所有可作为著作权人初始证据的情形，如表 2 所示。

表2 可作为著作权人初始证据的情形

序号	证据类型	具体理由
1	相机胶片、底片	合法持有底片者一般可以认定为著作权人
2	数码相机中的原始电子文档	盖蒂公司成立于1995年，在2005年进入中国发展在华业务，同时开始其维权诉讼。在这期间，2000年是数码单反普及的元年，到了2004年，数码相机在相机市场已经占了很大比例；利用技术手段对原始文档进行分析，可以得到该文档建立的初始日期。 该企业诉讼中证据显示的版权许可期限均为1995年至今，并非真实反映该图片形成时间
3	各国著作权机关的登记	我国《作品自愿登记试行办法》第1条规定："为维护作者或其他著作权人和作品使用者的合法权益，有助于解决因著作权归属造成的著作权纠纷，并为解决著作权纠纷提供初步证据，特制定本办法。" 本案涉案图片著作权归属不明确，所以应由声称享有权利的一方承担举证责任，则版权登记具有初步的证据效力
4	合法的出版物	一、中国作者的作品首次发表，指作品首次在中国境内或境外发表 二、对外国作者来说，其作品首次在中国境内发表指： （1）外国人未发表的作品首先在中国境内出版； （2）外国人的作品首先在中国境外出版后，30天内又在中国境内出版的； （3）外国人的作品未发表，但经授权改编，后在中国境内出版的。 本案中照片的真实发表时间不明，需要证明
5	法律文书	各级法院出具的关于权利归属的裁判文书、仲裁机构的裁决书
6	公证处出具的公证书	在公证员见证下现场拍摄照片等根据公证文书内容可以确定著作权产生且无争议的公证书可以证明著作权权属，但陈述自己享有著作权的公证书属于证明当事人陈述，不满足证明权属的法律条件
7	其他参照手段	若该照片为人物照，被拍摄者也可以作证；第三方网站发表、第三方机构登记、第三方电子签名（指电子签名法意义上的签名，不是手写扫描拍照的电子版签名）等，司法审查会引导市场发展并培育出足够的手段供企业使用

此外，由于大部分视觉中国涉案图片为摄影作品，但凡是摄影作品，必然为人所拍摄（动物或人工智能拍摄的图片能否称为作品尚在争论之中）。因此，图片公司拥有该作品的著作权则必然拥有该作品原始数码底

片、作者信息等。

图片作者与图片公司的关系可分为以下三种情况。

（1）图片公司内部摄影师拍摄。此种情况下，图片公司应当提供该摄影师信息、作品的拍摄完成和首次公之于众的时间与媒体、该摄影师与图片公司签订的劳动合同、公司章程，或当地法律约定的著作权归属以及图片公司是否有权就侵权行为采取法律救济的条款或规定。

（2）独立摄影师直接将著作权许可或转让给图片公司。此种情况下，图片公司应当提供著作权许可协议或转让协议以及是否约定图片公司有权就侵权行为采取法律救济，同时应提供作品首次发表日期及相关证明，确定该作品尚处于保护期限内。笔者处理的视觉中国案件中该作品版权保护期注明 1995~2019 年，1995 年数码相机尚未大规模生产，1975 年柯达试制成功世界上第一台数码相机，1994 年柯达商用数码相机 DC40 面世。如果是传统相机拍摄必有底片，数码相机拍摄必有原始电子文档可以鉴定时间等细节。

（3）其他公司获得许可或著作权之后再次许可或转让给图片公司。此种情况下，图片公司应当提供完整的著作权流转凭证，以及许可合同中是否约定图片公司有权就侵权行为采取法律救济，同时应提供作品首次发表日期及相关证明，确定该作品尚处于保护期限内。

本案中，原告提交的权属证明不符合上述任何一种情况，本案重要细节：该作品的作者、作者与图片公司的关系、作品首次发表时间、作品授权许可方式、作品授权许可内容只字未提。原告不举证被告无从质证，认定原告举证满足初步证据要求缺乏法律依据。

（三）关于证据三，是否拥有高精度图片即为图片拥有者

从技术上来说，一般以原始电子文档形成时间先后作为判断电子文档创建者的初步证据，由于原告网站对所有电子图片进行了技术处理，显示版权所有时间为“1995~2019”，所有图片版权开始时间均为 1995 年，所到时间 2019 年为即时时间。因原告网站设置问题，无从知晓图片最早上传时间。因此，通过被告提供 Tin eye 查询结果佐证，可发现原告并非部分图片最早上传者（详见被告提交的答辩状及证据九），原告是故意通过技术手段改掉一般网站图片均保留上传时间的技术参数，如果这种设置不能满足举证要求，则应承担举证不能法律后果。

提供高精度图片作为权属证明证据的前提在于高精度图片可轻而易举地转化为低精度图片，低精度图片却难以转化为高精度图片。笔者经咨询相关领域专家了解到，技术发展到今天，事实并非如此。高精度图片可以通过拼接、翻拍、扫描等手段获得同一照片的更高精度图片，如法院质疑技术可行性，可以请专家出庭作证。原告提供的高精度照片不能作为其为该图片著作权人的初始证据，原告需进一步举证证明其为诉争图片著作权人。

（四）证据五中列举图片价格并非诉争图片正常市场价格

笔者很惊异如汉华易美作为证据五提交的合同中，一张图片一次使用价格高达 0.6 万~1 万元。合同相对方是一家国有杂志社，其一期杂志上随意使用一张图片便需支付高达万元的版权费，很不符合正常的商业逻辑。因此，笔者与该合同中国有杂志社联系，核实了该合同的真伪。交谈中，对方无意中透露许可价格为 100 元/张左右，这与笔者向视觉（中国）文化发展股份有限公司询价所得基本一致。根据网络查到的信息，煎蛋网曾因为被视觉中国索赔高额图片赔偿，最终引发舆论关注，与视觉中国以 60~80 元/张的和解事件，也佐证非商业用途图片真实许可价格在 100 元/张左右。

因此，从这一点可以看出汉华易美涉嫌为了获取高额的索赔价格，甚至特意为诉讼“制造”证据。考虑到很多类似案件被诉侵权公司的使用场景往往是将系争图片作为微信公众号封面或配图、微博配图，并不涉及商业宣传，在这种情形下动辄一张图片三五千元的赔偿额委实让人心惊。这一点也是自媒体所说的“天下苦视觉中国久矣”的另一个重要因素。

五、律师心得

眼下在中国，维权诉讼大部分情况下都是“十赔九不足”的，靠打官司赚钱发财几乎是痴心妄想，但是凡事都有例外，有两种诉讼都是公认以赚钱为目的的商业性诉讼，眼下正风生水起，盈利可观。一种是所谓“职业打假人”对于消费欺诈“退一赔三”和食品药品不符合标准“退一赔十”的惩罚性赔偿索赔诉讼；另一种则是以境外图片公司在中国将几份公证书外包给中国律师事务所，由律师“垫资施工”，企业坐收红利的图片版权诉讼。

在中国社会中一向不关心法律风险的企业群体，作为这两种诉讼的被告和潜在被告都已经尝到诉讼的烦恼，避之唯恐不及。商业界控诉屡屡被打假人滥诉，无异于敲诈勒索；执法部门声讨以过多精力处理投诉调解索赔，是“种了别人的地，荒了自家（监管主业的）田”。最高人民法院已经于答复全国人大的函件中表达了清晰的态度，除了事关“食品药品安全”不能放松、食药领域惩罚性索赔司法解释保持不变外，其他以营利为目的的索赔诉讼不予支持。拟议中的《消费者权益保护法实施条例》第2条也提出，以营利为目的的购买商品和服务行为不是消费者权益保护法保护的消费者行为。这个立法一旦通过，从《消费者权益保护法》通过以来确立的欺诈“退一赔一（修法后现在是三）”惩罚性赔偿制度，食品安全法确立的“退一赔十”制度，在实践中演化出来的以打假索赔的“职业打假人”的生意经，可能要受到很大影响。虽然有的消费者保护法专家对于商业性诉讼打假的净化市场作用不乏肯定，也有人以李克强总理在第十三届全国人民代表大会第二次会议的政府工作报告中提出的加强知识产权保护，健全知识产权侵权惩罚性赔偿制度为依据予以反驳，但最近的《消费者权益保护法实施条例》立法动态和最高人民法院的表态，无疑对于商业诉讼的操盘手们并非佳音。

对于图片诉讼，读者也许认为就算一张图片被法院判决赔几千元，一共能有多少钱？不能跟动辄数十万元的打假诉讼相提并论。也许这些读者想不到的是，图片诉讼多是诉讼索赔几千元或者一两万元，因为一是威胁二也是控制成本。图片企业都是只给诉讼所需授权委托的公证书，律师事务所自己出钱公证侵权证据（现在有了时间戳等技术，公证费免了，固定证据成本也大幅度减少），出诉讼费，获得赔偿后扣除成本再按比例分账。图片案件诉讼本身标的不大，分不到多少钱，更主要的靠拿到判决后让企业照着判决书数他们公证书里的微博、微信、网站网页里面被用过的所有图片，按照图片数量谈判、确定和解金额。企业既然败诉当然也只能赔钱了事，金额从几万元、十几万元到几十万元不等。再加上一些接到律师函就认栽赔钱的，总的赔偿金额大概也不是小数目。其中许多企业怕败诉不光彩，还要签合同购买之后使用的授权。这种以诉讼小额赔偿，到谈判较大金额和解，再到购买后续使用的授权，金额都是由小变大，而且是可持续的稳定财源，到期企业不续签他们马上又做公证来告企业。从笔者了解的情况来看，涉及金额最大的案例是：原告的律师公证了某大集团企业旗下所有网站、官方微博、微信公众号所发所有文章的图片，共5000多张，一次向企业按照法院每张1000元的判决标准索赔500万元！一个日本摄影师发表的有22张照片的微信公众号文章，按照现在法院每张图片判决1000元的标准，理论上那些轻松“一键转载”的企业因转发可能要赔偿22 000元！这还不包括律师费！

在“黑洞事件”爆发之前，与“职业打假人”由于动辄几十万元索赔引起商业企业众怒和执法部门群情激愤相比，图片诉讼可以称得上优雅的完胜。与“职业打假人”如过街老鼠一般被到处声讨不同，公开渠道几乎看不到图片诉讼的负面新闻，倒是摄影家协会呼吁加强保护图片版权的声音时常见诸报端。如果摄影师个人去法院起诉，法院会要求提供底片或者电子文档能证明享有著作权的证据。可是外国图片企业在中国起诉，却只提交一份公证书，内容是公司某高管声明对某网站展示的所有图片享有某某权利，云云。过去十余年间，全国数百家法院都审理过图片案件，只有个别法院不予支持，最后闹到最高人民法院，还是以图片有公司的水印，就直接认定涉案企业享有版权。我们也曾在诉讼中提出质疑，但某法院不采信，给出的理由是该网站图片海量，要求其逐一举证过于苛刻。一个普通中国摄影师起诉要拿出证据证明自己有著作权，一个海量图片网站就可以凭高管声明认定其享有著作权。如果法院对于个人摄影师以这种理由支持原告，笔者毫无意见，但对于图片诉讼来说，既然是生意，那么就像制造业要对产品质量负责一样，商业性诉讼就要按照法律标准去进行举证，接受被告的质疑和法院的审查。法院把对原告的同情用在商业诉讼的企业身上，似乎并没什么必要，也难言有多少合理性。

从这些图片公司的举证来看，自己也说了图片源于五六家不同的企业，至于这些企业之间如何授权，这些授权是否包括系争案件的图片，授权是否在许可期限内，授权的区域是否包括中华人民共和国，这些统统没有说明。在影视作品的著作权诉讼中，任何一家法院都会十分娴熟地审查从共同著作权人的复杂署名情况到授权链条是否完整等一系列问题。所以，说到底还是观念问题，觉得图片案件不过是小事，判决支持原告天然具有正义性。某法院庭审过程中，当法院例行公事问笔者要不要质证验证时，笔者曾回答“是”，结果原告、法官都吃了一惊，说法院没有设备没有条件，原告律师也根本没有提前准备。那次庭审由同一个律师代表原告，而至少有三个案件的被告坐在一起并案审理。检索一下这个法院受理的图片案件也不少，大部分都是撤诉裁定。这么多被告都没人较真，所以无论原告和法院都适应了被告“没有异议”。碰到笔者这个“不识抬举较真”的家伙，反而过场走不下去，只好让笔者庭后回去自己看，然后提交书面质证意见。

由此笔者想到，由于绝大多数案件都没有很认真、有力的抗辩，最高人民法院以水印即认定图片享有版权，这是因为民事诉讼是不告不理，再审程序中最高人民法院只审查申请再审人和被申请人的诉辩意见。如果没有详细提到如何确定、证明图片版权，如何证明版权流转等这些专业问题，最高人民法院按照规则也不能主动审查，更不会通过文书予以评价和判断。因而，即使今后有基层法院根据不同被告的抗辩意见形成不同判决，笔者认为也不能认定是与最高人民法院以前的判决意见相左。

本文截稿时，最高人民法院关于之前再审文书的最新表态已经发生变化，南京市中级人民法院已经开始出现改判驳回案例，下一步请拭目以待。我们将在具体案件中，继续为企业维护合法权益，尊重版权，但不能不回归法治和专业本身。

电影衍生品产业的知识产权保护

■ 王 凯 张 涵

摘要：本文从“电影衍生品”的定义出发，以电影衍生品产业为探讨对象，通过对中国电影衍生品产业发展现状的分析，结合个案研究，总结归纳当今中国电影衍生品侵犯知识产权的常见情形与原因，并对加强电影衍生品的知识产权保护提出建议。

关键词：电影衍生品；著作权；商品化权；侵权

随着国产电影市场的高速发展，电影产业已成为我国文化发展的先导产业。电影衍生品产业作为电影产业链的重要一环，却存在发展滞后、盗版泛滥等乱象。电影衍生品产业的市场发展潜力巨大，也意味着对于电影作品拥有商品化权的权利人的保护，已经刻不容缓。

一、电影衍生品概论

1. 电影衍生品概念

电影衍生品（film derives from tasting monopoly of sale）这一概念源于美国，是指以电影为基础衍生出来的各种产品，主要是借助电影及其相关元素（包括但不限于人物形象、音乐、道具、场景等）经过商品化运作并获取利润的产品。电影衍生品的定义有广义和狭义的区分，其中广义的电影衍生品包括除银幕放映外一切增加电影产业下游产值的产品，而狭义的电影衍生品不包括对原有电影作品的改编演绎形成的新的作品，比如使用电影作品里的人物形象设计出的网络游戏，因具有商品和作品的双重属性，并不属于狭义的电影衍生品。

近年来电影产业持续高速发展，电影衍生品的种类也日趋多样化，形成包括影音制品、书籍、海报、玩具、网络游戏、纪念礼品乃至主题公园等多种类型在内的完整体系。

2. 电影作品与电影衍生品

根据国家新闻出版广电总局官方网站数据显示，2017 年全国电影总票房为 559.11 亿元，同比增长 13.45%；国产电影票房 301.04 亿元，占票房总额的 53.84%；票房过亿元影片 92 部，其中国产电影 51 部；城市院线观影人次 16.2 亿，同比增长 18.08%。[1] 2018 年春节（大年初一至初六，2 月 16~21 日）全国电影票房春节档再创新高，为 56.94 亿元，观影人次为 1.43 亿，与 2017 年同期相比分别增长 68.25% 和 60.13%。其中，国产影片市场占比为 99.93%。大年初一（2 月 16 日）全国电影票房为 12.69 亿元，观影人次为 3238 万，创造了新的单日电影市场纪录。[2] “看电影”已经成为中国大众日常娱乐生活的重要组成部分，而电影产业作为新兴的文化创意产业，也已经逐渐走入人们的视野，现已成为我国文化发展的先导产业。与我国电影产业高速扩张发展相对应的是，以电影为基础诞生的电影衍生品，作为电影产业链中不可或缺的一个重要组成部分，同时也是满足大众文化物质消费需求的载体，其价值及作用仍未完全发挥。

3. 电影衍生品的分类

对于电影衍生品的分类方法，业界至今仍存在争议。有学者认为，电影衍生品可以按照其载体形式分为有形衍生品和无形衍生品：有形衍生品是指以电影元素为基础生产的实物产品，包括服饰、影音制品、书籍、海报、玩具等，无形衍生品则是电影中的植入广告、赞助等；有学者认为，

---

[1] 2017 年中国电影票房 559 亿元 同比增长 13% ［R/OL］.［2019-09-21］. http：//www.sapprft.gov.cn/sapprft/govpublic/6951/356916.shtml.

[2] 2018 年春节档电影票房创新高 ［R/OL］.［2019-09-21］. http：//www.sapprft.gov.cn/sapprft/govpublic/6951/359535.shtml.

电影衍生品可以按照产品开发阶段不同分为前衍生品和后衍生品：前衍生品指电影在创作过程中就已经形成创意并产生实际产品的衍生品，如贴片广告或植入广告，而后衍生品则是指在电影拍摄完成后为宣传等目的而出版的影音制品或投资建立的主题乐园等；也有学者认为可以将其按照产生的原因及消费者的消费目的划分为利用电影相关元素的符号及象征价值产生的服装、视频、文体用品、玩具等衍生品，满足消费者深层次了解电影作品的诉求而产生的影音制品、出版物、衍生剧等衍生品，迎合大众想要体验电影剧情的需求而产生的电影拍摄地或建造的电影主题乐园旅游等衍生品、以电影为基础创作的网络游戏等衍生品。

4. 电影衍生品的特征

（1）附属性。电影衍生品与其他普通商品最大的区别是其一切价值均衍生自电影作品，电影作品里的人物形象、音乐、道具、场景等，赋予电影衍生品普通商品所没有的附加价值，该附加价值就是知识产权的价值，因此也意味着电影衍生品可能作为电影作品的附属产品受到知识产权保护。

（2）互补性。电影作品的受众与电影衍生品的消费者在范围上具有一定的重合度，一部优秀的电影在取得良好的观众反馈后，必将带动其广泛的受众成为电影衍生品的消费者，推动其受众对电影衍生品的购买和收藏，使相应的衍生品利用电影作品的知名度、影响力，在销售时节省大笔的宣传和推介费用。电影衍生品也正是借助其与电影作品的互补性，达到与电影作品的优势互补、资源互补，从而降低市场风险，推动电影市场和衍生品市场的共同进步。

（3）商品化。电影衍生品虽价值衍生于电影作品，但相较于电影作品来说，艺术性和文学性较弱。电影衍生品是将凝结于电影作品里的知识产权进行商品化的结果，其本质为电影盈利链上的一类重要商品。

（4）同步性。电影衍生品的受关注程度及销售潜力是与电影作品的发行周期同步的，因电影衍生品需要配合电影作品的宣发进行商业化运作，电影作品对于电影衍生品销售的带动作用也是非常显著的。电影衍生品的同步性是其非常重要的特征之一。

二、国内外电影衍生品发展现状

在电影业发达的国家和地区，电影衍生品市场已经趋于成熟。但在国内，电影衍生品的概念在近十年才走入人们的视野。相比国外，国内电影衍生品的开发进程还处在起步阶段，衍生品市场还不规范，存在巨大的开发潜力。

好莱坞在开发电影衍生品方面拥有丰富的经验。很多电影作品在开始拍摄之前，就已经做好了衍生品的发行与销售规划，以确保电影衍生品能够在电影作品上映之前发布，更好地发挥电影衍生品同步化、互补性的优势。据了解，在美国，电影衍生品作为电影产业整个盈利链上的尾部环节，其利润能占据整个电影产业总利润的七成以上，远远高于电影票房的利润占比。比如三部《星球大战》的票房收入为 18 亿美元，而其电影衍生品收入则高达 40 多亿美元。[1] 然而在国内，电影盈利链上 90% 以上的收入源于电影票房，而且好莱坞影片的电影衍生品在国内电影衍生品市场仍旧占据较大份额。据咨询公司中投顾问发布的数据，国内电影中动画形象授权市场中超过八成被国外电影的动画形象占据，国产电影中的动画形象的市场占有率甚至不足两成。相对应的是，漫威近年来发行的一系列超级英雄电影，不仅在电影票房方面相较其他影片具有极强的竞争力，其衍生品在全世界各地影迷之中的受欢迎程度，也让其他电影作品及创作人难以望其项背。2019 年 4 月 24 日在中国大陆首映的《复仇者联盟 4：终局之战》就是一个很好的例子，在该影片上映前，漫威就与优衣库、GU、ONLY 等服饰品牌推出了漫威系列服装，与 ANTA 推出了联名款球鞋，与 SEPHORA 推出了联名彩妆等系列产品。上述系列电影衍生品一经上市，就被消费者抢购一空。

电影从来都不是唯票房论英雄的，而是要依靠一条完整成熟的电影产业链和科学的运作机制，从而形成电影产业的多元化发展。然而目前国内

---

[1] 李锋．中国影视衍生品的发展研究［J］．齐鲁艺苑，2014（2）：100.

的电影衍生品市场充斥着为配合电影上映而生产的小型纪念品，并没有像美国好莱坞、迪士尼等形成包括影音制品、书籍、海报、玩具、网络游戏、纪念礼品乃至主题公园等多种类型在内的完整体系。国内电影衍生品发展，还有很长的路要走。

三、电影衍生品常见侵权情形

电影产业作为新兴的文化创意产业，最核心的价值就在于其以知识产权为核心的无形资产。因此，要想发展电影产业，首要工作就是做好对知识产权资产的开发、维护、管理和利用。电影衍生品作为整个产业链中的重要一环，相关的侵权行为也屡屡发生，下面笔者对电影衍生品常见的侵权情形进行归纳梳理。

1. 抢注商标

随着“IP 热”的发展，电影作品作为“IP”被人抢注商标的例子屡见不鲜。《煎饼侠》电影大火之后，“煎饼侠”的商标被注册在了食品、酒店管理、汽车服务、快递服务、信息网络服务等各个领域，漫威旗下的“钢铁侠”超级英雄人物形象也被注册在家具类别，更不要说《我不是药神》里的“假药”“格列宁”元素，竟然也被抢注商标。商标被抢注之后，因其会利用电影作品本身的商业价值，所以势必会对后期相关电影衍生品的开发、生产、销售等产业造成影响。因为电影作品的名称或元素是电影作品的组成部分，并不构成独立的作品，因此，抢注商标的行为很难受到《中华人民共和国著作权法》（以下简称“《著作权法》”）的具体条文的侵权认定，电影作品及电影衍生品的相关权利人的知识产权也很难得到保护。例如，在“功夫熊猫 KUNGFUPANDA”商标争议案中，梦工场公司主张，“功夫熊猫 KUNGFUPANDA”是其制作的知名电影，其对该名称享有商标权，且对相关美术作品享有著作权；“功夫熊猫 KUNGFUPANDA”享有的高知名度是梦工场公司通过长期高额投入与宣传取得的，梦工场公司对其享有在先商品化权；被异议商标与引证商标构成使用在类似商品及服务上的近似商标，被异议商标的注册和使用会引起相关公众的混淆和误认，引发不良影响。北京市高级人民法院经审理认为，梦工厂公司在中国已开发的“功夫熊猫 KUNGFUPANDA”电影衍生品包括服装、日用品、钥匙链、小饰品、礼品、装饰物等。被异议商标指定使用的上述商品与梦工场公司的电影衍生品如服装、日用品、钥匙链、小饰品、礼品、装饰物等，在功能用途、销售渠道、消费对象等方面存在一定的重合或交叉，被异议商标的注册，易使消费者误认为其系来源于梦工场公司，或者同梦工场公司具有某种程度的关联性，从而不正当地利用了“功夫熊猫 KUNGFUPANDA”电影的知名度及影响力，挤占了原属于梦工场公司的在上述商品上的商业机会，损害了梦工场公司的利益。因此，被异议商标的申请注册不当地利用了“功夫熊猫 KUNGFUPANDA”知名电影名称中所凝聚的商业信誉和由此带来的商业价值和交易机会，并最终认定被异议商标侵害了梦工场公司对“功夫熊猫 KUNGFUPANDA”知名电影名称所享有的合法的民事权益，构成 2001 年《商标法》所指的“损害他人现有的在先权利”的情形。[1]

2. 剧照、海报及截图的使用

剧照是指除电影作品摄制之外，通过对演员外形、服饰、道具的规划和改动，根据电影作品的背景设定和情节需要所拍摄的表现影片情节或人物形象的摄影作品。海报主要是通过对剧照、画图、形状、颜色、文字等元素进行创意性地有机结合，形成享有审美意义的平面造型艺术，属于《著作权法》所规定的美术作品。由上可知，剧照、海报是独立于电影作品之外的独立作品，其著作权由该独立作品的作者享有。截图相对于剧照、海报来说有其特殊性。电影作品作为一种前后连贯的视听作品，其主要内容为有背景音乐或无背景音乐的连续动态画面，该连续的动态画面是由一帧帧的静态画面所组成的，从本质上来说，截图就是从电影作品的连

[1] 声之宝国际有限公司、中华人民共和国国家工商行政管理总局商标评审委员会与梦工场动画影片公司二审行政判决书［Z/OL］.［2019-09-21］. http://wenshu.court.gov.cn/content/content?DocID=5891eed1-a590-4e8d-827b-a8580010df90.

续动态画面中截取出来的一帧帧静态画面。因此，截图本身并不构成独立的作品，而仅仅是电影作品的一部分。故截图的著作权归属于电影作品的著作权人。电影作品及其截图、剧照、海报等均属于著作权法保护的作品，《著作权法》第47条规定，未经著作权人许可，复制、发行、表演、放映、广播、汇编、通过信息网络向公众传播其作品的构成侵权行为，应当根据情况承担停止侵害、消除影响、赔礼道歉、赔偿损失等民事责任。因此，基于《著作权法》规定，当行为人实施上述侵权行为时，著作权人有权以侵犯著作权为由，要求侵权方承担著作权侵权的法律责任。在新丽公司诉天猫及平台商户著作权侵权纠纷一案中，新丽公司是《虎妈猫爸》的出品人及该影视剧、剧照、相关海报的著作权人，天猫网站上的部分卖家以“虎妈猫爸同款”为标题销售连衣裙等服饰，而且在商品详情中使用了涉案影视剧的截图、剧照或者海报对其销售的服饰进行宣传。故新丽公司诉至法院，要求卖家停止侵权并赔偿其损失。杭州市中级人民法院经审理认为，新丽公司对影视剧截图、剧照或海报均享有著作权，为商业目的，未经新丽公司许可使用上述作品的行为均构成侵权，应承担停止侵权并赔偿损失的民事责任。[1]

3. 未经授权使用人物形象

电影产业的繁荣发展推动了电影衍生品产业链的崛起与完善。2016年7月8日上映的小成本动画电影《大鱼海棠》，依靠与阿里巴巴集团的独家IP合作，通过卖家衍生品授权开发、众筹、线下画展等方式开发了涉及12个种类23个品牌共计42件衍生品，在7月22日就已经取得5000万元电影衍生品销售额的好成绩。但这样的正面案例并不常见。因为当前国内电影市场版权意识淡薄，某些电影作品在获得票房和口碑的双丰收之后，伴随出现的就是部分商家对电影人物形象进行“借鉴”而生产的无

[1] 新丽电视文化投资有限公司与浙江天猫网络有限公司、东莞市古菲莎服饰有限公司著作权权属、侵权纠纷二审民事判决书［Z/OL］.［2019-09-21］. http://wenshu.court.gov.cn/content/content? DocID=46c72a2b-68d6-45f2-a697-88bfd1906d4d.

著作权人授权的电影衍生品。影片里的各种人物或卡通形象被制作成各种商品，比如《小猪佩奇过大年》里的“小猪佩奇”鼓风机，《捉妖记》里的“胡巴”玩偶，《鬼吹灯》里的“摸金符”等。这些任意假冒、仿造的电影衍生品严重侵犯了电影作品著作权人的有关权利，如果权利人事先注册了商标，在被侵权时，则可以按照本节第一部分“抢注商标”的相关内容，主张侵权人侵犯了其商标权。如果权利人未对其电影作品的人物或卡通形象进行商标注册，则只能从著作权侵权的角度主张权利。这种侵权现象无疑是对正繁荣的电影市场的一个沉重打击。

4. 利用电影作品的影响力

电影衍生品区别于普通商品的附加价值正是源于其所附属的电影作品的知识产权，因此很多受欢迎的电影作品会出现侵权人在未经著作权人允许的前提下，利用电影作品的影响力发行电影衍生品的侵权行为。该种侵权情形主要表现为未经著作权人授权擅自将电影作品改编为网络游戏或者出版物。在电影产业发展迅速的当今社会，越来越多的游戏、小说和电影都进行了互相改编创作，也就是我们常说的“大 IP 效应”。在美国，根据《詹姆斯邦德 007》《蜘蛛侠》《X 战警》等热门电影改编的游戏均已经取得巨大的成功，受到众多电影爱好者的欢迎和追捧。但电影市场上仍旧存在各类游戏公司未经授权就将电影改编成游戏的情况，如华谊兄弟诉广州千骐动漫有限公司著作权侵权纠纷一案。华谊兄弟系电影作品《风声》的著作权人，依法对该电影的电影剧照、人物形象、服装造型、剧情，以及该电影名称的字体设计等享有著作权。电影《风声》在市场上具有非常高的知名度，为社会公众所熟知，而“风声”为该知名电影的特有名称。行为人与华谊兄弟同属娱乐文化行业，其在未经华谊兄弟授权的情况下，以电影《风声》为背景设计了同名桌游“风声”。北京市东城区人民法院经审理后认定，行为人明显是利用华谊兄弟及其电影作品《风声》在社会公众中的知名度，对其经营的游戏“风声”进行宣传，并获得相关利益，且该行为能够足以导致相关社会公众误认游戏“风声”与电影《风声》有关联。行为人的行为构成不正当竞争，应承担相应的侵权责任。[1]

四、当今中国电影衍生品知识产权保护缺陷及不足

1. 授权机制不完善

因为电影衍生品具有附属性和衍生性，如果相关商家要运用电影中的相关元素生产和销售电影衍生品，应当事先取得电影作品权相关知识产权人的许可，并与权利人签订相关的授权协议，向权利人支付一定的使用费或版权费。未经许可即开发制作电影衍生品的行为，可能构成侵权。当好莱坞、迪士尼等“知识产权大户”利用联名款或授权发售等手段，在相关电影衍生品开发领域赚得盆满钵满时，国内电影作品相关的衍生品授权却寥寥无几。深究其因素，授权机制的不健全是其中的一个重要原因。一方面，电影作品的相关权利人没有渠道对接满意的衍生品生产商；另一方面，因为电影作品的著作权分为著作人身权和著作财产权，随着电影产业的繁荣，越来越多的著作财产权已和著作人身权分离；除此之外，电影发行方之间也会对电影作品的著作权归属进行相关的约定。电影作品著作权主体的复杂性和多样化，决定了电影衍生品生产商无法及时获知电影作品著作权归属的准确信息，这无疑给电影衍生品授权机制的建立带来了很大困难。例如，由 IP 改编的电影作品，IP 本身的著作权人将著作财产权剥离出来转让给电影发行方，自己保留著作人身权，那么在开发电影衍生品的过程中，双方极有可能在电影中相关元素所衍生产生的权益归属上出现矛盾和冲突；如果电影衍生品对电影中的情节进行了改编，而此种改编对电影中的人物形象及立意主旨等产生不良影响的话，那么此种行为势必也将构成对著作权人著作人身权的侵犯。

2. 盗版产品泛滥

近几年，很多国内盗版厂商借助电影作品在院线上映的有利时机，以

---

[1] 华谊兄弟传媒股份有限公司、上海电影（集团）有限公司与北京市新华书店王府井书店、广州千骐动漫有限公司著作权权属、侵权纠纷一审民事判决书［Z/OL］.［2019-09-21］. http://ipr.court.gov.cn/bj/zzqhljq/201312/t20131203_177503.html.

电影作品的人物、卡通形象、道具等元素为基础，未经相关权利人授权，批量生产盗版的电影衍生品，并通过电商平台进行销售，已形成分工明确、高度配合的盗版衍生品产业链。这对于刚刚起步的国内电影衍生品产业来说不啻一个沉重的打击。横行的盗版衍生品使衍生品产业陷入困境，蚕食了正版电影衍生品的销售市场，并将进一步造成电影产业盈利链的断裂。

3. 维权制度缺失

我国文化产业领域的第一部法律《中华人民共和国电影产业促进法》自 2017 年 3 月 1 日开始施行，其中第 7 条明确规定，与电影有关的知识产权受法律保护，任何组织和个人不得侵犯；国家鼓励公民、法人和其他组织依法开发电影形象产品等衍生产品。尽管该部法律已经明确电影衍生品的相关知识产权不容侵犯，但中国当前以《著作权法》为核心的保护电影知识产权的法律体系，并未提及关于电影衍生品的相关权利，未将商品化权作为独立的无形财产权进行保护。现存的一些行政法规及规章虽然可以在一定程度上规范电影产业的市场及秩序，但因其位阶较低且缺乏配合的司法程序保障，而导致人物形象、场景、道具等元素被商业化后无法适用具体的法律条文对其权利人进行保障。因电影衍生品衍生自电影作品里的细节、片段和某些元素，不能直接适用电影作品本身的著作权，这种衍生、利用行为是否构成对著作权人的侵权，要依据该被利用的元素或片段本身是否具有独创性来判断。如果该元素或片段不具有独创性，那么行为人的行为可能无法得到《著作权法》中侵权条款的肯定适用。同样的，并不是所有对电影作品元素的商业化使用均构成侵权。如果行为人的行为符合对电影作品元素合理使用的情形，那么该行为也不构成侵权。如乐视花儿公司诉豆瓣网侵害作品信息网络传播权纠纷一案中，北京市朝阳区人民法院经审理后认定，《著作权法》第 22 条规定了 12 种合理使用的情形，《著作权法实施条例》第 21 条规定了合理使用的构成条件，合理使用制度作为对著作权专有权利的限制，其立法本意在于平衡保护著作权人合法权益与鼓励、促进作品的创作和传播的关系。但由于互联网新兴技术的发展，该12种情形无法完全满足现实需求。因此，在遵循《著作权法实施条例》第21条规定的合理使用要件的基础上，适用合理使用制度衡量某一行为是否属于合理使用，是合乎《著作权法》立法原意与合理使用制度设计初衷的。因此，豆瓣网用户上传电影截图、海报属于使用他人已经发表的作品，未影响该作品的正常使用，也未不合理损害著作权人合法权益，这种使用可以构成合理使用。[1]

五、完善电影衍生品知识产权保护的建议

1. 完善知识产权授权制度

在好莱坞，电影衍生品的知识产权授权主要分为两种模式：一是版权购买，二是销售分账。版权购买是指电影衍生品生产商按照固定金额的授权费用一次性给付权利人，从而买断衍生品的著作权；而销售分账则是指授权方提供给权利人一笔保证金，并约定后期按照衍生品的销售情况给予权利人账面金额一定比例的分成。我国要想建立起完善的电影衍生品产业链，就必须通过行业协会的推动及相关法律、法规、规章的制定，借鉴并创新好莱坞成熟的授权机制，鼓励电影衍生品生产商积极取得相关版权方的授权，支持电影作品的著作权人通过法律途径主张并维护自己的著作权。

2. 确立商品化权

知识产权学界一致认可，对于电影及电影元素的保护，基本处于著作权法保护的范畴。但我国目前《著作权法》内并没有明确商品化权的定义，只是将其作为法理上所探讨的学术概念。现行《著作权法》在保护电影相关元素及其衍生品上具有相当大的局限性。现存的知识产权法律体系下所受保护的著作权、商标权、专利权等涉及电影作品的不同元素，其认定标准、侵权要件均具有较大差异，而尚未写入法律的“商品化权”

---

[1] 东阳市乐视花儿影视文化有限公司与北京豆网科技有限公司侵害作品信息网络传播权纠纷一审民事判决书［Z/OL］.［2019－09－21］. http：//wenshu. court. gov. cn/content/content?DocID＝cd0c8f60－3479－459b－b42b－a85700d8ba32.

常常处于法律保护边缘的灰色地带，被侵权的权利人常常因为无法可依而使自身权利得不到有效救济。因此笔者建议，商品化权应该在著作权法内得到确认，应明确其权利的主体、客体、内容等要件，并且将其保护的对象从单纯的人物或卡通形象扩大到包括电影名称、角色姓名、声音、动作在内的全部可商品化的电影元素，从而使后续对商品化权的权利保护具有实操性。

3. 完善知识产权保护法律法规，打击盗版

电影衍生品运营的关键在于对电影行业版权的保护，相关法律法规的完善也对电影衍生品的发展具有决定性的导向作用。尽管我国关于电影的法律法规有《电影管理条例》《音像制品管理条例》《著作权法》《著作权法实施条例》等，但我国相关知识产权法律体系仍不健全，对于侵权及盗版行为，相关部门执法力度仍有欠缺，从而导致现在的电影衍生品市场盗版横行，专利法、商标法、著作权法等相关法律存在感较弱，影响了各类衍生品的开发生产及销售运营。如果电影版权得不到保护，那么相关权利人就无法从电影衍生品上投资获利，电影衍生品行业的业态发展就始终只能存在于电影人构建的美梦中。要想推进电影衍生品产业的发展，首要任务就是要完善知识产权保护的相关法律、法规、规章，严厉打击盗版产品，督促电影行业协会建立完善的行业自律准则，在行政执法和司法裁判中加强对盗版的惩罚力度，规范市场秩序。

六、结　　语

知识产权保护需要依靠立法机关、行政机关、司法机关、行业、各大企业五大类主体合作推进，从立法、司法、执法、守法四个层面，加强对电影衍生品的知识产权保护的制度建设，加强电影产业各企业及从业人员的知识产权保护意识。推进电影衍生品产业的知识产权保护，必将更大限度地发挥电影衍生品产业的后发优势，拓展电影行业的产业链，缩小我国电影产业与美国等国家的差距，使电影衍生品产业成为中国新兴文化产业发展的新支柱。

确认不侵害著作权纠纷案件
——以电商平台中出现的恶意维权为例

■ 瞿东亮

摘要：近年来，网络市场上的盗版书籍可谓比比皆是，严重侵犯著作权人的权利。出版社作为享有出版发行著作权的权利人亦有损失，因此出版商纷纷发起维权活动。但是，在维权的过程中，也经常出现一些滥用权利的情况——仅以价格因素判定书籍是否盗版，对合法销售书籍的商户进行投诉，甚至出现连续多家投诉，致使商户最终闭店的情形。本文以实际案例为出发点，详细解析电商平台中出现的恶意维权，建议出版商应考虑实际情况进行维权，不能仅以价格因素判定书籍是否盗版，也建议商户面临侵权警告时，采取积极的方法应对投诉。

关键词：权利滥用；不侵害著作权；不侵权抗辩

随着电子商务的崛起，网络购物已经成为最便捷的消费方式之一，特别是淘宝网、当当网、京东商城、苏宁易购等电商平台的出现，从事图书销售的实体书店受到巨大冲击，纷纷从线下转战线上。由于电商经营者素质的良莠不齐，网络市场上出现大量盗版书籍，出版社作为享有出版发行著作权的权利人，纷纷发起大量的维权活动。在维权过程中，对一些盗版书的商家给予了严厉的打击。这不仅净化了市场环境，也为消费者购买正版书籍带来了便利。不过在现实维权的过程中，也会出现一些权利滥用的情况，伤及一些无辜的商家。由于判定盗版的方式过于简单，确实会存在一些商家的合法书籍被误认为盗版。本文将以出版商在维权中出现的权利滥用情况为例，讨论被投诉商家采取的抗辩方式之一，即以确认不侵害著作权诉讼作为出发点所采取的积极应对方法。

一、著作权维权中出现的权利滥用时有发生，不侵权抗辩应运而生

出版社作为享有出版发行著作权的权利人，对盗版书籍的判断标准多是依据价格，依据真假比对情况判断的极少。而单纯以价格因素为标准来评定是否侵权，显然不科学，也无法查清相关销售的书籍是否为盗版图书。所以，存在部分商家被误打误伤的情况。有些被误打误伤的商家，由于存在经营管理不规范的情况，在面对出版商的投诉时并不能提供有效的采购凭证：部分销售书籍系在网上采购，一段时间以后不能再开具有效的采购凭证，仅有网上的采购订单截图。所以很多投诉都被认定成立，从而招致图书被下架等处罚措施。基于被警告侵权后，部分商家产生了合理的担忧，甚至店铺面临被处罚的风险。为了维护自己的合法权益，一些商家纷纷拿起法律的武器进行反击，提起确认不侵害著作权的诉讼，并要求赔偿损失。

2011 年 2 月 18 日最高人民法院发布的《民事案件案由规定》第 14 条列有“确认不侵害著作权纠纷”。而现行的《著作权法》及相关的司法解释中均没有明确的规定。司法实践中确认不侵害著作权的案件也较为少见，特别是确认不侵害著作权中的专有出版权更是少有。这也给此类案件的处理带来了较大的操作难点。

二、确认不侵害著作权案件，需要对权利基础进行审核

在电商平台上，大量的权利人维权时，需要提供有效的权属文件，而对于涉及书籍出版发行的维权，往往没有著作权登记证书，权属的清晰度不够。这与商标权、专利权能够出具权利证书的维权方式不同，这些权利证书文件记载较为明确，权属关系较为具体。

我国著作权法对于著作权的登记为自愿登记，且《著作权法》第 11 条第 4 款规定，如无相反证明，在作品上署名的公民、法人或者其他组织为作者。

基于以上，对涉案的著作权人是否享有著作权，以及享有何种著作权应当进行全面审查。如果经过审查所谓的著作权人，并不享有涉案的著作权，则从实体上也无权采取相关的著作权维权措施，即实体上不存在侵害其著作权的事实，也就无从对确认不侵害著作权进行认定。因此，在确认不侵害著作权纠纷案件中，尤其是专有出版权的权利，必须要具有著作权法意义上的相关著作权作为权利基础，才能提起确认不侵害著作权之诉。

三、案件法律上的分析

（一）法律规定

我国《著作权法》并没有关于确认不侵害著作权的直接规定，但是可以参照《最高人民法院关于审理侵犯专利权纠纷案件应用法律若干问题的解释》中关于确认不侵害专利权案件的规定进行处理。

2009年的《最高人民法院关于审理侵犯专利权纠纷案件应用法律若干问题的解释》第18条规定："权利人向他人发出侵权警告，被警告人或者利害关系人经书面催告权利人行使诉权，自权利人收到该书面催告之日起一个月内或者自书面催告发出之日起二个月内，权利人不撤回警告也不提起诉讼，被警告人或者利害关系人向人民法院提起请求确认其行为不侵害专利权诉讼的，人民法院应当受理。"

（二）程序性规定

以上法律规定应用在专利案件中，关于确认不侵害著作权纠纷案件是否也要遵循此规定没有先例。笔者认为无论何种类型的确认不侵害知识产权案件，均应参照此司法解释的程序性规定，对相关权利人进行催告，这也使得案件能够进入实体审理的关键部分。另外，结合现有的案件处理实践来看，类似的案件中，如"确认不侵害商标权纠纷""确认不侵害商业秘密"案件均参照上述司法解释进行处理，但也有少部分案件没有要求通知催告性的程序性要求。

笔者认为，此类少部分案件的参考性并不大，对于确认不侵害著作权的案件，权利人发出警告行为所针对的相关事实，正是权利人所要禁止的事实，而被警告人在提起确认不侵权诉讼时，也是针对同一事实，认为自己不存在侵权。所以，权利人的警告使得被警告人陷入不安，被警告人对自己的相关经营活动是否存在法律风险，产生合理担忧。对于合理担忧的消除，需要有合理的机制。实践中，往往存在权利人在发出警告后，怠于行使其权利，不提起相关侵权的诉讼，导致被警告人的合理担忧无法消除。对于被警告人合理担忧的消除，也应当给予期限上的限制，给予权利人合理的期限行使权利。对于权利人在合理期限内不行使权利时，被警告人还应当予以催告。基于确认不侵害专利权的案件中已经对于期限有规定，此类案件具有较强的相似性。笔者认为，在确认不侵害著作权的案件中，还是应该遵循如下程序：

（1）权利人向他人发出侵权警告；

（2）被警告人书面催告权利人行使诉权；

（3）权利人在收到该书面催告之日起 1 个月或者自书面催告发出之日起 2 个月不撤回警告也不提起诉讼；

（4）被警告人或者利害关系人方可向人民法院提起请求确认其行为不侵害著作权诉讼。

程序要件规定的侵权警告，其形式可以是书面的也可以是口头的；侵权警告的表现形式可以是律师函、声明、公告等。在实践中，还存在几种特殊的侵权警告形式，例如行政异议、诉前调解书、海关扣押通知等。有观点认为，判断是否构成警告的核心在于，其是否让被警告方或被诉方明确感受到侵权威胁或风险。权利人让对方感受到侵权威胁或风险的举动，均可视为侵权警告。[1]

程序要件中规定的书面催告，可视为确认不侵害著作权的前置程序，其意义是督促相关权利人行使诉权，但权利人收到该书面催告之日起 1 个月或者自书面催告发出之日起 2 个月的期限是否必须要遵守，笔者认为可根据个案情况而定。如果权利人被催告后依然怠于行使自己的权利，甚至

---

[1] 吴让军．浅议确认不侵权之诉的受理条件及诉讼请求［J］．中国知识产权，2013（9）．

变本加厉地继续扰乱被警告方的正常经营，尤其是在网络环境的大背景下，若在被警告方销售的店铺下有恶意的差评或者诋毁等行为，会给被警告方造成不良影响。此时，便不能再机械地适用期限的规定，应合理适用该司法解释，回归立法本意，平衡权利人和被警告方的权利。

（三）案件性质确定

1. 确认不侵害著作权之诉属于确认之诉还是侵权之诉

在再审申请人北京数字天堂信息科技有限公司与被申请人南京烽火星空通信发展有限公司确认不侵害著作权纠纷的管辖裁定异议案中，最高人民法院在（2011）民提字第48号民事裁定书认为：确认不侵权之诉是目前知识产权纠纷领域特有的民事诉讼制度，本质上属于侵权之诉。另外，在2004年11月24日的《加大知识产权司法保护力度，依法规范市场竞争秩序》工作会谈的讲话中，时任最高人民法院副院长曹建明法官提到，确认不侵权诉讼在性质上属于侵权类纠纷，但系独立的诉讼，不因对方当事人另行提起的侵权诉讼而被吸收。

2. 在提起确认不侵权之诉的同时能否要求对方承担因侵权警告造成的损失进行赔偿

从在先的民事裁定看，认为确认不侵权之诉应是侵权之诉，而侵权之诉原则上可以主张损害赔偿，但在实务中此种类型案件较少。多数法院认为确认不侵权的主要意义在于法律关系的确认，另外被警告方受到的损失往往在无形的商誉、潜在的商业利益等方面，而这些损失往往存在难以举证的情形，被警告方主张的损害赔偿也难以获得支持。笔者认为，确认不侵权之诉属于知识产权反向维权的一种，在本源上属于基本相同的法律关系，被警告方主张的损害赔偿，在举证明确的情况下，法院应当予以支持，包括被警告方提起确认不侵权之诉而支付的律师费、公证费等合理费用。

但对于确认不侵权之诉是否以实际损失为前提，目前尚无统一定论。有观点认为，确认不侵权之诉应以权利人的延迟行使诉权行为对被警告方造成权益损害为前提。也有观点认为，确认不侵权之诉只需要满足上述司法解释的要件即可，不以被警告方是否有实际损失为前提。但北京市高级人民法院认为，在确认不侵权纠纷诉讼中，虽然提起诉讼的原因可能是权利人发出的警告致使被警告方的商誉受到损害，或者潜在的商业利益受到损失，但是否存在真实的损失，不是提起确认不侵权纠纷诉讼的前提条件，只要满足侵犯专利权纠纷司法解释的相关规定，被警告方即可提起不侵权的诉讼请求。[1] 在该判决中，法院明确认为，被控侵权一方的权益受到损害不是提起确认不侵权纠纷诉讼的前提条件。

四、不侵害著作权抗辩的方法

（1）合法来源的抗辩。在不侵害著作权案件中，特别是涉及书籍出版案件中抗辩是否为盗版书籍时，应重点举证的方向是书籍的合法来源。对于整个书籍销售过程中的销售链条，提供全部书籍采购的合法票据、销售协议等文件，以证明相关书籍是通过合法且可信任的渠道取得，并非不合法的渠道。

（2）书籍为正版书籍的抗辩。由于在涉及书籍盗版的侵权案件中，书籍的出版商通常的评定标准为价格因素，只要低于一定折扣就会主张书籍为盗版。其实仅以价格因素来确定是否为盗版书籍，确实不具有科学性和合理性。但是笔者认为，价格因素是出版商重要的考量依据，反映出出版商的重要商业利益之所在。同一产品的价格多样，反映的是市场的正常竞争方式之一，而书籍的出版商，往往希望通过稳定的价格体系使得自己的商业利益获得更多的保障。因此，商家应详细地对自己产品的合法来源、价格因素及采购成本提供合理有效的证据。笔者认为，如果仅凭价格因素，平台管理方不应直接采信，应当多结合其他有效的方式来确定书籍是否为盗版。这能体现出平台管理方尊重市场充分竞争的客观现实。

（3）真假比对的抗辩。按照很多电商平台的内部规则，如果涉案书籍是经过真假比对的方式，而被认定为侵权，将会承担较重的处罚，甚至被处以关闭店铺。因此，在面对此类投诉时，需要更为慎重地采取抗辩措

---

[1] 北京市高级人民法院（2017）京民终 15 号民事判决书。

施。以往的案件中发生过用最近批次的封面与之前批次的封面比对，因为不同批次的书籍在封面、封底的设计上会存在一定的差异。而现实中，往往通过此种比对方式得出被投诉商家的书籍为“盗版”的结论。此种明显属于栽赃陷害的比对方式，往往给被投诉商家带来致命的伤害，即关闭店铺。因此在抗辩时，就需要仔细查阅作为比对参照物的书籍封面与店铺正在销售的书籍是否为同一批次。如果是不同批次则不具有可比性，不应当作为盗版的评判依据。

五、律师办案心得

首先，电商平台确实存在部分销售盗版书籍的侵权行为，作为著作权法规定的权利人享有法律赋予的权利，应当得到有效的保护。其次，即使是小型商家，销售的书籍也可以为正版书籍，且有合法的来源。最后，将价格比对作为认定侵权与否的所谓认定标准明显不科学，也不合理。笔者认为，知识产权法律体系更多的是为商业经营活动提供保护，也就是说在利益博弈的过程中各方当事人均是为了自己的商业利益，如果一方获得了商业利益，往往就会伤害到另一方的商业利益。

从知识产权的权利穷尽角度来看，出版商在将书籍销售出去以后，出版商的知识产权在该书籍上已经权利用尽，无论该书籍以怎样的价格和方式进行销售，相关的著作权权利人均不得就此再行主张权利。

特别是从反不正当竞争法的规定来看，损害其他经营者的合法权益就属于不正当竞争的行为。结合本类案件的情况，著作权权利人的权利应当予以保护，但是权利保护也应该秉持一个合理的范围，不能给其他经营者的合法经营造成阻碍。投诉维权本是善意之举，是维护自身合法权益的重要方式之一，但是，过度地维权、非善意地维权，是利用了自身作为权利人的优势地位，侵害了部分小型商家合法经营的权益。此类恶意维权已经违反了反不正当竞争法的相关规定。

因此，笔者认为，出版商在维权时，应当本着善意对侵权行为进行打击，对恶意侵权的更要加大惩罚。但是维权的方式更应当具有可操作性，更加精准地对侵权者进行打击，以防出现误伤，特别是伤害到小型商家的合法权益。

六、结　语

目前国内的确认不侵害著作权纠纷案件中，以专有出版权作为权利基础的案件并不多见。笔者代理过此类案件，也获得法院的支持。这不仅为这些商家维护自己的合法经营权提供了解决方案，同时也给过度维权，恶意打击小型商家的著作权权利人予以警示。在商业经营中不仅要充分尊重知识产权，也需要在公平的环境中有序竞争，更需要避免权利的滥用，这样才能给企业的健康发展打下坚实的基础。

涉外域名争议的法律应对
——跨国企业R公司域名纠纷案件解析

王啸波 叶丽文

摘要：“域名”，作为互联网上各计算机的地址，链接着网络用户和网站所有者，具有巨大的商业价值。“域名争议”，作为互联网时代新出现的法律纠纷形式，主要包括计算机网络权属纠纷和侵权纠纷。前者主要属于狭义的域名争议，是指“因互联网络域名的注册与其他人享有的在先民事权利，如商标权、商号权、名称权、其他民事权利等产生冲突，而引发的争议”。[1] 本文拟以一起某注册域名与跨国企业R公司享有的包括商标权在内的民事权利发生的冲突为例，深度解析涉外域名争议的法律应对。

关键词：涉外；跨国公司；域名；商标权

一、背景介绍

1. 委托人基本情况

委托人R公司是全球顶级计算机游戏高端设备生产商和销售商，也是全球玩家生活方式潮流品牌，设计并打造了全球最大的专为玩家提供硬件、软件和服务的一体化生态系统。R公司硬件产品屡获殊荣，软件平台拥有超过4000万用户，其服务体系包括虚拟信用积分服务。该服务成为全球最大的为玩家打造的虚拟信用服务之一。R公司在美国、欧洲和中国

[1] 上海市律师协会．律师提供域名争议仲裁法律服务业务操作指引［Z］．2010-01-09.

均被公认是领先的游戏玩家品牌，并已在香港联合交易所主板上市。争议域名“R”是其多年来拥有并在其产品上广泛使用的商标。

2. 争议域名原始注册/转让者基本情况

争议域名原始注册/转让者Z公司为一家主营农药生产和肥料生产的企业，通过注册商于1998年注册并使用了争议域名；2013年4月30日，将争议域名“R”转让给被投诉人后，Z公司注册并使用了“Z公司所在地区名+争议域名所涉商标”构成的域名，作为公司官方域名。

3. 争议被投诉人和争议域名网站基本情况

争议被投诉人L曾经是Z公司的IT管理人员，于2013年从Z公司获得争议域名后，将其应用于“S玻璃瓶爱好者”网站，一直持续拥有并连续使用该域名至被投诉前。

二、案件情况

1. 案件背景

关于域名争议纠纷，技术上，通常将域名分为顶级域名、二级域名和三级域名。顶级域名是指域名体系中根节点下的第一级域的名称，[1]种类通常分为类别顶级域名和地域顶级域名，前者包括“.com”“.net”“.org”等，后者主要以国家或地区的简称构成，包括“.hk”“.cn”等；本案涉及的正是具有巨大商业价值的顶级域名。

类别上，根据在先名民事权利的不同，域名争议主要包括域名与商标权的争议、与商号权的争议以及与其他民事权利的争议，其中又以域名与商标权、商号权的争议居多，前者主要表现为将与他人驰名商标相同或相类似的文字注册为域名，足以造成相关公众的误认，本案涉及的正是某顶级域名与商标的争议。

本案中，委托人R公司为在新加坡设立的有限公司，英文名称商号为R，但与该商号相同的顶级域名已被一中国自然人L注册持有。R公司拟购买或收回该顶级域名。但是，对于企业，若想用商标收回域名，难度

---

[1] 二级域名是在顶级域名左边的部分，三级域名是在二级域名左边的部分。

极其巨大，故委托人就此事拜访了段和段律师事务所高级合伙人王啸波律师。[1] 王啸波律师执业近 20 年，涉足国际投资、融资与资本市场、收购与兼并、公司法律、国际业务及争议解决领域，有中国境内外的诉讼及仲裁代理的丰富经验，曾多次代理外资企业和中国企业在中国法院、仲裁庭和国际诉讼、仲裁中胜诉。当事人寄希望于王啸波律师的专业服务，帮助公司解决争议。

（1）律师的初步调查。

为了确定争议域名的持有者，首先，王啸波律师根据争议域名注册商的 WHOIS 数据库信息记录，确定了争议域名的现持有人 L 的姓名、电话号码和电子邮件。其次，在律师的法律专业指导下，R 公司通过其授权代表根据前述电话号码与 L 取得联系，表示欲取得争议域名，并要求 L 提供其身份证和国际域名注册证书。最后，L 通过其律师电子邮箱，将身份证副本和国际域名注册证书副本提供给王啸波律师。

最终，经注册商验证，确认该身份证上的信息与争议域名注册人向注册商上传的身份信息一致，且该国际域名注册证书真实有效。

至此，律师根据该身份证和国际域名注册证书的信息，帮助委托人确认了 L 为争议域名的持有者以及其中文名、住址等信息，确定了对方的主体资格。

（2）律师的初步试探和应对。

本案中，在缜密的分析后，王啸波律师认为可以有两种途径解决争议：一是直接向解决域名争议的仲裁机构投诉；二是先与 L 磋商，看能否获得域名，此方案意欲“一箭双雕”。

---

[1] 王啸波律师，现任段和段律师事务所董事局执行主席，2016 年及 2017 年两度上榜《商法》杂志年度“法律精英 100 强”，2018 年成为 ALB China 客户首选律师的获奖律师。现为中华全国律师协会国际业务委员会委员、上海市法学会竞争法研究会理事，曾任上海市律师协会国际投资与反垄断业务研究委员会副主任。他曾被评为浦东新区十大杰出青年律师、浦东新区新长征突击手、全国涉外律师领军人才，并承担协调全国律协“一带一路”对外投资国别投资指南法律项目的任务，还持有独立董事资格且担任数家中国公司的独立董事，其中包括吉祥航空、沪江网等。

王啸波律师向委托人丝丝入扣分析利弊，第二种解决方法如果成功，对于委托人是最有效率、最经济的；但对方绝非等闲之辈，所以在磋商中，律师提出一定要同时收集证据，尤其是表明 L 有出售域名意图的证据。这样，即使磋商不成，R 公司也将获得 L“恶意”持有域名的关键证据，用于日后的仲裁。该策略一石二鸟、周全详尽。

一切按照王律师的计划有条不紊展开。在初步调查过程中，王啸波律师根据自己的专业经验，通过各种法律途径，与各方交涉，占据主动地位，并获得第一手宝贵的证据材料。

首先，基于友好协商的考虑，王啸波律师曾向注册商发送《律师函》，要求获取域名注册的历史情况及持有人 L 的相关信息，为后续磋商做准备，并向 L 发送《律师函》，告知其持有的域名与 R 公司合法持有的商标相同，足以造成公众的误认，现 R 公司欲取得域名，故征询其意见。

在与 L 磋商的同时，为了证明争议域名的网站情况，亦考虑到日后向域名争议解决中心提起投诉申请，王啸波律师建议委托人做网页截屏的证据保全，并获得委托人认可，接受其委托，在上海办理了证据保全的公证。

其次，王啸波律师在与 L 的磋商中，凭借多年的法律经验和谈判经验，识破了 L 恶意拖延磋商以抬价的意图，并合法合理地采集了证据。在日后投诉申请中，该证据强有力地证明了 L“恶意使用”争议域名的意图。

最后，王啸波在意识到 L 恶意抬价，基本不可能与其就争议域名的归属达成一致后，也为了防止在磋商中 L 将该域名恶意转卖第三人或者存在其他违反法律法规侵犯客户合法权益的行为，王啸波律师再次发送律师函至注册商，希望其协助暂时屏蔽该网站内容、冻结争议域名的转让，以防止侵权行为的扩大。当然，这也是整体策略的一部分。同时，王啸波律师纵观事态后，根据自己的职业判断，带领团队进一步完善投诉材料，根据《统一域名争议解决政策》（以下简称《政策》）及《统一域名争议解决政策之规则》（以下简称《规则》），着手向亚洲域名争议解决中心香港秘书处（HKIAC）提起顶级域名的投诉申请，请求将争议域名由 L 转移给 R 公司。

2. 案件难点和交锋点

随着知识产权在企业竞争战略中重要程度的不断提升，包括域名在内的商业标识日益成为重要的品牌资源。

域名争议仲裁程序，又称“行政程序”，是经互联网名称与数字地址分配机构（The Internet Corporation for Assigned Names and Numbers, ICANN）或中国互联网络信息中心（China Internet Network Information Center, CNNIC）等机构为解决通用顶级域名的争议而根据《政策》和《规则》等所采取的一种域名争议解决方式。

域名争议仲裁机构，系经 ICANN、CNNIC 等机构的授权为了解决各类域名争议而设立的机构。目前主要的域名争议仲裁机构有亚洲域名争议域名解决中心（ADNDRC）北京秘书处/香港秘书处/首尔秘书处/吉隆坡秘书处、[1] 中国国际经济贸易仲裁委员会域名争议解决中心暨网上争议解决中心（CIETAC）（以下简称“中国贸仲委”）、香港国际仲裁中心（HKIAC）、世界知识产权组织（WIPO）、欧盟域名争议机构、国际仲裁院（NAF）等。

前述仲裁机构，根据所获授权不同及所处地域不同，管辖的域名又各有不同。例如，亚洲域名争议域名解决中心处理的域名均为通用顶级域名，如“.com”“.net”“.org”等，中国贸仲委处理“.cn”、中文域名等，香港国际仲裁中心处理“.cn”“.pw”“.ph”域名之外，也是处理“.hk”域名的唯一解决机构。

王啸波律师抽丝剥茧，仔细研究案情，对难点和交锋点进行了仔细分析。

---

[1] ADNDRC 由香港国际仲裁中心（HKIAC）和中国国际经济贸易仲裁委员会（CIETAC）共同成立于 2002 年，HKIAC 和 CIETAC 营运 ADNDRC 的香港秘书处和北京秘书处；2006 年，韩国互联网地址争议解决委员会（KIDRC）加入 ADNDRC 并管理首尔秘书处；2009 年，ADNDRC 吉隆坡秘书处成立，由吉隆坡区际仲裁中心（KLRCA）管理。

（1）争议域名的注册早于R商标首次注册日。

作为争议域名的原始注册/转让者，Z公司成立于1991年，于1998年5月15日获得争议域名。

R公司于2003年12月在新加坡成立，2003～2005年，从一家美国公司处取得“R”商标专用权。该美国公司在1999年将“R”在美国注册为商标。同年，在中国申请了“R”商标，并于2001年5月获得注册，即在该美国公司在中国申请“R”商标之前，Z公司已经成功注册争议域名。之后几年（如2006年、2011年），R公司还向中国申请“R”注册商标并获得相应注册商标专用权。

对于自己持有的域名，Z公司认为域名的英语音似公司中文商号，且R商标的英文单词所包含的词义之一，适合Z公司的业务范围，即适合消灭害虫的农药领域。

针对争议域名的注册早于R商标首次注册日，Z公司进一步质疑委托人：R公司早在2003年就已成立，却在12年以后才想到要购买包含商号的顶级域名，R公司应该为自己的知识产权决策失误承担不利后果，不能强取豪夺Z公司和L合法拥有的域名。委托人面临困境。

（2）争议域名的合法权益。

基于前述第一点，Z公司和L坚决认定依据域名的“先注册原则”，Z公司是原始争议域名持有人，域名权合法并有效，绝对没有侵害R公司的注册商标专用权，也不会构成不正当竞争。

牵涉域名的权属纠纷，域名的合法权益自然是各方争夺中心，也是案件交锋点之一。据此，Z公司和L继续认为L享有域名的合法权益：既然原始注册人Z公司享有完全的域名权，那么作为合法受让人的被投诉人也应该完全享有争议域名的全部合法权益，且从争议域名的原始注册日1998年5月起，该域名从未失效过，一直处于合法有效有序状态。Z公司享有转让域名的权利，L依法享有受让域名的权利，合法民事权利应当受到法律保护。故L不存在所谓的恶意抢注行为，其通过转让获得争议域名，是基于合法的民事受让行为，自然承接了Z公司的全部合法权益。

换言之，R 公司以前不能对抗 Z 公司，现在也不能对抗 L，即 R 公司相对于 L，依然不享有在先民事权利。

在声称自己拥有争议域名合法权益后，对方进一步强调，自己作为域名所有人有决定权，决定域名应用至具体哪个领域，这是合法民事权利，他人不能干涉。L 认为，既然 Z 公司可以毫无争议地将域名转用到农药之外的领域，则 L 也能将受让的域名应用到与之前农药领域不相干的“S 玻璃瓶爱好者”网站，这是合法使用域名行为。

（3）争议域名网站的运营。

争议域名的注册和使用，始终是域名权属纠纷中的焦点之一。截至 2018 年第一季度，全球域名保有量达 3.43 亿，比上一年同期增长 2.76%。增长主要来源于全球传统通用顶级域名（Legacy gTLD）与全球国家与地区代码顶级域名（ccTLD）。[1]

关于应用争议域名的“S 玻璃瓶爱好者”网站是否虚构，对方坚称网站更新速度慢，是由于受到汇率因素以及环保的影响，玻璃行业不景气造成；L 声称其所在的大连市是玻璃器皿的主要出口商及生产商的聚集基地，每年参加香港 AWE 国际展览的参展商均是其潜在客户，故出于对玻璃器皿艺术品的爱好和内部沟通目的，将争议域名应用于展示产品的平台和玻璃瓶爱好者知识交流的平台。

关于“S 玻璃瓶爱好者”网站是否与 R 公司拥有的商标近似/相同、是否造成公众混淆，对方认为玻璃器皿行业与网络游戏设备行业相差甚远，互相间不会形成竞争关系，不存在误导消费者或者玷污与“R”品牌相关的产品或服务的企图和事实，即 L 不认为自己存在搭借 R 公司品牌便车的主观动机和客观行为，也不存在侵犯品牌的动机和行为。

（4）争议域名持有人是否恶意。

---

[1] 数据来源于 ZDNS（ZDNS 系互联网域名系统北京市工程研究中心有限公司，成立于 2013 年，是我国首家域名领域工程研究中心，旨在通过市场机制实现产业化、促进域名及互联网产业发展）发布的《全球域名发展统计报告 （总第 4 期）》。

本案的另一个交锋点是域名持有人对域名的注册或者使用是否具有“恶意”，这也是域名争议投诉是否成立的必要条件之一。对此，对方据理力争，证明自己“无恶意”。

首先，对方声称在R公司向L提出收购争议域名之前，也有其他人向L提出过同样请求，L都直接拒绝，且从未在任何场合或网站公开表明要出售域名的意愿。故L对域名的注册/使用不具有恶意。

其次，对方认为，在双方购买域名的磋商中，所谓的报价，都属于正常的商业报价行为，不能依据报价的高低来判断是否具有恶意。故L无论报价多少，都不能就此被认定为具有恶意。

再次，2012年左右，L向Z公司建议将“dl”（dl为“大连”的汉语拼音首字母）加入域名，以体现公司所在地。Z公司因此注册域名并使用了“Z公司所在地区名+争议域名所涉商标”构成的域名，L通过种种手段获得了争议域名。但针对前述行为，L进行了否定。

最后，对方辩解，对于全球顶级计算机游戏高端设备生产商和销售商的R公司，L虽为IT从业人员，但并不知晓“R”品牌及其价值。不仅如此，L更是声称自己不是网络游戏的爱好者，亦未拥有过R公司产品。对方的辩解，都企图再一次说明L将受让的争议域名应用到“S玻璃瓶爱好者”是一种合法、合理的使用行为，证明自己持有、使用争议域名无恶意。

三、律师的应对策略

除了案情本身的复杂，对方本身也不打无准备之仗，行事谨慎、狡黠、几乎不留痕迹。在磋商中，R公司报价时，L从不轻易表态，唯有最终给出某定价时，L才通过邮件回复了一个字“行”；在最终几乎谈妥价格准备支付款项时，L又在注册商变更域名持有人的过程中，多次出尔反尔、不断“挖坑”，给交易制造困难。

但这一切均在王啸波律师意料之中。王啸波律师镇定自若，静观事态发展，在手握关键证据后，果断建议委托人开始域名争议仲裁程序。

仲裁机构的选择，须符合相关规定。《中国互联网络信息中心国家顶级域名争议解决办法》规定，由中国互联网络信息中心认可的争议解决机构受理解决的因互联网络域名的注册或者使用而引发的争议中，所争议域名应当限于由中国互联网络信息中心负责管理的“.cn”“.中国”域名，且所争议域名注册期限满两年的，域名争议解决机构不予受理；ICANN在《政策》中规定，《政策》可适用于ICANN认可的所有注册商和某些国家和地区代码顶级域名（如“.nu”“.tv”“.ws”）。对于由中国互联网络信息中心认可的中国贸仲委以及由ICANN认可的解决域名争议机构，专家组均可由1名或3名专家组成，后者对专家组成员由1名扩充为3名时的费用承担，也做了规定。

仲裁机构根据不同的授权处理争议纠纷。如中国贸仲委作为中国互联网络信息中心授权的争议解决机构，依据《中国互联网络信息中心域名争议解决办法》解决.cn/中文域名争议；作为ICANN所指定的世界四家通用顶级域名争议解决机构之一的亚洲域名争议解决中心北京秘书处，依据《政策》解决诸如“.com”“.org”“.net”等通用顶级域名争议。

本案中，考虑到争议域名为“R.com”和其他因素，王啸波律师向亚洲域名争议域名解决中心香港秘书处提交了投诉，并要求指定一位专家，由其组成专家组审理本案。针对案件的交锋点，并考虑对方的辩解，王啸波律师带领团队，从委托人R公司所享有的商标权益、对域名享有的权益、L对域名的恶意注册和使用这三方面全面收集证据，并充分论证，在争议域名注册于相关商标首次注册日之前等不利情况下，深挖事实真相，利用多种工具追踪争议域名的历史动态，获得了有利于客户的关键证据。

（1）R公司享有的商标权益。

为了论证R公司享有的商标权益，王啸波律师对委托人从全球范围的商标使用、域名注册情况、产品与品牌的关联角度，进行了清晰的阐述。

第一，在阐述商标的使用时，主要从商标历史、注册和使用以及注册产品的销售进行论证。

首先，深挖“R”品牌的发展历程。1999 年 3 月，一家美国公司将“R”在美国注册为商标，核定商品为第 9 类的具有光解码技术的电脑输入设备，即键盘、鼠标、触屏、操纵杆、数字面板、扩音器、跟踪球、飞行磁轭、操纵轮盘和游戏控制器。后该商标由该美国公司通过向 R 公司转让其与“R”系列产品相关业务的方式为 R 公司所拥有。

1999 年 11 月，R 公司在中国申请注册了“R”的文字商标，并于 2001 年 5 月获得授权，2011 年 5 月商标权续展至 2021 年 5 月，核准在第 9 类“计算机输入设备鼠标（数据处理设备）、游戏控制器（与计算机连用）、操纵杆（与计算机连用）、跟踪球（与计算机连用）、飞行磁轭（与计算机连用）、操纵轮盘（与计算机连用）”商品上使用。

其次，在世界范围，R 公司在包括中国在内的世界各地 70 多个国家和地区申请及注册了上千个“R”商标及一系列关联商标，包括但不限于阿根廷、澳大利亚、奥地利、比利时、波斯尼亚和黑塞哥维那、巴西、保加利亚、加拿大、哥伦比亚、塞浦路斯、丹麦、法国、德国、希腊、印度、印度尼西亚、爱尔兰、以色列、意大利、日本、韩国、卢森堡、马耳他、墨西哥、缅甸、荷兰、挪威、波兰、葡萄牙、罗马尼亚、俄罗斯联邦、塞尔维亚、南非共和国、西班牙、瑞士、乌克兰、英国、乌拉圭、委内瑞拉、越南、菲律宾以及我国台湾地区等。同时，根据《商标国际注册马德里协定》规定，世界知识产权组织和相关国家商标局已向在近 20 个国家和地区注册的“R”商标授予国际保护。

最后，“R”商标在全球适用范围广泛，产品销售分布广且影响大。“R”商标被广泛使用于 R 公司生产和销售的产品上，包括但不限于 R 系列游戏鼠标、R 系列键盘、R 系列游戏笔记本电脑、R 系列可穿戴设备等多个以包含“R”的名称命名的系列产品，特别在计算机游戏外设领域，R 系列产品一直是业界数一数二的领导品牌。2007~2015 年，R 系列产品已至少 6 年在美国斩获 Best of CES 多项大奖；同时，2010~2014 年，R 系列产品在华语地区几乎年年获得 ZOL 年度科技产品大奖评选奖项。

至于产品的销售，R 公司自从 1998 年开始销售带有“R”标识的产品，至今已通过其直营的零售渠道和网站将“R”品牌产品销往60多个国家和地区。在中国，R公司的150多家授权经销商遍布至少31个省区市。此外，R公司还通过第三方电子商务网站，如天猫、京东和亚马逊等将其产品销往全中国及世界各地。得益于优秀的产品质量、完善的销售网络、良好的品牌形象以及忠诚的消费群体，“R”品牌产品销售额连年增长。2014年，全球销售额超过3亿美元，2015年前三季度的全球销售额已超过3亿美元。2015年，淘宝的“双十一”电子购物节活动期间，活动开始仅9小时，“R”品牌产品的销售额已达人民币500万元，在所有电子产品经营者中名列第六。

综上，“R”是当事人多年来拥有并在其产品上广泛使用且具有重大影响力的商标，而在争议域名中，起区分作用的“R”字样与委托人拥有的商标完全相同，极易导致公众将争议域名混淆为R公司所有。

第二，除了商标，R公司还将“R”标识用于域名注册。为了论证R公司享有的商标权益，王啸波律师在阐述域名注册情况时，也是从全球范围内进行了强有力的论证。

1999年4月，委托人注册了包含商标的域名作为品牌官方网站。截至案件委托时，委托人已为其品牌注册了约80个包含“R”一词的域名。R公司对“R”相关域名的所有权也得到了各个国家和地区的保护，如2015年，委托人在智利成功通过诉讼程序取消了第三方对域名“‘R’.cl”的所有权。

第三，为了论证R公司享有的商标权益，王啸波律师深挖R公司产品与品牌的关联。

首先，在百度（www.baidu.com）上搜索委托人品牌，可以看到230多万个搜索结果，前10页里99%的搜索内容都与委托人的产品相关。

其次，自2000年开始，委托人还赞助过包括电子竞技职业联赛（CPL）、世界电子竞技大赛（WCG）2009中国区总决赛、WDC Dota 2011联赛、2013年及2014年全国电子竞技大赛在内的多项赛事及来自于34个国家和地区，26个电竞战队的300多名电竞选手。

最后，R公司每年支付巨额推广费，在全世界范围内（包括中国）对“R”品牌的产品和商标进行大力宣传和推广：《计算机应用文摘》《商界》《IT互联网周刊》《IT经理世界》《商业周刊》《时尚COSMO》《名车志》《南方都市报》《e-zone》《太阳报》《东方日报》等众多杂志、报纸都曾撰文对委托人及其品牌产品进行宣传；包括中华网、新浪网、硅谷动力、PChome、泡泡网在内的各大门户及专业的游戏和技术网站也多次对委托人品牌产品进行推广和测评；委托人还通过社交媒体悉心经营品牌，包括脸书（Facebook）、推特（Twitter）、优兔（Youtube）、新浪微博、腾讯微博、微信等账号。

综上，R公司对“R”品牌在计算机游戏设备领域的高知名度及卓越声誉贡献巨大，在广大消费者群体的观念中，“R”品牌与域名持有人L无直接关联。

（2）R公司对域名享有的权益。

除前文已论证的委托人在全球范围的商标使用、域名注册情况，王啸波律师从L对域名不享有合法权益的角度阐述，正反两面立论，使论证更严密。

首先，委托人R公司从未授权L使用“R”商标。

其次，经查询中国商标局网站以及主流搜索引擎，域名持有人L与“R”这一标识无关联，无任何产品或服务能将L与“R”标识联系起来。而委托人与“R”标识的紧密联系，前文已论述。

最后，王啸波律师指出，争议域名对应的网站仅有3个页面，每个页面与“R”均毫无关联，且该网站不销售任何带有“R”商标的产品，网站上的图片也与“R”无关；王啸波律师还特别指出，争议域名的网站显示的玻璃瓶爱好者组织也未因该网站的运营而建立起与“R”标识的任何联系，L将争议域名用于该网站内容的建设，用意何在？

（3）L对域名的恶意注册和使用。

如前文所述，在域名权属纠纷中，被投诉的域名持有人对域名的注册或者使用是否具有“恶意”，始终是争议焦点；关于此点，王啸波律师据理力争，从多角度挖掘L对域名的恶意注册和使用，获得了有利于委托人的关键证据。

首先，王啸波律师一针见血，点破L持有并使用争议域名，就是为了通过阻止R公司注册和使用，以达到将争议域名高价出售给R公司之目的：2015年3月，R公司通过律师，用通过争议域名的WHOIS查询记录上所留的联系方式致电L时，在表明致电人为R公司之代表律师后，L忍不住吐露“等的就是你们”，表明L的目的多年以来就是想将争议域名出售给R公司。磋商中的报价过程也可揭露L的出售目的：当R公司报出人民币10万元的价格后，对R公司置之不理多日，直至多次沟通后，L报出人民币150万元的高价，经过还价，最终被投诉人同意以人民币80万元出售争议域名，而争议域名每年注册费仅为人民币138元。

其次，王啸波律师论证指出，L将争议域名用于建设“S玻璃瓶爱好者”组织，但该组织为虚构：根据争议域名网站介绍，该网站是玻璃瓶爱好者交流的平台，然而，该网站并没有设置在线聊天、留言板等交流所需的功能；首页虽设有登录界面，但没有设置注册账户的链接；向主页上留的E-mail地址发送关于玻璃瓶的问题也从来无人回应；网站陈列的玻璃瓶作品也是一成不变，既没有制作者、制作工艺介绍，也没有是否可以交换、转让的信息。

基于上述情况，可以有理由充分认为，“S玻璃瓶爱好者”只是L虚构的一个组织，如此设置网站内容只是为符合《政策》中的规定“合法或合理使用该域名、不以营利为目的，不存在为商业利润而误导消费者或玷污引起争议之商标或服务标记之意图”[1]，以此抗辩R公司对其的投诉。L如此处心积虑地设置网站内容，恰好说明持有使用该域名出于恶意。

最后，王啸波律师认为，L存在恶意，是因为根据“R”品牌产品的销售、宣传情况。L作为一名IT行业从业人员，必定知道R公司的“R”品牌产品及其“R”标识的价值。

[1] 《统一域名争议解决政策》第4（c）（iii）条。

即使是非专业人士，根据《政策》第 2 条[1]的规定，也有义务确定其所注册或受让的域名是否会侵犯他人的权益。任何人只需在网上搜索 R 品牌，就可以看到几乎所有的搜索结果都指向投诉人的产品，从而知道有人对“R”标识享有在先权利，更何况作为 IT 行业从业人员的 L？

故 L 获得及持有争议域名，明显具有通过占有及出售他人运营之非常成功之商业标志注册的域名牟取巨大非法利益之恶意。

综上所述，投诉人对“R”享有合法的包括商标权在内的在先民事权益，而被投诉人对“R”不享有任何合法权益；争议域名主体部分中的“R”与投诉人在全世界包括中国享有很高知名度的“R”商标完全相同；被投诉人获得和使用争议域名完全出于恶意。根据《政策》和《规则》，王啸波律师代表委托人请求裁定将争议域名转移给 R 公司。

四、律师应对策略的效果

如上，王啸波律师带领团队，代表委托人 R 公司，向亚洲域名争议解决中心香港秘书处提起顶级域名的投诉申请，并根据《政策》和《规则》，利用多种工具追踪争议域名的历史动态，进行了严密的论证。最终，香港秘书处专家组出具裁决，全面支持了王啸波律师代表委托人提出的诉求及理由，裁决被投诉人将争议域名转移给委托人。

根据《政策》第 4（a）条规定，R 公司必须举证以下三种情形同时具备，投诉才能得到支持：争议域名与 R 商标相同或极其相似，容易引起混淆；L 不拥有对该域名的权利或合法利益；L 对于域名的注册和使用均有恶意。[2]

根据王啸波律师代表委托人提交的投诉书和 L 所提交的答辩书，双方不争议的关键事实如下：

---

[1] 你方（指代域名持有人）的陈述责任：你方在向域名注册机构申请注册一个域名、要求保留或更新一个使用中的域名时，必须向域名注册机构做如下陈述和保证：……2）尽你方所知，确信对该域名的注册将不会侵害或危及任意第三方的权益……4）你方并非在明知将会违反有关法律或规定的情况下使用该域名。就域名注册是否侵害或危及他人的权益而言，你方负有完全责任。

[2] 《统一域名争议解决政策》第 4 条。

1998年5月15日，争议域名由Z公司在先注册并使用；

1998年，某美国公司使用“R”作为附属品牌，其后在中国以及世界各地申请了“R”的商标；

2003年12月，R公司在新加坡设立；

2013年，L于Z公司处获得了争议域名；

Z公司其后注册并使用域名dl加上“R.com”的形式；

现在L使用争议域名运营有关“S玻璃瓶爱好者”的网站；

双方曾经讨论出售争议域名。

（1）裁决认定争议域名与R公司享有商品商标或服务商标权利的名称或者标志相同或混淆性相似。

专家组认可王啸波律师意见，认可R公司享有的商标权益，认可委托人的“R”商标在中国以及世界各地通过其使用已获得极高知名度，也在中国以及世界各地获得了“R”的在电子类别的注册商标。因此，专家组认为委托人享有“R”的商标权利。

针对案件难点“争议域名的注册早于R商标首次注册日”，专家组在听取了王啸波律师意见后，认为并不影响投诉满足“争议域名与投诉人拥有的商标或服务标记相同或极其相似，容易引起混淆”之规定，且关于相同或混淆性相似，本案争议域名是“R.com”，除去其中代表顶级域的“.com”，可识别部分是“R”，与投诉人享有的商标“R”完全一样。

在《政策》中，并未就商标所有人取得商标权的日期作出特别规定，根据“WIPO Overview 2.0”第1.4段，“R”的商标注册日期在争议域名的原始注册日期之后，仍然能够满足投诉成立第一个条件。[1]

综上，委托人的投诉满足投诉成立的第一个条件。

（2）裁决认定L不拥有对该域名的权利或合法利益。

根据规定，关于“被投诉人不拥有对该域名的权利或合法利益”的

[1] “WIPO Overview of WIPO Panel Views on Selected UDRP Questions, Second Edition (WIPO Page 9 Overview 2.0)”第1.4段。

举证责任，一旦投诉人R公司展示了初步证据后，举证责任便转移至被投诉人，即L；但如果L能够提供一些证据，专家组便需要衡量各方的可能性，而整体的举证责任在于投诉人身上。[1]

本案中，专家组认为R公司已提供了初步的证据，但L也提供了一些证据证明他对争议域名有合法权益，包括Z公司的合法权益以及他从Z公司获得争议域名的合约。因此，整体的举证责任仍然在R公司一方，即委托人需要证明L对争议域名或其主要部分不享有合法权益。

如前文所述，Z公司认为域名的英语音似其公司中文商号，且R商标的英文单词所包含的意思，适合于Z公司的业务范围，适合于消灭害虫的农药领域。但是，专家组认为即使在字典里找到"R"一字，仅仅注册争议域名也不足够让L享有合法权益。L仍然要满足以下条件，才能表明对争议域名的权利或合法利益：

(以下"你方"指被投诉方，即本案中的自然人L)

(i) 在接到有关争议的任何通知之前，你方使用或有证据表明准备使用该域名或与该域名对应的名称来用于提供诚信商品或服务；或者

(ii) 即使你方未获得商标或服务标记，但你方（作为个人、企业或其他组织）一直以该域名而广为人知；或者

(iii) 你方合法或合理使用该域名、不以营利为目的，不存在为商业利润而误导消费者或玷污引起争议之商标或服务标记之意图。

对于前述三条，L主要依赖《政策》第1条和第3条，理据是其主张争议域名用作营运"S玻璃瓶爱好者"网站。对此，专家组注意到WIPO的案例中的共识是类似的爱好者网站（fan site）有机会产生争议域名的合法权益，[2] 评判关键是爱好者网站是否在活跃运作和是否作商业用途。

---

[1] "WIPO Overview of WIPO Panel Views on Selected UDRP Questions, Second Edition (WIPO Page 9 Overview 2.0)"第2.1段。

[2] "WIPO Overview of WIPO Panel Views on Selected UDRP Questions, Second Edition (WIPO Page 9 Overview 2.0)"第2.5段。

本案中，专家组认定争议域名指向的网站未见作商业用途，且认可王啸波律师意见，认定网站的运作并不是一般爱好者网站的模式，不是活跃运作，被投诉人以及“S玻璃瓶爱好者”与争议域名也没有任何关联。专家组充分采纳王啸波律师意见，衡量各方的可能性后，认为被投诉人对争议域名不享有合法权益。

综上，委托人的投诉满足投诉成立的第二个条件。

（3）裁决认定争议域名已被注册并且正被恶意使用。

根据《政策》第4（a）条规定，“被投诉人的域名已被注册并且正被恶意使用”也是投诉成立的必要条件之一。

根据双方无争议的事实“2013年，L于Z公司处获得了争议域名”，专家组认为这等同争议域名在2013年重新注册，评估L是否具有恶意就从2013年开始。[1] 综合考虑《政策》第4（b）条，[2] 专家组采纳了王啸波律师意见。

首先，对于王啸波律师提出的L理应知道投诉人的“R”品牌产品（即使是非专业人士，也有义务确定其所注册或受让的域名是否会侵犯他人的权益），专家组也认定“理应得知”投诉人的商标是考虑恶意的因

---

[1] “WIPO Overview of WIPO Panel Views on Selected UDRP Questions, Second Edition（WIPO Overview 2.0）”第3.7段。

[2] 恶意地注册和使用域名的行为。从第四段（a）（iii）的含义出发，如果发生了相应的情形，专家组有权判定是否属于恶意注册和使用域名，恶意注册和使用域名的行为包括但不仅限于以下几类：

（i）有证据证明，你方注册或获得域名的主要目的是向商标或服务标记的所有者或所有者的竞争者出售、出租或其他任何形式转让域名，以期从中获取扣除了与你方持有域名的相关费用之后的额外收益；或者

（ii）根据你方自身的行为，即可以证明：你方注册或获得域名的目的是阻止商标和服务标记的持有人通过一定形式的域名在互联网络上反映其商标；或者

（iii）你方注册域名的主要目的是破坏竞争对手的正常业务；或者

（iv）以牟取商业利益的目的出发，你方故意以连接源、赞助者或连接者的形式造成与投诉人所持有的商品或服务标记间的混淆，从而诱使互联网络用户访问你方的网站或者其他联机地址，以及订购你方的产品或服务。

素，[1] 对此，域名注册人有义务在网络上作搜查，避免注册与其他人的商标有抵触的域名。

其次，对于王啸波律师提出的磋商过程体现L之“恶意”，专家组给出一致意见，认为双方讨论出售争议域名的过程也可以作为考量恶意的因素。[2]

最后，专家组认定不积极地持有（passive holding）争议域名也可以是恶意的证明。[3]

综上，委托人的投诉满足投诉成立的第三个条件。

故专家组裁定争议域名指向的网站并非活跃运作、L“理应得知”R公司的商标权利、L在磋商出售域名过程中索价相当高，因此，衡量各方的可能性后，专家组认为被投诉人对争议域名的注册和使用具有恶意，最终裁决R公司的投诉成立，争议域名由L转移给R公司。

五、律师心得和启示

随着电子商务活动的蓬勃发展，网络域名不仅具有定位指示功能，还具有重要的身份识别功能，不仅有利于树立域名持有人的商业形象，还有利于其产品和服务的推广。若他人将已具有一定知名度的良好商誉的商标、商号等商业标识直接注册为域名，可凭借这些知名商业标志积累已久的商誉，吸引公众的注意力。

本案中，企业发现自己享誉全球的商标被他人注册为网络域名，实质就是企业的商业价值受到了严重侵害。域名具有稀缺性和隐含的极高经济性，如若处理不当，不仅难以获得争议域名，也可能对企业未来的发展造成难以预料的负面后果。企业在着手处理之初，应当寻求专业律师的帮

---

[1] “WIPO Overview of WIPO Panel Views on Selected UDRP Questions, Second Edition（WIPO Page 9 Overview 2.0）”第3.4段。

[2] “WIPO Overview of WIPO Panel Views on Selected UDRP Questions, Second Edition（WIPO Page 9 Overview 2.0）”第3.6段。

[3] “WIPO Overview of WIPO Panel Views on Selected UDRP Questions, Second Edition（WIPO Page 9 Overview 2.0）”第3.2段。

助。专业律师凭借丰富的职业经验，在为企业做好防守的同时，做好进攻准备。

本案中另一难啃的“硬骨头”，是对方的“狡猾”和“预谋已久”。王啸波律师执业多年，在第一时间即预估到该情况，并向委托人建议了百密而无一疏的全局策略，识破了对方的意图，收集了对方宝贵的证据，并在转折点果断开始仲裁，顺利摘下胜利果实。

在法律的范围内，专业律师会从与对方磋商、获得对方售卖域名意图的证据、与注册商沟通、收发函件，直至最终进入仲裁程序直接进行有力的抗辩，推动案件朝己方期待的方向发展，保护企业的利益不受损害。

本案取证难度高、涉及多部法律法规和政策，包括《统一域名争议解决政策》《统一域名争议解决政策之规则》，也须了解《中国互联网络信息中心国家顶级域名争议解决办法》《中国互联网络信息中心国家顶级域名争议解决程序规则》《中华人民共和国商标法》《中华人民共和国著作权法》等法律法规。同时在域名争议仲裁阶段证据审查中，需要准备投诉人主体资格、是否拥有争议域名所涉商业标识的商标权或商号权、其所拥有的商标权或商号权是否符合法律法规的规定、所拥有的民事权益是否构成系争域名的在先权利，并要注意收集证据证明被投诉人注册系争域名具有法定恶意、被投诉人是否对系争域名享有合法使用的权利等。

与工程图相关的从平面到立体转换的著作权问题研究
——以公开案例中新疆区域内涉案标的最高的知识产权侵权案件为例

■ 周　茹

摘要：在工程图纸著作权侵权案件中，一般会认为工程图纸系工程设计图，即属于《中华人民共和国著作权法实施条例》第 4 条第（12）项的“图形作品”。实际上，从作品角度可以将工程图纸分为效果图和工程设计图（施工图），前者属于美术作品，后者属于图形作品。对作为美术作品的效果图进行立体转换，构成著作权法意义上的复制；对作为图形作品的工程设计图进行立体转换，属于专利法意义上的实施，不是著作权法意义上的复制行为。

关键词：平面；立体；工程设计图；效果图；著作权

一、案情介绍

（一）当事人的基本情况

案号：(2015）昌中民三初字第 4 号。

原告：湖南中大冶金设计有限公司（以下简称“中大公司”）。

被告：新疆其亚铝电有限公司（以下简称“其亚公司”）。

其亚公司注册资本 35 亿元，系四川省最大的电解铝生产企业四川其亚集团铝业公司在新疆投资设立的控股子公司。该公司于 2012 年获得年产 160 万吨铝合金项目备案证，为此进行铝合金生产线的设计和施工建设。其间被中大公司起诉至新疆维吾尔自治区昌吉州中级人民法院，诉称其亚公司按照图纸施工涉嫌侵犯中大公司的工程设计图著作权、侵犯中大公司技术成果权。

2015 年 4 月，笔者接受其亚公司委托。该案在 4 年间历经两级法院 4 次审理，于 2019 年 3 月 6 日获得终审判决，驳回原告中大公司的全部诉讼请求。

（二）案件的基本情况

该案标的为 800 万元，为从威科先行法律信息库可查询到的、迄今为止新疆区域内涉案标的最高的知识产权侵权案件，涉及与工程图相关的从平面到立体转换的著作权问题。

原告中大公司 2015 年 3 月 4 日向昌吉州中级人民法院提出诉讼请求：(1) 判令被告立即停止侵犯原告设计图纸的著作权，并向原告公开赔礼道歉；(2) 判令被告的行为侵犯原告的技术秘密等技术成果权；(3) 判令被告赔偿原告损失 800 万元；(4) 判令本案诉讼费由被告负担。事实和理由：2011 年 3 月 5 日，原告中大公司与被告其亚公司签订了新疆其亚铝电有限公司 400kt/a 铝合金项目的《建设工程设计合同》，即一期工程，被告委托原告承担 400kt/a 铝合金工程设计，设计内容包括技术方案以及与铝电解车间相关的土建、钢构、电解槽、工艺、设备等的施工图设计。合同约定的设计费为 620 万元，同时在合同中明确约定了保密条款，“双方均应保护对方的知识产权，未经对方同意，任何一方均不得对对方的资料及文件擅自修改、复制或向第三人转让或用于本合同项目外的项目……”。合同签订后，原告如约履行了合同义务。该工程结束后，被告并未和原告续签第二期工程设计的合同，但在 2014 年 9 月 26 日和原告签订了《服务协议》，委托原告为其审核一批电解铝项目中土建方面的电子版图纸，并要求原告加盖图纸设计专用章。原告在审核图纸过程中发现，被告在二期工程中所用的主体工程图纸系复制原告在一期工程中所设计的图纸（二型槽），后原告专程前往项目所在地考察，发现被告确实复制了原告的主体设计（并使用了原告的专利技术）。工程图纸系原告设计创作，被告未经许可，擅自复制原告图纸并用于其他项目，牟取利益。被告的行为侵犯了原告的合法权益，给原告造成巨大的损失，应承担民事责任。

被告其亚公司辩称：（1）原被告双方2011年签订《建设工程设计合同》和2013年签订《技术合作开发合同》，被告一期40万吨铝合金项目共320台电解槽，其中前80台是按照《建设工程设计合同》提供的图纸施工的，是4钢棒的；第81～160台电解槽是按照《技术合作开发合同》逐渐优化过渡的，一边施工一边改的，以及后160台均是3钢棒的。《建设工程设计合同》没有约定委托设计成果的著作权归属，故完成的设计图纸著作权属于中大公司。但依据《最高人民法院关于审理著作权民事纠纷案件适用法律若干问题的解释》（以下简称“《著作权司法解释》”）第12条规定，委托人在约定的使用范围内享有使用作品的权利；双方没有约定使用作品范围的，委托人可以在委托创作的特定目的范围内免费使用该作品。其亚公司在二期工程中使用基于《建设工程设计合同》产生的优化前图纸和基于《技术合作开发合同》产生的优化后图纸符合法律规定及双方约定，不构成侵权。（2）《中华人民共和国著作权法》第3条规定，工程设计图等图形作品属于我国著作权法保护的作品形式。工程设计图作品的独创性与其中所体现的施工方案、技术措施、操作方法等无关，而是应当体现在其是由点、线、面及各种几何图形构成的表达，其中包含源于点、线、面及各种几何图形所传递的科学美感，这种美感仅仅来自图形本身，与图形所描绘的施工方案、操作方法、实用功能等无关。故一种利用工程设计图作品的行为是否属于对作品的复制行为，应当考察该种利用行为所产生的成果是否体现了图形本身的科学美感；如果该种利用行为所产生的成果体现了图形本身的科学美感，则应当属于对工程设计图作品的复制；如果该种利用行为所产生的成果并未体现图形本身的科学美感，而仅仅实现了图形所蕴含的实用功能、施工方案、操作方法等，则该种利用作品的行为并不属于复制行为。因此，利用工程设计图建造工程实物的行为不属于复制行为，其亚公司不构成侵犯中大公司工程设计图著作权的行为。（3）中大公司主张其亚公司按图施工侵犯其技术成果权，也没有事实及法律依据。

本案两级法院四次审理的时间、法院文书号及结果如下。

（1）2016年5月10日昌吉回族自治州中级人民法院（2015）昌中民三初字第4号民事判决书判决：①被告其亚公司立即停止复制原告中大公司享有著作权的工程图纸的行为；②被告其亚公司于本判决生效之日起15日内赔偿原告中大公司经济损失50万元。

（2）2017年5月8日新疆维吾尔自治区高级人民法院（2017）新民终55号民事裁定书裁定：①撤销昌吉回族自治州中级人民法院（2015）昌中民三初字第4号民事判决；②本案发回新疆维吾尔自治区昌吉回族自治州中级人民法院重审。

（3）2017年11月17日昌吉回族自治州中级人民法院（2017）新23民初59号民事判决书判决：驳回原告湖南中大冶金设计有限公司的诉讼请求。

（4）2019年3月6日新疆维吾尔自治区高级人民法院（2018）新民终98号民事判决书判决：驳回上诉，维持原判。

（2018）新民终98号民事判决书认定，对于中大公司主张其亚公司按照图纸施工的行为属于从平面到立体的复制，认为，虽然著作权法本身规制的复制行为包括从平面到立体的复制，但本案中涉案作品为工程设计图，工程设计图具有一定的实用功能、涉及具体的技术方案，而这种实用功能、技术方案并不受著作权法保护。不同于一般作品，工程设计图所体现的是点、线、面的组合表现出的科学美感，这种科学美感仅来自图形本身，而与实用功能、技术方案无关。基于此，除非在工程设计图以及实际工程中，技术方案、实用功能能够完全与工程设计图所表现的科学美感分离，否则按照工程设计图建设施工的行为不属于著作权法所规制的复制行为。因此，其亚公司按照图纸施工的行为并未侵犯中大公司的著作权。

二、法律分析

（一）案件涉及的主要问题

按照工程设计图进行施工的行为，即与工程设计图相关的从平面到立体转换是否构成著作权法意义上的复制。依据著作权法原理，这个问题可以分为两个层面：

（1）复制行为是否包括从平面到立体的复制；

（2）如果包括，那么按照工程设计图进行施工，即将工程设计图从平面转换成立体是否属于复制行为。

以下试就这两个问题做如下分析。

1. 相关法律规定及理解

1990年《著作权法》第52条第2款规定："按照工程设计、产品设计图纸及其说明进行施工、生产工业品，不属于本法所称的复制"。然而，2001年《著作权法》修改时，这一款却被删除。删除该款导致人们误认为根据工业设计图建造工程和根据产品设计图生产产品的行为属于著作权法意义上的"复制"行为。

曾经在我国法学界引起极大争议的"迪比特诉摩托罗拉案"，在很大程度上与该修改有关。该案的基本事实是：原告迪比特公司绘制了一款手机的印刷线路板设计图，被告摩托罗拉公司未经许可根据该设计图制造实物印刷线路板，将其置于手机中并销售手机。迪比特公司认为摩托罗拉公司的行为侵犯了其对印刷线路板设计图的著作权。该案发生于2002年，适用修改之后的《著作权法》。当时学术界和实务界中的一种观点认为，1990年《著作权法》第52条第2款被删除，就"默认了按照工程设计、产品设计图纸及其说明进行施工、生产工业品的行为属于复制。因此按照线路板设计图生产印刷线路板的行为属于著作权法意义上的复制"。[1]

这一观点是不能成立的。实际上，立法者删除1990年《著作权法》第52条第2款是因为：考虑到1990年制定著作权法时，该款规定主要明确著作权法只保护平面的工程设计图、产品设计图，而不保护根据图纸复

---

[1] 芮文彪．上海迪比特实业有限公司诉摩托罗拉（中国）电子有限公司、上海百联集团股份有限公司著作权纠纷案——按照设计图生产印刷线路板的行为不属于复制［J］．知识产权法研究，2009（1）：5.

制的立体产品。现在建筑作品、模型作品已为著作权法规定为保护的客体，法院在司法实践中也不会认为根据图纸建造机械适用著作权法，因此，为避免理论上的争议，删去了该规定。❶

2. 从平面到立体转换的著作权问题

对此问题，曾有上海的法官研究对比案例后认为：对于“从平面到立体”的转换是否属于著作权法意义上的复制问题，不能一概而论，要视具体的著作权客体而定。由此可把著作分为两大类：一为美术作品，如绘画、书法、照片等；二为图形作品，如电路图、产品设计图等科技或工程设计图。在进行立体转换时，前者可以被认定构成著作权法意义上的复制，而后者则不构成。❷

该种观点认为，从平面到立体转换是否构成复制，关键在于转换后的技术功能之状态。当著作客体为美术作品时，转换后的形态一般不具有技术功能，并具有一定的外在美感；而当著作客体为图形作品时，转换后的形态以发挥技术功能为主，艺术表现反而成为次要因素，艺术元素无从凸显或与实用元素相分离。❸

3. 与工程图相关的从平面到立体转换的著作权问题

兰州大学法学院熊伟红认为，“在建造的过程中，施工人员主要付出的都是以建筑设计图为目标的技术性的劳动，并使设计图中所要追求的符合审美、艺术、实用等价值的建筑创意通过实体表达出来”，因此，“施工队的建造行为实际上是对具有独创性的建筑设计作品的一种利用，这种利用本质上还是属于‘复制’”。❹

华东政法大学王迁教授将工程图分为三种：第一种为建筑物外形设计

---

❶ 姚红．中华人民共和国著作权法释解［M］．北京：群众出版社，2001：303.

❷ 潘家祥，张心全．平面转换到立体的著作权问题探析——由两起案例引发的思考［J］．知识产权，2008（3）：53.

❸ 潘家祥，张心全．平面转换到立体的著作权问题探析——由两起案例引发的思考［J］．知识产权，2008（3）：56.

❹ 熊伟红．“异形复制”的定性问题研究［J］．才智，2015（18）：259.

图，属于建筑作品的平面表达形式；第二种为建筑物内部构造的设计图，体现的是技术方案，属于图形作品中的工程设计图；第三种为融外形设计和内部构造为一体的综合设计图，其法律定位取决于观察角度。“对建筑物的综合设计图同时包含对建筑物外形和内部结构的设计。一方面，它对建筑物内部构造的描述体现了‘科学之美’，属于‘工程设计图、产品设计图’。另一方面，它还勾画出了富有审美意义的建筑物外形”，“从这个角度看，它又是‘建筑作品’的平面表达形式”，因此，“设计图的权利人不能阻止他人根据设计图在不同外形的建筑物中去实现相同的内部结构，但却可以阻止他人根据设计图建造相同外形的建筑物，只要该外形具备独创性和审美价值”。❶

上述观点将工程图相关作品分为建筑作品和图形作品加以区别对待，认为前者从平面到立体转换构成复制，后者从平面到立体转换不构成复制。

（二）律师的分析和应对策略

笔者认为，针对本案，工程图从平面到立体转换构成复制的条件有如下两个。

1. 按工程图施工的建筑物属于著作权法意义上的建筑作品是构成复制的前提条件

2001年修改后的《著作权法》中所保护的作品已明确包含建筑作品，而按照建筑作品的设计图去施工建造该建筑物，就是著作权法意义上的复制行为。删除1990年的概括式规定，并不意味着按照工程设计图和产品设计图去建造和生产不受著作权法保护的工程和产品是著作权法意义上的复制行为。

《著作权法》第10条第（5）项规定，“复制权，即以印刷、复印、拓印、录音、录像、翻录、翻拍等方式将作品制作一份或者多份的权

❶ 王迁．论著作权法保护工业设计图的界限——以英国《版权法》的变迁为视角［J］．知识产权，2013（1）：33.

利”。著作权法意义上实施“从平面到立体”的行为是指按照平面设计图去建造受著作权法保护的建筑作品。《著作权法实施条例》第4条第（9）项规定，“建筑作品，是指以建筑物或者构筑物形式表现的有审美意义的作品”，即建筑作品受到著作权法保护的前提是建筑物必须具有独立于建筑实用功能以外的艺术美感。如果按图施工体现的是实用性功能，并无可与其实用性功能相分离的艺术美感，就不能受著作权法保护。

2. 对工程图的著作权客体分类决定是否构成复制

《著作权法实施条例》第4条第（8）项规定，“美术作品，是指绘画、书法、雕塑等以线条、色彩或者其他方式构成的有审美意义的平面或者立体的造型艺术作品”；第（12）项规定，“图形作品，是指为施工、生产绘制的工程设计图、产品设计图，以及反映地理现象、说明事物原理或者结构的地图、示意图等作品”。

从是否有尺寸数据，将工程图分为工程设计图和效果图。工程设计图，也叫施工图，其利用各种线条绘制，上面有标准的尺寸数据，一般是平面图，用于计算和施工。效果图一般是三维图，用于形象展示和公众认知。在司法实践涉及工程图的案例中，原告主张著作权的客体不仅包括工程设计图，还包括效果图（鸟瞰图、透视图）等。其中工程设计图属于图形作品，而效果图（鸟瞰图、透视图）属于美术作品。原因在于工程设计图标注有具体的施工尺寸、位置等，属于为施工绘制的，而效果图系通过线条、色彩及其组合的运用，创作出的具有审美意义并达到一定艺术高度的作品。

复制权是指以印刷、复印、拓印、录音、录像、翻录、翻拍等方式，将作品制作一份或者多份的权利。对于作为美术作品的效果图而言，复制必然包括从平面到立体的复制。司法实践中诸多案例均已明确，如腾讯QQ系列案例、实用艺术品案例等。

对于作为图形作品的工程设计图，按图施工（从平面到立体转换）行为则不属于著作权法意义上的复制。

首先，《著作权法》第3条规定，工程设计图等图形作品属于我国著作权法保护的作品形式。尽管绘制工程设计图的目的在于利用工程设计图进行施工（建造工程实物，其价值更重要地体现在其中所蕴含的施工方案、技术措施、操作方法等），但是根据著作权法只保护思想的表达而不保护任何思想、技术方案、实用功能、操作方法等的基本原理，工程设计图作品的独创性与其中所体现的施工方案、技术措施、操作方法等无关，而是应当体现在其是由点、线、面及各种几何图形构成的表达，其中包含源于点、线、面及各种几何图形所传递的科学美感。这种美感仅仅来自图形本身，与图形所描绘的施工方案、操作方法、实用功能等无关。因此，工程设计图是否具有独创性，能否构成作品，应当从图形本身是否被独立创作完成以及是否体现创作者的智力判断和选择方面进行判断，而不是从其中所体现的技术方案优劣、能否据此施工等方面进行判断。对于工程设计图作品的保护而言，鉴于其独创性仅仅体现在图形本身的科学美感，故一种利用工程设计图作品的行为是否属于对作品的复制行为，应当考察该种利用行为所产生的成果是否体现了图形本身的科学美感。如果该种利用行为所产生的成果体现了图形本身的科学美感，则应当属于对工程设计图作品的复制；如果该种利用行为所产生的成果并未体现图形本身的科学美感，而仅仅实现图形所蕴含的实用功能、施工方案、操作方法等，则该种利用作品的行为并不属于复制行为。

其次，与根据平面美术作品制造三维艺术品从而能够在三维艺术品中体现平面美术作品的造型艺术美感不同，根据工程设计图所建造的工程实物，已经不能再体现工程设计图中图形本身的美感。利用工程设计图建造工程实物的过程不是一个再现图形作品科学美感的过程，而是实现工程设计图中所蕴含的实用功能、施工方案、技术方案等的过程。因此，利用工程设计图建造工程实物的行为不属于复制行为。如果认为该种行为属于复制行为，必然会导致著作权法保护实用功能、技术方案等的后果。这将有悖于著作权法只保护表达不保护思想的基本原理。因此，著作权法保护工程设计图作品应当是指禁止他人未经许可，以印刷、复印、翻拍等从平面到平面的复制形式使用作品，不包括按照工程设计图进行施工建造工程实物。

最后，按图施工（从平面到立体转换）行为，因图形作品主要在于以制图技巧表现技术、学术，但不及于构思，所以借由解读平面设计图，将作品表现的概念制作成立体实物，如非一般专业人员，很难判断立体实物系从平面而来，故自平面设计图至立体实物的制作过程，显系专利法意义上的“实施”行为，而非著作权法意义上的“复制”行为。“实施权”乃专利权保护之领域，却非著作权保护之范畴。如果著作权保护延及实用物品形状的图形设计，无异于给予该图形著作权人使用物品常用造型之专属排他权利，显然有碍人类创作之思维、工作技术的进步。故实现实用功能的施工行为，不属于著作权法保护的复制权的规制范畴。工程设计图保护范围仅限于图纸，而不能延及工程本身。

为此，在案件审理中，笔者将上述分析意见作为代理的主要观点。

（三）应对策略的执行效果

从本案最终判决结果的新疆高院（2018）新民终98号民事判决书的内容来看，完全采纳了笔者的代理意见，认定按照工程设计图建设施工的行为不属于著作权法所规制的复制行为，其亚公司按照图纸施工的行为并未侵犯中大公司的著作权。

三、律师心得与启示

本案从2015年审理至2019年，上述观点恰与2018年4月20日发布实施的《北京市高级人民法院侵害著作权案件审理指南》第2.7“建筑作品”条规定，“建筑物本身或者建筑物的外部附加装饰具有美感的独创性设计，可以作为建筑作品受著作权法的保护”“体现建筑作品外观美感的建筑设计图，可以作为美术作品予以保护”，以及第2.8“图形作品”条规定，“工程设计图、产品设计图中包含的技术方案、实用功能、操作方法等，以及地图、示意图中包含的客观地理要素、事实等，不受著作权法保护。仅用于施工的建筑设计图属于工程设计图”等相关内容一致。

“迪比特诉摩托罗拉案”以前或同期的类似案例中，均不对施工图和效果图进行作品类型的划分，统一认为属于工程设计图，如果符合著作权“接触+实质性相似”侵权判定原则，就认定属于复制，构成侵权。近几年来，在著作权法并未修改的情况下，对于工程图著作权侵权案件，司法实践中运用著作权法的基本原理作出判决，对工程图进行作品类别的区分，施以不同的保护范围，反映了法官对法律精神的精准把握。无论著作权法是否明确规定根据工业设计图制造工业品的行为不构成侵权，对于著作权法只保护工业设计图对“科学之美”的表达而不保护技术方案的原理，始终都应得到坚持。

黑洞照片事件应从炒作回归知识产权法律问题本身

■ 郭国中　李佳俊

摘要：随着人类拍摄的第一张黑洞照片的公布，公众的关注点逐渐聚焦在某图片公司的著作权炒作事件上，并且其关注度趋势更甚于对黑洞科学的关注。对此，笔者作为科幻爱好者非常担忧，担心黑洞照片这一人类历史性的科学突破被某公司的炒作喧宾夺主而淡出公众的视野。笔者还是一名知识产权律师，通过本文讨论，希望公众能避免关注炒作，更多关注黑洞照片的科学成果，同时也更多了解黑洞照片相关科学成果的知识产权法律保护本质。

关键词：黑洞照片；著作权；摄影作品；科学摄影；合理使用

一、黑洞照片是利用计算机处理得到的摄影作品

1. 黑洞照片拍摄过程的技术实现简介

传统的拍摄往往通过一个镜头捕捉肉眼可见的影像，如果要拍摄更远的景物，则需要越大尺寸的镜头。此次照片中的黑洞距离我们非常遥远，即使是以光速运动，也需要花费5500万年才能到达，所以观察地球附近天体的镜头难以适用于拍摄这一黑洞照片。黑洞照片确实并非利用哈勃等太空空间望远镜直接拍摄的照片，而是利用甚长基线干涉测量技术（Very Long Baseline Interferometry，VLBI）联合多台射电望远镜与超级计算机拍摄而来。简单来讲，首先让位于地球地表的多个地点的射电望远镜同步聚焦单一的黑洞进行观测；然后将各地的观测数据通过超级计算机进行关联

与合成，这样才得到此次的黑洞照片。

2. 射电望远镜与超级计算机构成黑洞照片的拍摄设备

上文讲到的多个射电望远镜共有 8 个组，散落分布在南极、北美洲、南美洲、欧洲、太平洋。这些距离相隔很远的射电望远镜所观测到的数据利用超级计算机合成后，相当于构成了一个镜头口径达到 1.3 万千米、接近地球直径的超级照相机。黑洞照片即通过这一超级照相机拍摄得到的摄影作品。也就是说，分布在全球各地的多组射电望远镜通过相互配合，等效于一台超级望远镜，而这台超级望远镜作为一个超级照相机来捕捉黑洞的照片。

3. 黑洞照片不属于计算机自动生成的图片

宇宙空间充满了各种电磁波，黑洞照片团队需要从复杂的电磁波环境中筛选出有效的数据，并且将分布在全球的 8 组射电望远镜的数据进行匹配与整合。由于须处理的信息是海量级别的，虽然借助超级计算机，但是黑洞照片从观测到生成历时两年多。在最终生成图片之前，黑洞照片仅仅是一些记载在存储介质中的计算机数据，直到合成工作的最后一刻才诞生了黑洞照片。这项工作中必不可少的是需要借助超级计算机来大量地运算以得到这些数据，并最终根据这些数据来对应得到黑洞照片的数字化数据信息。虽然这项工作看似是由超级计算机按照合成算法完成的，但是超级计算机的合成工作只是拍摄过程中的一个环节。一方面，通过 AI 计算机合成的作品是否具有著作权仍然需谨慎对待和探究；另一方面，除了合成环节之外，其他环节包含人类的摄影技巧艺术、体现出人类的独创性工作，具体将在下文进一步分析。

二、黑洞照片知识产权问题之创作者

自从法国化学家路易·达盖尔（Louis Daguerre）基于科学研究而发明摄影术以来，科学摄影就与艺术就有着天然的密切联系，用摄影艺术手法来展现科学内涵是不少科学家所热衷的表达方式。如著名的“牛奶皇冠”照片就出自物理学教授哈罗德·埃格顿（Harold Edgerton）之手，其将难以捕捉的瞬间物理现象，以艺术审美视角进行了直观表达。而由英国工程与自然科学研究理事会（Engineering and Physical Sciences Research Council，EPSRC）举办的EPSRC科学摄影大赛，以及由英国慈善基金会Wellcome Trust举办的惠康摄影奖（Wellcome Image Awards）等科学摄影比赛，更是鼓励结合学科的理性与艺术的感性之美的表达。黑洞照片作为科学摄影的重大作品，其最终表达亦涉及取景、构图等多个环节中独创性劳动的总和与合作。

1. 创作者之一——选取目标黑洞的自然人

根据广义相对论，宇宙空间中黑洞的数量是庞大的。本次拍摄选择的是位于处女座的M87星云的黑洞，距离地球5500万光年，但是该黑洞并非距离地球最近的黑洞，也并非最大的黑洞。实际上，黑洞照片的拍摄团队确实对所要拍摄的黑洞进行了事先筛选，原因是黑洞距离地球非常遥远，若要让拍摄效果更好，需要对目标黑洞进行有针对性的选取，使得初期采集的图像信息数据的质量较高，从而有利于后续的数据加工处理与最终的照片展示。黑洞照片拍摄团队之所以选择这个黑洞，是因为考虑到辐射或光子的传播会受到宇宙空间中气体的影响，经气体色散后将导致观测结果变得模糊。这一选取的过程既包括科学上的考虑，也考虑到黑洞拍摄项目具有极强的科普意义。为了吸引更多的人能够了解天体物理知识，需要对黑洞照片的观看效果进行控制。这都需要拍摄技巧。所以，为了拍摄效果而选取拍摄黑洞的自然人对拍摄对象和场景进行了精心选取，属于创作者。

2. 创作者之二——选取拍摄时间的自然人

黑洞本身引力巨大，使得进入事件视界（Event Horizon）范围内的光线都不能逃脱。因此，无论什么时间拍摄，黑洞本身始终是不可被直接观测到的。本次照片虽然称为黑洞照片，其实在照片中并不能看到黑洞，而是通过观察靠近黑洞事件视界的高速运动物质向外辐射的电磁波图像中的黑色阴影，来感知黑洞的样子。虽然黑洞本身不受拍摄时间的影响，但是围绕黑洞的吸积盘以及喷射而出的喷流均在高速运动。相应地，这些高速运动的物质所发出的辐射也在时刻变化。不同的拍摄时间所拍摄到的电磁波辐射图像是不同的。此外，本次黑洞照片拍摄过程中射电望远镜的观测时间长达几天，可形象理解为相当于超级照相机的曝光时间长达几天，观测时长的选择同样会影响最终的照片效果。当然，从观测到最终得到黑洞照片需要几年的时间，而黑洞周围的光线到达地球需要 5500 万年，因此拍摄者并不能像在地球表面摄影时进行实时预判，即拍摄时并不能知道黑洞此时处于什么状态。但是曝光时间也是拍摄手法技艺中的重要环节，能够直接影响黑洞照片成片质量的高低，对曝光时间的选取颇为重要。因此，选取拍摄时间的自然人属于创作者。

3. 创作者之三——选取染色颜色的自然人

黑洞照片实质上是电磁波辐射图像，并非来自人眼可识别的可见光。靠近黑洞的可见光在黑洞的巨大引力下被捕获，难以逃脱而被吸入黑洞，所以是不可见的；相对远离黑洞的可见光虽然可以逃脱黑洞的巨大引力，但是可见光在传播过程中的损失较为严重。由于黑洞照片中的目标黑洞距离地球 5500 万光年，所以黑洞照片并非来自我们肉眼能够感知的可见光。好在相对远离黑洞的周围存在高速运动物质，这些高速运动物质向外释放能量，具体表现为这些高速运动物质向外辐射电磁波图像。电磁波图像到达地球后能够被观测。所以，肉眼是无法直接观看到黑洞照片中的黑洞的，需要借助一定的数字图像处理方法来使得电磁波辐射图像在黑洞照片中显形。因此，黑洞照片中的暗红色与橘红色是为了人眼观看的观感而进行的计算机染色与明暗调整，就好比用智能手机摄像时选取不同的滤镜能够得到不同的图像色彩一样。染色过程对颜色的选取同样反映了选取者的颜色感观，因此，选取染色颜色的自然人属于创作者。

三、黑洞照片知识产权问题之权利归属

著作权来源于历史长河中人类对艺术文化的创作，作者通过作品来表达自己的思想情感，作品的读者通过作品来体会作者所要表达的思想情感，在这一过程中以作品为纽带联系了作者与读者，作者通过读者的共鸣

来获得精神上的愉悦与物质上的报酬。著作权的特殊性在于将作品与承载作品的载体进行了严格区分。以购买一本小说为例，读者支付费用可以购买到这本记载有小说的书籍而获得物权，但并非买断该小说的著作权，在书籍的物权上还附有作者著作权的“灵魂”。因此，著作权既包含精神性权利，又包含财产性权利就再自然不过了，也是合乎逻辑的。

对于精神性权利，法国、德国等成文法体系更注重保护作者的权益，英国、美国等判例法体系更注重保护投资者的权益，这从对于作者的定义上就可见一斑。法国、德国更倾向于在大多数情况下以“自然人为作者”为原则，自然人作者与作品之间不具有天然的可分离性。英国、美国更倾向于在大多数情况下若没有约定，则将雇主或委托人视为作品的作者而享受著作权，也就是说在著作权产生的时候就可以自动与创作的自然人发生分离。但是，无论是法德等成文法体系，还是英美等判例法体系，均对精神性权利给予一定分量的保护，毕竟作者的头脑才是创作的源泉；对于财产性权利，均给予作者一定期限的保护，以从经济上激励与保护创作。

由此，将精神性权利赋予创作的自然人享有，符合作品是作者思想情感表达的历史来源，将财产性权利赋予投资者更有利于激励创作。再聚焦黑洞照片，由于黑洞照片的拍摄工具的投入高，需要投资者的投入并让投资者获得财产上的回报是合乎逻辑的。当然，进行创作的自然人也享有精神性的权益。这样的安排使得投资者与创作的自然人之间的权益趋同，有利于更伟大作品的诞生。

黑洞照片是由事件视界望远镜（Event Horizon Telescope，EHT）这一国际性组织拍摄的。该组织主要是由美国自然科学基金会等多国及地区机构提供资金支持的。代表组织意志创作并由组织承担责任的作品属于职务作品。因此，黑洞照片属于职务作品，其著作权归属于组织。更具体地讲，著作权的归属须根据该组织与多国及地区机构之间的著作权约定而定。

四、黑洞照片知识产权问题之知识产权保护类型

（一）黑洞照片本身可获得著作权保护

保护著作权的国际条约《保护文学和艺术作品伯尔尼公约》和我国《著作权法》均将文学、科学和艺术领域内的作品区分为不同的类型。其中容易混淆的是，黑洞照片存在修图过程，其应该属于美术作品、图形作品还是摄影作品？笔者认为，黑洞作品属于摄影作品，理由如下。

1. 黑洞照片不能自由创作完成

有学者认为黑洞照片属于美术作品。首先，不能因为黑洞照片的构图非常简单且不符合传统意义上的“画”而认为不属于美术作品。这是作品的定义决定的，作品整体上是指创作的文学、艺术和自然科学、社会科学、工程技术等作品，受著作权法保护的作品应具有独创性。因此，是否构成美术作品与该作品在美术上的造诣无关。无论美或不美，均表达了作者的创作意图，所以不能够因为黑洞照片的构图简单而认为不属于美术作品。其次，不能因为黑洞照片不是“画”出来的而认为不属于美术作品。石器时代人类用硬物在岩壁上刻画属于“画”，之后人类用画笔在布匹、纸张等载体上绘画属于“画”，后来在电脑上进行图像编辑属于“画”，因此“画”的定义也应当随着科技的发展而扩大内涵外延。但是黑洞照片仍然不适宜归属为美术作品，原因是美术作品可凭借创作者的想象，自由地进行写实或抽象的表达。但是，黑洞照片是借助科学设备再现的客观天体，其创作空间非常小，这是与美术作品的本质区别。

2. 黑洞照片没有抽象思维加工的过程

有学者认为黑洞照片属于图形作品。图形作品，是指为施工、生产绘制的工程设计图、产品设计图，以及反映地理现象、说明事物原理或者结构的地图、示意图等作品。显然，黑洞是自然的宇宙天体，黑洞照片不属于为施工、生产绘制的工程设计图、产品设计图。那么，黑洞照片是否是反映地理现象、说明事物原理或者结构的地图、示意图等作品呢？关键是

看黑洞照片的诞生是否经过人类抽象思维的加工。众所周知，地图、示意图等之所以能够清晰地反映客观现象，是因为地图、示意图是通过人类的抽象思维，以化繁为简的方式得到的作品。图形作品产生的过程是人类首先学习认知到客观现象，然后在头脑中进行抽象的思维加工，将复杂的客观现象简化为读者所关注的内容，排除不必要的干扰或者排除冗余的信息，最后才得到了地图、示意图等作品。以反映地壳、地幔、地心结构的科学示意图为例，这样的示意图通常仅仅绘制三个形状规则的板块，并分别标注为地壳、地幔、地心，而客观实际中地壳的表面是凹凸不平的，即地壳的厚度是不均匀的，但是这些客观的形状没有必要写实地绘制入示意图。由此可知，图形作品虽然反映客观现象，但是最终图形作品的表达是脱离了客观现象的，仅仅在一定程度上化繁为简地示意性地说明客观现象。聚焦到黑洞照片上，黑洞照片如实地反映了黑洞自然的面貌，并没有经过抽象思维的提炼加工，也没有按照作者的意愿进行增添，因此并非图形作品。

3. 黑洞照片的创作依赖摄影设备

随着计算机技术的发展，一件数字化的美术作品与一件数字化的摄影作品两者本身之间可以是完全一样的。这是由于承载这两者的载体形式可以是相同的客观事实所造成的，即数字化的美术作品与数字化的摄像作品的载体都是计算机、手机、VR 等电子显示设备。电子显示设备中的每一个像素给观看者的体验是感观的，但每一个像素所显示的颜色、亮度等信息均可以由一组参数值来表征。作品之间每一个像素值的参数值都对应相同时，数字化的美术作品与数字化的摄像作品在观看者的感观上就是一模一样的作品。

作品最终表现形式的一致导致作品类型似乎也发生重合的问题，并非数字化时代才出现。实际上，在胶片时代已经存在这样的问题。我们知道在当今数字化时代可以通过 PS 等软件进行修图甚至绘图，而在胶片时代同样存在数字图像处理技术，只不过不是在计算机上进行数字图像处理，而是直接在胶片上进行物理处理。例如，较为公众所知的电影剪辑师的工作就包括将不连续的胶片剪断后重新拼接成连续的胶片。同样地，对于同一张胶片，也可以通过刮除、局部拼接等手法将胶片中原来拍摄的物体去除或者增添新的物体，因此完全可以通过手法技巧从无到有得到一张胶片，这张胶片冲印后就得到一张照片。即使不借助特殊的工具，依靠作者的技艺就可以得到与摄影作品无异的美术作品。以冷军为代表的当代超现实画派便可以将画作绘画得栩栩如生而代替照片。其通过艺术的手法用画笔画出的作品实现自我对客观世界认知的表达，达到以假乱真的效果，令赏画者认为比照相机得到的摄影作品更有冲击力。

虽然作品最终的表达是一样的，但是创作的过程是不一样的。著作权法之所以要区分不同的作品类型，立法目的之一是要保护不同作品的创作过程。同样的一幅人物肖像，若用相机拍摄，创作过程涉及曝光的调整、光圈的调整、光线的把握、焦距的调整等拍摄技巧；若以当代超现实画派的手法绘画而成，创作过程则涉及颜色的选取、画笔运用的技巧、光影绘制的技巧等油画技巧。不同的创作过程体现了不同的艺术造诣与创作高度，因此作者的精神性权益与财产性权益自然也应当不同。

因此，著作权法始终都在对人类表达技术的发展作出回应。以更接近我国的大陆法系国家德国为例，德国著作权法最初含有对美术作品的保护，当摄影技术刚出现时发生过是否要将摄影得到的作品纳入美术作品的范畴进行保护的争论，但之后随着摄影技术的成熟与普及，人们发现美术创作的手法技艺与摄影创作的手法技艺在诸多方面均存在较大的不同，由此才新增摄影作品的作品种类，并开始对摄影作品进行保护。EHT 组织显然无法在缺少上文提及的超级照相机的情况下绘制出黑洞照片，从创作手法技艺上可以知道黑洞照片属于摄影作品。

4. 黑洞照片是摄影作品定义的自然扩展

谈及作品定义的自然扩展有其合理性。从历史来看，人类早期的作品多是口头作品和美术作品。例如，世代口耳相传的民谣传说、洞穴中的壁画均是人类最初的作品，此时作品的定义还相当窄。之后，随着人类文明的进步，一方面是作品的种类增多，摄影作品、电影作品、计算机软件等作品相继登场；另一方面是承载作品的载体的形式增多，胶片、磁盘、光盘、激光等载体陆续问世，作品的定义自然地也相应地进行了扩展。还有一方面是作品的传播形式同样增多，以信息网络传播权为例，正是信息网络的从无到有，带来了信息网络传播权的立法。

与科技的飞速发展相比，立法在大多数时候总是显得滞后，通过对作品定义的自然扩展的解释就可以很好地解决立法滞后的难题。因此，允许作品定义进行自然的扩展是有必要的，也是符合客观规律的。当然在进行作品定义的自然扩展中也需注意区分，防止作品定义过度扩展。如果科技的进步带来的是对作品载体的改进，原则上则不适宜认为是作品的扩展，而仅仅是承载作品的载体在“物”上的变化，自然能够适用于现有的著作权法加以调整，但物权是否需要调整则不在本文的讨论话题之内。如果科技的进步带来的是对作品传播形式的改进，则应当更多地从作品的利用与作品的维权角度来考虑问题，作品本身同样没有发生质的改变，适宜通过新增著作权的子权利来回应科技的发展。只有当借助科技力量使得作品本身发生质的改变，甚至对现有的作品种类的内涵外延进行扩展后仍然不足以反映这类作品时，才有必要新设立作品的种类。

在摄影的技术发展历史中，从较早的感光胶片至如今的数码摄像，摄影作品的定义也在相应地扩展，唯有如此才能赋予创作者及时的保护。黑洞照片与传统摄影作品相比，只不过运用了更高级的摄影设备，属于摄影作品定义的自然扩展。

（二）处理黑洞照片的计算机技术可获得专利权保护与著作权保护

著作权法的基本原则之一是保护对思想的表达，而不保护思想，即表达与思想二分法。著作权法一方面要保护、激励作品的原创和传播，另一方面要平衡作者与公众之间的利益。这看起来似乎相互矛盾，因为要激励作品的原创和传播就要给予强保护，而为了平衡作者与公众之间的利益则需要给予弱保护。表达与思想二分法很好地找到了其中的平衡点，其背后的原理在于思想是相对有限的，要防止思想被垄断而导致该思想的全部表达也被垄断，以免严重损害到公众的利益。由于作品都是可以将思想与表达较为明确地区分开的，因此可以将思想与表达作为界限，分别予以不保护和保护。

黑洞照片处理软件中一定具有算法，所谓算法是指针对问题的解决思路策略，属于抽象对象。要让计算机了解到人类头脑中的算法是如何的，则需要将算法具体化为源代码。源代码的编写，与编写语言以及编程人员的个人风格有很大的关系，因此即使算法相同，其往往能够对应得到不同的源代码。也就是说，黑洞照片处理软件的算法属于思想，不受著作权法的保护；黑洞照片处理软件中的源代码属于对思想的表达，可以得到著作权法的保护。

但是若仅仅对黑洞照片处理软件中的源代码给予著作权上的保护，他人则能够较为容易地通过换一种表达的方式来规避侵权。例如，使用不同的计算机编程语言来重新编程得到新的源代码，这显然也不利于保护黑洞照片投资者的利益。此时，就可以通过专利法调整作者、投资者、公众之间利益的平衡。专利法能够对改进计算机内部性能或者改进计算机外部控制的技术方案进行保护，若黑洞照片的处理软件的算法符合新颖性、创造性、实用性等要求，则完全可以通过申请发明专利进行保护。在发明专利中可以采用步骤流程的方式来记载黑洞照片算法所对应的技术方案，也可以通过采用模块单元的方式来记载黑洞照片算法所对应的技术方案。

比如，为形成黑洞照片，各地射电望远镜的观测数据量十分巨大，仅仅一台射电望远镜的观测数据量就达到 100 万 GB，由于数据量过于庞大，科学家不得不重新研究新的处理算法，以加快数据处理速度。这一算法所对应的技术方案可以通过申请专利得到保护。当然，也可以通过技术秘密的形式进行保护。处理黑洞照片的计算机处理软件要运行起来，必须依赖源代码的开发。这些源代码对应计算机软件著作权的范畴，可通过著作权中的计算机软件著作权得到保护。这样，计算机软件既可以通过专利法得到保护，同时可以通过著作权法得到保护，两种保护之间不仅互不冲突，而且可以相辅相成。

五、黑洞照片知识产权问题之合理使用

1. 黑洞照片可以合理使用而不需要支付报酬

有媒体报道某位专家称黑洞照片全世界都可以使用，只要注明出处。笔者猜测该位专家的意思具体指在论文中引用黑洞照片属于合理使用的行为而不需要支付报酬，而并非任何使用行为都是免费的。

我国签订的国际条约及我国国内法均对合理使用进行了规定。《保护文学和艺术作品伯尔尼公约》要求成员方在不损害作品的正常使用且不致无故侵害作者合法权益的前提下，需允许在某些特殊情况下对作品进行复制。《与贸易有关的知识产权协定》规定，与作品的正常利用不相冲突，不会不合理地损害权利持有人合法利益的情况下，成员可以对排他权进行限制。我国《著作权法》中相应规定了合理使用的条款，即在一定的条件下，可以不经著作权人许可，不向其支付报酬，但应当指明作者姓名、作品名称，并且不得侵犯著作权人依照本法享有的其他权利。

例如，为个人兴趣爱好学习研究欣赏，或者为介绍评论作品，或者为报道时事新闻，在报纸、期刊、广播电台、电视台等媒体中不可避免地再现或者引用黑洞照片，均属于合理使用的范畴。当然，若将黑洞照片用于广告宣传等商业活动中，则不属于合理使用的范畴。

2. 黑洞照片的合理使用存在例外情形

黑洞照片作为摄影作品，受到著作权法的保护，包括对著作财产权的保护，也包括对反映作者人格和精神的著作人身权的保护。著作人身权中有一种类型叫作保护作品完整权。所谓保护作品完整权，是指作品不受歪曲、篡改的权利。笔者注意到在有关黑洞照片的文章中，有人以戏仿的方式对黑洞照片进行调侃，也有人在黑洞照片的基础上进行修改制作表情包。暂且不论这些行为本意是善是恶，仅从著作权法来看，对于人类历史首张黑洞照片而言，在未征得作者明确同意的情况下，这些行为并不合适，应排除在合理使用的范畴之外。另外，从著作财产权的角度出发，在黑洞照片基础上的进一步创作虽然产生了新的作品，但是该新的作品是在

原作品黑洞照片的基础上进行改编得到的，其背后的实质是在黑洞照片作者的表达基础上又添加了自己的表达，已经构成对他人作品的使用。当然，如何区分是为个人学习、研究或者欣赏等正当目的来合理使用黑洞照片，还是调侃性质的对黑洞照片的不合适的使用，在认定上具有难点，难点在于如何区分合理与不合理本身就是复杂的司法执法实践的探究内容。司法执法的引导应当对黑洞照片这一科学界伟大事件进行积极正面的赋能。

六、总　　结

黑洞照片并非利用哈勃等空间望远镜所直接拍摄的照片，而是利用甚长基线干涉测量技术联合多台射电望远镜与超级计算机拍摄的照片。首先让位于地球地表的多个地点的射电望远镜同步聚焦单一的黑洞进行观测，然后将各地的观测数据通过超级计算机进行关联与合成，最终得到黑洞照片。其等效于通过一个超级照相机拍摄得到的摄影作品。

黑洞照片需要借助超级计算机来大量地运算以合成数据，并最终根据这些数据来对应得到黑洞照片的数字化数据信息。虽然这项工作看似是由超级计算机按照合成算法完成的，但是超级计算机的合成工作只是拍摄过程中的一个环节。一方面，通过 AI 计算机合成的作品是否具有著作权仍然需谨慎对待和探究；另一方面，除了合成环节之外，在其他环节包含人类的摄影技巧艺术，体现出人类的独创性工作。

黑洞照片的创作者包括选取目标黑洞、选取拍摄时间、选取染色颜色的自然人。黑洞照片属于利用计算机处理得到的职务作品中的摄影作品。几百位科学家的智力劳动成果可通过著作权以及专利权等知识产权进行保护。

拍摄黑洞照片是宇宙天文科学的历史性事件，使得广义相对论有关黑洞的预测得到证实，标志着人类为探索宇宙又迈出了重要的一步。在厘清上述基本知识产权问题之后，希望公众能避免关注炒作，更多关注黑洞照片的科学成果，同时也更多了解黑洞照片相关科学成果涉及的知识产权法律保护的本质。

云存储相关著作权侵权问题研究

■ 李　源　郭国中

摘要：云存储服务在给人们的生活、工作、学习带来便利的同时也引发了相关著作权侵权问题。我国相关法律立法或修订之时未考虑到云存储服务的特殊性，与此同时，我国司法实践对“云存储服务”缺乏充分的认识，将其归为传统网络信息存储空间，相关法律并不能对云存储著作权侵权问题进行有效的规制，权利人往往陷入维权的困境。云存储平台既是信息存储平台，又是隐蔽而快速的分享平台，应当借鉴国外立法、司法经验，针对我国云存储中著作权侵权的特点，统筹法律层面、技术层面、商业模式三个方面的规制手段，探讨出一条长效解决机制。

关键词：云存储；著作权侵权；分享；信息网络传播权；间接侵权

一、引　言

“代码创造、并改变了规则”。[1]“云存储技术”对网络空间的运行控制带来了革命性的冲击，伴随着网络空间技术革新的是网络空间法律关系的改变，而这一法律关系的改变冲击着现行著作权制度下的利益平衡和激励机制。目前，国内外专家、学者对网络著作权侵权问题进行了较为深入的系统研究，对云存储中著作权侵权探讨却很少。国内外对网络服务提供者著作权侵权的归责原则是过错责任原则、构成要件的分析，包括对我国

[1] 劳伦斯·莱斯格．代码2.0：网络空间中的法律［M］．李旭，沈伟伟，译．北京：清华大学出版社，2009：59.

《侵权责任法》第 36 条“知道规则”的探讨，美国《数字千年版权法》相关规定的探讨，以及其他网络著作权侵权相关法律和典型案例的研究都较为丰富。因此很多学者主张以网络著作权侵权理论来解决云存储平台的著作权侵权问题，这一观点是片面的。云存储平台的著作权侵权问题和传统的网络版权问题一脉相承，却呈现出特殊性，传统的网络版权问题和云存储著作权侵权问题不可同日而语。

《最高人民法院关于审理侵害信息网络传播权民事纠纷案件适用法律若干问题的规定》（以下简称《信息网络传播权司法解释》）和《信息网络传播权保护条例》对于网络环境下著作权侵权问题，诸如直接侵害网络传播权行为、间接侵害信息网络传播权行为、网络服务提供者的主观过错认定、直接经济利益与网络服务提供者责任承担的关系做出规定，然而《信息网络传播权司法解释》并未考虑到云存储环境下著作权侵权问题。司法实践中，法院亦多机械地依据《信息网络传播权保护条例》和《信息网络传播权司法解释》，结合《著作权法》和《侵权责任法》对案件事实分析论述，并据此作出判决。云存储环境下，著作权人、云存储平台、网络用户三者间的力量对比、利益博弈已经发生变化。与此同时，微信、微博等社交平台以及淘宝平台对云存储环境下的著作权侵权也产生了不可忽视的作用力。2016 年的“姜某某与刘某某著作权权属、侵权纠纷案”[1]以及 2017 年 12 月的“肖某某、成都一间房教育咨询有限公司侵害信息网络传播权案”（以下简称“肖案”）[2] 均系侵权人利用百度云平台和淘宝平台侵害著作权的案件。笔者注意到，“肖案”的二审判决书指出，一审后侵权人已经删除相关全部涉案视频，但是二审期间又继续销售一审中涉案视频。究其原因，云存储技术极大地改善了传统网络技术中存储服务器对备份服务器以及硬盘的依赖，理论上利用一系列复杂的计算并联多个系统服务器，可以将文件无限备份，这也是“云盘秒传”技术的基础，故

[1] 杭州市余杭区人民法院（2016）浙 0110 民初 3962 号。

[2] 四川省高级人民法院（2017）川民终 650 号。

而云存储空间常常呈现“野火烧不尽，春风吹又生”的侵权态势，被侵权人往往陷入维权困境。在2016年的“北京百度网讯科技有限公司与北京中青文文化传媒有限公司侵害作品信息网络传播权纠纷案”（以下简称“中青案”）[1]中，二审判决书明确指出，百度公司已经于云存储空间中删除涉案作品《考拉小巫的英语学习日记》《现在，发现你的优势》以及《高效能人士的七个习惯》，然而笔者于2018年8月16日采用“云盘搜”搜索关键字，仍然可以很轻易搜索到三本涉案书籍的电子版，并将其转存自己的百度云盘并下载。代码是规制网络空间的重要手段，然而代码不能完全解决技术发展所带来的负效应，需要法律对这些负效应做出应对。因此，云存储平台的法律定性，云存储空间著作权侵权中的各方侵权主体的责任有必要在理论上厘清，在此基础上，找出针对云存储平台的著作权侵权最合适的法律规制和技术规制手段。

二、云存储平台对著作权保护的冲击

（一）云计算和云存储

大数据时代知识日新月异，数据传播的频次、速度得到了空前的提高。建立在数字传播基础上的网络给著作权的保护带来新的挑战。在网络环境中，原先只能通过纸张、电话、电报等传播的内容得以数字化，从而使得内容的复制、传输、演绎变得十分容易。同时，网络平台的地位日益突出，网络服务提供者作为传播者于著作权实现的过程中举足轻重，网络平台对数据信息的传播起着至关重要的作用。云计算技术是传统网络技术的进一步发展，云计算技术与传统网络技术在应用模式、服务器组成、信息的运行和处理等方面存在诸多不同，如表1所示。

准确的云计算定义在理论界存在争议，目前依旧没有一个公认的标准。关于云计算的定义有众说纷纭的观点，不同厂家的云计算实施方案采取的技术各不相同。简言之，云计算就是很多技术的积累和组合，云计算更像是一种技术理念，为达到大规模信息计算、充分利用计算机资源而实

[1] 北京市高级人民法院（2016）京民终248号。

施的复杂技术方案和资源配置方式。❶

表 1 云计算技术与传统网络技术的不同

	云计算技术	传统网络技术
应用模式	所有的资源都抽象化为服务，用户通过网络来实现资源的访问和获取	通过单线折返模式实现资源数据请求，即资源数据请求通过网络传递，经过 DNS 服务器，再到具体的应用服务器，最后将处理结果反馈给用户的客户端
服务器组成	由高级算法实现服务器的并联，服务器对信息的处理都是点对面的，从而实现多任务同时处理和存储、访问的服务器集群控制	单一、点对点的处理服务器和存储服务器，对存储访问进行控制
信息的运行和处理	云系统的操作凭借高度的服务器群组以资源共享的方式来实现，这些功能强大的服务器皆有云服务提供商进行部署和提供，用户的客户端在计算机资源分布上应当处于次要地位	信息的运行和处理是本地终端服务器运行的结果，在这一过程中存在相关的人力资源的配置

毋庸置疑，云存储是云计算技术的一种，云盘又是运用云存储技术的典型产品，前文已述，云计算技术囊括的技术很多，云计算是将“云下”的硬件整合设立在“云端”，使得计算能力大幅提高，从而更好地满足用户的需求。❷ 正因为云计算技术的概念过大，想要以有限的篇幅穷尽地论述云计算相关著作权侵权问题十分困难，云存储与著作权作品的复制、信息网络传播息息相关，联系最为密切，该类问题又以云盘中的著作权侵权问题较为典型。云存储的应用范围很广，并不局限于云盘。例如，新浪微博能够展现给用户丰富多彩的信息，实则是云存储技术的“功劳”，大量的信息被存储在云技术搭建的云存储后台中。与此同时，有道云笔记、网易云音乐等无一不是运用云存储技术搭建云存储平台。

❶ 云计算［EB/OL］.［2018-08-01］. http：//zh. wikipedia. org/zh-cn/.

❷ 寿步，王晓燕. 云计算知识产权问题研究［M］. 上海：上海交通大学出版社，2014：5.

（二）云存储平台中著作权侵权问题的独特性

早期的信息存储平台仅包含文件的存储、备份、共享等，而云计算技术的迅猛发展使得数据的在线处理得到普遍使用，网络存储的成本急剧下降。云存储具有许多功能，如同步与存储功能、分享功能、在线播放功能、搜索功能等。[1] 同步与存储功能实质是采用分散式服务器存储的方式很好地卸下了云存储商本身服务器的负担，在此基础上利用云存储商本身服务器保证存储的稳定性。云存储还优化人机交互界面，使得同步与存储功能、分享功能、在线播放功能、搜索功能集于一体，很好地减少了操作步骤。如此，云存储降低了侵权的门槛，使得过去有著作权侵权之心却缺乏计算机知识的网络用户跳过技术的沟壑，轻易地获取侵权文件，侵害著作权人的利益。

云存储平台的著作权侵权问题和传统的网络著作权侵权问题在本身的功能特点、侵害著作权的影响、适用“通知—删除”规则后的影响等方面存在诸多差别，具体的比较分析如表 2 所示。

表 2　云存储平台与传统网络著作权侵权特点分析

	云存储平台	传统网络
特性	极高的复制效率、传播效率，与其他平台呈现优良的兼容性，分享资源也需要借助链接，但是不存在深层链接和普通链接的区分问题，因为资源存储在云端	复制效率、传播效率明显不如云存储平台。分享资源需要借助链接，链接分为深层链接和普通链接
侵害著作权的影响	极易形成“链式”侵权，造成大范围、不可逆转侵权损害。成为大文件，如网络视频课程、电影资源、电视剧资源版权侵权的温床。只要从云的这一端存储至云另一端（往往只需要几秒钟）即完成存储，且存储后的信息往往不会因为原始文件的删除而消失	不易形成“链式”侵权，造成大范围、不可逆转侵权损害。大文件复制、传播效率较慢，存储后的信息往往因为原始文件的删除、原始链接的删除而消失

[1] 冉华庆．刍议云计算环境下数字版权的法律保护［J］．出版广角，2017（21）：51-53.

续表

	云存储平台	传统网络
适用“通知—删除”规则后的影响	即使资源分享链接被删除后，依然会因为后期的分享产生新的可用链接，在“云端”存储的著作权侵权资源依然可能产生新一轮的链式侵权，造成大范围、不可逆转侵权损害	资源分享链接被删除后，尤其是原始链接被删除后，往往使得资源无法下载，下载工具客户终端限制下载后，也往往使得侵权资源无法下载

（三）云存储相关著作权侵权表现形式的具体举例

云存储相关著作权侵权的类型主要分为直接侵权和间接侵权，直接侵权又可以分为侵害复制权侵权和侵害信息网络传播权侵权。云盘是运用云存储技术搭建云存储平台的典型产品，云盘相关著作权侵权问题体现了云存储技术的著作权侵权的类型与表现形式。截至 2017 年 11 月最后一周，我国云盘存储用户规模高达 1.89 亿。其中，OneDrive 过去半年日新增用户量均值为 227.9 万，百度网盘为 77.2 万，微云为 7.8 万。[1] 截至 2018 年 9 月，个人云盘在 PC 端的月活跃用户规模为 1.7 亿，在移动端的月活跃用户规模为 7511.3 万，个人云盘月活跃用户总计规模为 2.45 亿。[2]

云盘中以百度网盘的用户最多，2016 年，百度网盘全球总用户数就已经突破 4 亿，[3] 百度网盘用户首次注册完成指定的任务，即可获得 2T 的存储空间，百度网盘客户端已经覆盖 PC、平板电脑和手机客户端。百度网盘用户可以轻松地把自己电脑中侵犯著作权的作品上传到云端，并可跨终端随时随地查看和分享。相较于曾经的利用云存储搭建的百度文库平台（只能够分享文档），云盘是云存储技术突破发展的体

[1] 2017 年云盘市场研究报告［R/OL］.［2018-08-01］. http：//baijiahao. baidu. com/s?id=1587601055213222774&wfr= spider&for= pc.

[2] 2018 年中国个人云盘行业报告［EB/OL］.［2020-04-25］.http：//www. sohu. com/a/283119325_ 313170.

[3] 百度网盘［EB/OL］.［2018-08-01］. https：//baike. baidu. com/item/% E7% 99% BE% E5% BA% A6% E7% BD% 91% E7% 9B% 98/ 6891699？ fr= aladdin.

现，云盘可以实现大文件（如高清蓝光电影、课程视频文件夹）的“秒传”。只要百度网盘用户将侵害著作权作品的分享链接放置在百度贴吧、百度网盘的分享页、聊天平台、新浪微博等，理论上 4 亿多的百度用户都可以通过网盘搜索、新浪微博搜索、购买或分享链接等获得侵犯著作权的作品。目前百度“云端”存在的著作权侵权文件种类覆盖甚广，主要包括的种类及情况如表 3 所示。

表 3 百度“云端”著作权侵权文件的种类及情况

种类	典型举例	备注
电影与电视剧等	如《西虹市首富》《头号玩家》《闪电侠》（第一季至第四季），可以说最新的、最受欢迎的影视作品应有尽有。具有代表性的是各种课程视频，如考研辅导课程视频、公务员辅导课程视频以及法律职业资格考试的“密训”课程等	2017 年华图公司诉时代联众公司著作权权属、侵权纠纷案以及 2016 年新东方教育公司诉皖枫林公司、天猫公司著作权权属、侵权纠纷案是典型的涉及网盘中的课程视频侵害著作权的案件
		2013 年年底，优酷土豆、搜狐视频、乐视网等视频聚合平台启动“中国网络视频反盗版联合行动”。行动中，起诉百度公司的视频纠纷案不下百起，而这些涉案的视频正是存储在云存储平台，甚至直接出现在网盘的云服务器中
游戏软件	如《生化危机》《三国志 13》《真三国无双》《战国》《实况足球》《极品飞车》等	许多经典的单机游戏大多存储于光盘中出售，而当普通用户或者不法商家将游戏上传至“云端”时，大范围、不可逆的游戏软件著作权侵权便产生了，2018 年 3 月，株式会社光荣特库摩游戏诉北京三鼎梦软件服务有限公司著作权侵权纠纷是典型的涉及云盘中的游戏软件侵害著作权的案件
文字作品	如 pdf、mobi、aw3 等各种文件格式的电子书（其中许多都涉及著作权侵权）	相较于百度文库，电子书著作权侵权在云存储平台更加严重，不法商家常常以电子图书库的形式出售侵权电子书，与此同时，有些微博博主、微信公众号为吸引人气，常常采取赠送侵权电子书的“吸粉”方式。2016 年，中青文文化传媒诉百度公司著作权纠纷案涉及网盘中的侵权电子书

百度公司在百度百科中表示，百度云更名为百度网盘后，百度网盘将更加专注发展个人存储以及个人备份的相关业务，事实却并非如

此。云盘从其产生发展至今始终保持着“云”的烙印。利用云存储技术极高的信息复制和传播效率，网盘的分享功能实现了质的飞跃，网盘还可以实现多个终端的同时在线，即 4 亿多网盘用户理论上可以同时登录同一个百度网盘账户，浏览相关著作权侵权文件，这是某些网店出售网盘账号的原因。近来，百度公司关闭了网盘部分分享功能，但是用户 A 仍然可以通过订阅感兴趣的网盘用户 B，而后在分享动态中查看到用户 B 分享的资源。例如，考研的学生可以通过订阅某些经常分享考研资料的网盘用户，而后在分享动态中获得侵害著作权的作品。侵害著作权的作品犹如搭乘火箭般被传播到各个用户的电脑中。与此同时，网盘用户还可以通过购买资源链接的方式获取侵害著作权的作品。于是，许多著作权人的作品也许在正规渠道销量平平，却在云存储平台受到追捧。

云盘的著作权侵权情形只是云存储中著作权侵权的一个典型缩影，现在的许多侵害著作权的网站都抛弃购买服务器空间的做法，而是借助云存储技术建站。这样既降低了侵权成本，也提高了复制和传播侵权作品的效率。同时，许多电视机机顶盒也将电视节目复制上传至云存储中，供用户选择时间、地点，侵害著作权人权益。

（四）云存储技术引发新的著作权保护问题

1. 云存储平台打破了各方利益平衡

云存储平台本质上是一种用户将资源上传至云端，有需求的用户通过搜索、朋友分享等途径获得资源的平台。云存储平台的产生是大数据时代信息爆炸式增长的必然需求，也是现今信息备份、存储以及分享最高效的途径。技术本身是中立的，静态地看云存储平台促进了人们的交流，方便了人们的生活，并不违反相关法律。

然而，当云存储用户将侵害著作权的信息资源上传至云端，情况便发生了变化。只要侵害著作权的信息资源有需求，信息资源就会不断地被复制传播，用户只要获得分享链接，便可以十分方便地获取资源。而且，该侵害著作权信息资源的原始文件、原始链接即使被删除，也依然在云端存在无数复制件。正因为如此，许多不法商家开始通过“淘宝平台”“微博”等平台倒卖云端盗版资源。于是，一个云存储平台用户上传侵权资源信息、不法商家上传并且倒卖侵权资源信息的多方参与的著作权侵权格局产生了。著作权人对在云端传播的作品失去了“控制”，找不到一种有效维权途径，而云存储服务提供者在“法外之地”获取着经济利益。

传统网络平台产生了服务提供者、网络用户，对著作权制度带来了巨大的影响。这一影响导致无法单纯地通过已有的法律和“代码规则”规制侵权行为，平衡各方利益。故而各国纷纷通过立法对著作权间接侵权进行规制，平衡著作权人、网络服务提供者和网络用户的利益。如今，云存储平台再次打破这种平衡，故而需要对云存储平台的作品复制、信息传播进行有效的规制，对云存储服务提供者的责任做明确的规定。这犹如印度洋的圣诞岛上，原本各种蟹类动物和谐共生，但近代的人类将黄疯蚁带入后，破坏了原本的生态，使得许多蟹类动物几乎灭绝。难道将黄疯蚁带入圣诞岛的人类不需要对此承担责任吗？如今，云存储也正如“黄疯蚁”一样破坏着著作权制度原本的“生态”。

2. 云存储平台使侵权后果更严重

云存储打破了软件和硬件的界限，云存储空间极易形成“链式”侵权，造成大范围、不可逆转的侵权损害，成为大文件（如网络视频课程、蓝光电影资源、电视剧资源）著作权侵权的温床。只要从云的这一端存储至云的另一端（往往只需要几秒钟）即完成存储，且存储后的信息往往不会因为原始文件的删除而消失。

云存储平台中的信息复制和信息传播极其高效，使得侵权成本进一步降低。与此同时，云存储服务提供商对于作品的控制和实际传播具有优势地位，使得著作权的保护置于更脆弱的状态。云存储中的侵权行为具有信息、资源和作品集中化的特点，使得云存储平台中的著作权侵权呈现规模化、组织化以及专业化的特点，显然不同于传统网络平台中的多点状用户侵权。[1]

3. 云存储不利于版权产业长期利益的保护

法律上如何处理著作权人和云存储平台的关系，直接影响互联网的发展前景，也会影响高新技术产业的未来。

当下的云存储平台缺乏法律的规制。长期来看，具有十分显著的负外部性；短期来看，云存储平台有着巨大的社会效益，个人花费很小的边际成本就能够享受他人共享的诸多受著作权保护的作品。云存储技术下个人花费的成本远小于社会成本，然而社会成本则主要是由著作权人来直接承担的，长此以往，著作权人的利益将会严重受损，其创作的积极性也会被严重挫伤。这不利于社会创造性的发展，更不利于著作权产业的发展。

三、云存储著作权侵权问题的规制比较

（一）我国云存储平台著作权侵权的相关立法

我国法律中并没有对云存储相关著作权侵权问题的直接规定，因而依据我国现行的法律法规，云存储相关著作权侵权问题应当归为网络著作权侵权，适用《侵权责任法》《著作权法》《信息网络传播权保护条例》《信息网络传播权司法解释》的相关规定。

现行《著作权法》第 10 条第 12 项规定了“信息网络传播权”，信息网络传播权从权利内容方面看是赋予著作权人以及许可他人向网络上传和使用其作品的权利。与此同时，该权利也赋予著作权人禁止他人未经许可向网络上传其作品的权利。如何认定“信息网络传播行为”的定义存在争议，“信息网络传播行为”曾被认为仅涉及在信息网络环境中“提供作品”的行为（对应于“服务器标准”），而“其他提供服务行为”都被不归于信息网络传播行为。2013 年，最高人民法院相关负责人答记者问时指出，信息网络传播行为包括“作品的提供行为”和“其他信息网络传播行为”，“其他信息网络传播行为”主要指“提供服

---

[1] 王玮．云计算服务提供商著作权侵权责任探究——兼论视频网与百度网的著作权争议［D］．重庆：重庆大学，2015：12-13.

务而非直接提供作品的行为”。[1] 这扩大了信息网络传播权的外延，却带来了一个逻辑上的悖论。“提供服务的行为”包括部分间接侵权行为，如提供网络技术服务的行为、云存储技术服务行为。信息网络传播权属于著作权的专有权，侵害著作权专有权的行为应当构成直接侵权，如果将非直接提供作品的间接侵权行为都纳入信息网络传播权的规制范围内，岂非部分间接侵权行为既构成直接侵权，又构成间接侵权？岂非直接侵权将间接侵权行为的“收编”？或者认为信息网络传播权是一种特殊的著作权专有权，侵害信息网络传播权的行为有时也不构成直接侵权，这显然存在矛盾之处。

同时，最高人民法院相关负责人答记者问时还指出，认定信息网络传播权的“提供作品”行为仍应当采用“服务器标准”。《信息网络传播权司法解释》在此基础上规定了举证责任倒置，[2] 让著作权人承担举证责任，从而平衡著作权人的利益和网络服务提供者的举证能力。2014 年公布的《中华人民共和国著作权法（修订草案送审稿）》（以下简称《著作权法草案》）并未对“信息网络传播权”的内涵和外延做出修改，也没有细化“向公众传播的权利”。《著作权法草案》虽然在原“广播权”的基础上规定“播放权”，[3] 但依旧没有细化“向公众传播该作品的播放的权利”。综上所述，相关法律显然无法有效规制云存储中侵害信息网络传播权的直接侵权行为。

复制权是著作权权利束的核心，甚至有观点认为，“无复制则无著作权”。无论科技发展到何种程度，讨论著作权侵权都避不开对侵害复

---

[1] 最高人民法院知识产权审判庭．最高人民法院知识产权司法解释理解与适用：最新增订版［M］．北京：中国法制出版社，2016：254.

[2] 《信息网络传播权司法解释》第 6 条规定，“原告有初步证据证明网络服务提供者提供了相关作品、表演、录音录像制品，但网络服务提供者能够证明其仅提供网络服务，且无过错的，人民法院不应当认定为构成侵权。”

[3] 2014 年《中华人民共和国著作权法（修订草案送审稿）》第 13 条第 6 项规定：“播放权，即以无线或者有线方式公开播放作品或者转播该作品的播放，以及通过技术设备向公众传播该作品的播放的权利。”

制权的探讨。云存储技术使复制效率得到空前提高，云存储空间可以将文件无限地备份。尽管如此，网络空间的复制权侵权理论依旧适用于云存储空间，一是因为复制权经过漫长的理论积累沉淀，其概念的内涵和外延都已经十分明确；二是因为云存储下复制效率的空前提高的现实并未衍生出新的复制侵权情形。因此，现行法律可以应对云存储相关复制权侵权问题。

著作权侵权问题分为直接侵权和间接侵权，长久以来，学界一直对“间接侵权”存在争议，许多知识产权法的教材也无“间接侵权”的提法，杨明老师就认为“间接侵权”是一个伪命题。[1] 究其原因，“间接侵权”制度是舶来品，对其能否统一于我国侵权法之法律体系下存在疑问。《信息网络传播权司法解释》将网络服务区分为内容提供行为和网络服务提供行为，从而作为我国网络时代认定著作权侵权责任的基础，在总结司法实践判例的基础上，明确了网络服务提供者的主观过错认定的标准、直接经济利益与网络服务提供者责任承担的关系、信息存储空间网络服务提供者责任的判定等问题，首次明确了网络服务提供者的间接责任，网络服务提供者教唆或者帮助网络用户实施具体行为的，要承担相应的责任，但是其并未明确网络服务提供者究竟以哪一种方式承担责任，也没有明确规定承担责任的性质。之后，最高人民法院负责人针对《信息网络传播权司法解释》的答记者问时提出，网络服务提供者的教唆、帮助行为属于间接侵犯信息网络传播行为，对网络用户的直接侵权的行为承担连带责任。[2]

依据法理，《侵权责任法》是上位法，而《信息网络传播权司法解释》则为下位法，《侵权责任法》第 36 条优先适用，而《信息网络传播权司法解释》则提供了具体操作的规定以及认定著作权间接侵权责任的

---

[1] 杨明．“间接侵权”辨：从“百度、雅虎案”说开去［J］．网络法律评论，2009（2）：16-28.

[2] 最高人民法院知识产权审判庭．最高人民法院知识产权司法解释理解与适用：最新增订版［M］．北京：中国法制出版社，2016：254.

可行标准。《侵权责任法》第36条的“通知—删除”规则，借鉴了国际上相关立法的通行做法，既没有苛责网络服务提供者承担监控义务，亦兼顾了著作权人合理主张自己权益的诉求，从而平衡了利益主体之间的矛盾。这种利益主体之间的平衡是有条件限制的，当这一平衡被云存储环境打破，我们必须寻求更合理的法律规制手段。一般而言，云存储环境对著作权保护的冲击首先体现在对复制权和信息网络传播权的侵蚀上，正是这一冲击使得权利主体、云存储服务提供者、云存储用户间的利益平衡被打破，使得运用传统网络环境下著作权侵权理论解决云存储环境著作权侵权问题呈现出新的理论问题。

云存储不同于传统的信息存储方式，其冲破了传统信息存储的诸多局限，模糊了分散服务器和集中存储器的界限。与此同时，云存储极高的复制、传播效率使得著作权侵权在隐蔽中野蛮生长。我国现行法律缺乏对云存储平台准确的法律定性，未曾考虑云存储服务的特殊性，司法审判中往往借用传统网络著作权侵权理论，适用未曾考虑云存储特殊性的法律来解决云存储著作权侵权问题（包括直接侵权和间接侵权问题），使得著作权不能得到有效的保护，被侵权人往往陷入维权的困境。

（二）我国云存储平台著作权侵权的司法实践

1. 云存储区别于传统信息存储方式

一般而言，司法实践中将云存储平台归入信息存储空间，认为云存储平台主要是为网络用户上传的内容提供存储空间，从而适用《信息网络传播权司法解释》的相关规定。在三面向版权代理公司诉成都久友科技公司信息网络传播权纠纷案[1]中，法院认为涉案的云存储平台属于信息存储空间服务，是云存储服务提供者提供的一个供用户上传和下载信息的平台。迅雷公司诉一一五网络公司著作权纠纷案[2]、中文在线公司诉上海金

[1] 四川省成都市中级人民法院（2012）成民终字第4111号。
[2] 广东省东莞市第一人民法院（2014）东一法知民初字第305号。

灏网络公司信息网络传播权纠纷案❶等的判决书中也有类似的表述。因此，提供云存储服务的网络服务者属于技术服务提供者，对于网络用户上传的著作权侵权文件并没有审查的义务。如此，云存储服务一般不会被认定构成直接侵权，可能被认定构成间接侵权。

在中青文文化诉百度公司信息网络传播权纠纷案❷中，二审法院认为百度云作为信息存储空间，除具有信息存储空间的基本功能外，还具有传递、分享等功能的云服务。这一观点显然和传统的司法描述不同，北京市高级人民法院认识到了云存储服务和传统信息存储平台的一些不同。云存储服务除可以将信息存储至“云端”供用户随时下载以外，还有分享的功能。遗憾的是，北京市高级人民法院对云存储平台的功能做了描述，却没有深入分析。事实上，正因为云存储分享功能的存在，让侵权插上翅膀，使得著作权侵权现象在云存储平台泛滥成灾。

2. 直接侵权的认定

云存储中的直接侵权行为主要包括直接侵害信息网络传播权行为和直接侵害复制权行为。前文已述，现行法律可以应对云存储相关复制权侵权问题，却无法有效规制云存储相关信息传播权侵权问题。我国《著作权法》第48条规定了侵害信息网络传播权的行为，❸什么样的行为可以被归入《著作权法》第48条的规定是网络著作权保护中的一个基本问题。曾有观点认为，信息网络传播行为仅限于网络中“提供作品的行为”，即将作品上传至或者以其他方式放置在服务器中，该服务器向公众开放，提供服务的行为一律不属于信息网络传播行为。最高人民法院认为，伴随着网络技术的发展，使用文件分享技术也可以使得相关作品置于信息网络中，应将信息网络传播扩大解释，以“是否直接提供著作权人的作品”为标准，将信息网络传播行

---

❶ 上海市浦东新区人民法院（2015）浦民三（知）初字第1682号。

❷ 北京市高级人民法院（2014）一中民初字第1401号；（2016）京民终248号。

❸ 《著作权法》第48条规定，未经著作权人许可……通过信息网络向公众传播其作品的，是侵害信息网络传播权的行为。

为区分为“作品的提供行为”和“其他信息网络传播行为”，即一种“直接提供服务而非提供作品的行为”，如网络技术、网络设施的提供行为。❶

《信息网络传播权司法解释》第3条第2款❷对提供行为的具体方式做了列举。司法审判也多是从《信息网络传播权司法解释》出发认定直接侵害信息网络传播权行为。如此，部分符合《信息网络传播权司法解释》规定的“云存储服务的提供行为”也可能构成对著作权人的专有权利（信息网络传播权）的直接侵害，可能构成直接侵权。

采用“归入法”适用直接侵权的相关法条较为容易，只需判断著作权人是否适格，权利人行为是否落入著作权专有权的保护范围，无须考虑行为人的主观过错，也无须考虑其他相关因素，就可以完成直接侵权的认定。如果用户提供了侵权作品，毋庸置疑构成了直接侵权。云存储平台服务提供者能够证明其并非作品的提供者，其行为不符合《信息网络传播权司法解释》第3条第2款的规定，法院一般不认定其为直接侵权。如果云存储平台服务提供者不能证明没有提供作品，有些法院则会推定云存储平台服务提供者构成直接侵权，表4中案例1和案例2的法院观点正体现了这一点。法院对直接侵权行为的认定符合法律的规定，并通过分配举证责任的方式平衡双方的利益。然而，法院审理案件时所依据的我国《著作权法》并未细化信息网络传播权，也未规定信息网络传播权包含“二次提供行为”，这使得云存储中的“直接侵权”得不到有效的规制。

---

❶ 最高人民法院知识产权审判庭．最高人民法院知识产权司法解释理解与适用：最新增订版［M］．北京：中国法制出版社，2016：254.

❷ 《信息网络传播权司法解释》第3条第2款规定：“通过上传到网络服务器、设置共享文件或者利用文件分享软件等方式，将作品、表演、录音录像制品置于信息网络中，使得公众能够在个人选定的时间和地点以下载、浏览或者其他方式获得的，人民法院应当认定其实施了前款规定的提供行为。”

表 4　直接侵权认定的相关案例

【案例 1】玄霆公司诉百度云公司信息网络传播权案❶	上海知识产权法院认为，百度云公司只是在有声小说的页面上公布了有声小说的主讲者名称，并无证据证明上述主讲者即相关音频的上传者。此外百度公司提供了其百度乐播网站的“权利保留声明”，证实了云存储中侵权作品来源的两个途径，即第三方上传和百度公司通过 POD-CASTFEEDRSS 公开协议主动索引所得，因而认定百度公司构成直接侵权
【案例 2】央视公司诉开博尔公司著作权纠纷案❷	上海知识产权法院认为，央视公司已经完成初步的举证，而开博尔公司仅仅推论却没有证据证明其确实没有提供作品，故认定开博尔公司直接侵害了权利人的信息网络传播权

3. 间接侵权的认定

《信息网络传播权司法解释》第 7 条具体规定了两种间接侵权行为，即教唆侵权行为和帮助侵权行为。❸ 复杂的网络环境和著作权侵权的特殊性决定了直接侵权行为往往不是孤立存在的，时常需要有第三人的帮助，区分直接侵权和间接侵权具有重大的意义。与直接侵权不同，间接侵权的认定需要考虑侵权行为人的主观过错。司法实践中判断网络服务是否构成间接侵权亦需结合《信息网络传播权司法解释》第 8~13 条综合判断网络服务提供者的主观过错，然后认定是否构成间接侵权行为。

《侵权责任法》第 36 条第 2 款规定的“被通知不取下”标准用于判定行为人是否主观上存在“故意”。而“红旗测试标准”则用于判定行为人是否明显知道。相较于《侵权责任法》第 36 条对主观过错“知道”的笼统规定，《信息网络传播权司法解释》细化规定了明知和应知

❶ 上海知识产权法院（2016）沪 73 民终 317 号。

❷ 上海知识产权法院（2015）普民三（知）初字第 312 号；（2017）沪 73 民终 25 号。

❸《信息网络传播权司法解释》第 7 条第 2 款和第 3 款规定了两种侵权行为的具体情形，教唆侵权行为是指“网络服务提供者以言语、推介技术支持、奖励积分等方式诱导、鼓励网络用户实施侵害信息网络传播权行为的，人民法院应当认定其构成教唆侵权行为”。帮助侵权行为是指“网络服务提供者明知或者应知网络用户利用网络服务侵害信息网络传播权，未采取删除、屏蔽、断开链接等必要措施，或者提供技术支持等帮助行为的，人民法院应当认定其构成帮助侵权行为”。

两种主观过错，且在第8~13条列明了判断应知的标准。这和《信息网络传播权保护条例》的规定是一致的，此外《信息网络传播权司法解释》第8~13条对应知的判断标准只是注意规定，法院在审理云存储相关案件时仍需要结合个案的具体情况分析后认定“应知”。明知的含义是云存储技术服务者明确知晓用户使用其提供的云存储服务从事侵权行为；应知的含义是虽然云存储技术服务提供者事实上确实不知云存储侵权行为的存在，但从法律和证据证明事实出发可以推定其应当知道。我国的司法实践中判断“应知”一般考虑以下几个因素：（1）提供云存储技术服务的类型；（2）常识和公知的事实；（3）用户侵权时间的长短；（4）云存储技术服务者的规模大小；（5）云存储服务提供者是否获取了经济利益。❶

考虑到相较于其他网络服务，网络信息存储空间引发的纠纷较多，《信息网络传播权司法解释》第12条对网络信息存储空间的网络服务者构成应知进行了归纳。❷ 该条是例外规定，是最高人民法院在权衡利弊后认为热播影视作品的制作成本普遍较高，著作权人一般情况下不会无偿放置在信息存储空间中供观众免费使用，如果信息存储空间中出现了热播影视作品，信息存储空间服务提供者应当知道该作品是未经著作权人许可的，如其不采取必要的措施，可以认定信息存储空间服务提供者具有主观过错，应当承担相应的民事责任。《信息网络传播保护司法解释》第12条为认定信息存储空间服务提供者的间接侵权责任铺平了道路。此外，在司法实践中，法院会依据《信息网络传播保护条例》第22条（又称“避风港规则”）分析行为人是否符合法条所列5种侵权归则条件，从而判

❶ 程啸．侵权责任法［M］. 2版．北京：法律出版社，2015：416-417.

❷ 《信息网络传播权司法解释》第12条规定认定信息存储空间服务提供者主观状态为“应知”的三种情形为：（1）将热播影视作品等置于首页或者其他主要页面等能够为网络服务提供者明显感知的位置的；（2）对热播影视作品等的主题、内容主动进行选择、编辑、整理、推荐或者为其设立专门的排行榜的；（3）其他可以明显感知相关作品、表演、录音录像制品为未经许可提供，仍未采取合理措施的情形。

断行为的主观过错。

云存储并非凭空而降的技术，而是在传统信息存储的基础上经过技术的长期积累而产生的，这也是许多人想当然地认为云存储和传统信息存储并无区别的一个原因。采用我国现行的“间接侵权”制度规制云存储相关著作权侵权问题，看似有逻辑上的合理性，其实是相当不合理的。《信息网络传播权司法解释》并没有从法理上回应司法审判中主观过错的矛盾和冲突，只是有选择地将某些司法审判的经验上升到法律层面，而间接侵权只是散见于相关法律文件中，并没有形成完善的制度。因此，法院认定间接侵权时十分慎重。

如表 4 中案例以及表 5 中案例 3、案例 4、案例 5 所体现的那样，云存储平台的著作权侵权情况复杂，同时各法院对于间接侵权理论以及法律法规的理解有偏差。《信息网络传播权司法解释》第 8~13 条并没有统一标准，所以有些法院理解的“应知”更偏向于明显知道，其认定间接侵权的标尺显然是“红旗测试规则”，如案例 3；有些法院则将“应知”理解为有理由知道，如案例 4、案例 5；有些法院倾向于依据《信息网络传播权司法解释》第 12 条认定云存储平台提供者构成间接侵权，如案例 3；有些法院则倾向于依据《信息网络传播权司法解释》第 8 条、第 9 条以及《侵权责任法》第 36 条，如案例 4、案例 5。案例 3 中的法院观点明显和案例 5 中观点存在逻辑上的矛盾，案例 4、案例 6 中则并没有深入分析间接侵权的构成要件，只是笼统地以云存储平台提供者具有管理职责，提供作品的行为超出合理使用的范围从而认定云存储平台提供者应当承担责任。虽然案例 7 中的观点也是将“应知”理解为倾向于明显知道的应当知道，与案例 3 不同的是案例 7 引入了“善良管理人”的理论，其对间接侵权主观要件的分析也更为深入；但是案例 7 并没有对云存储和传统的信息存储的区别进一步分析，其事实认识本身存在错误。

表 5 间接侵权认定的相关案例

【案例 3】《金陵十三钗》信息网络传播权侵权案❶	天津市第二中级人民法院认为，通常情况下，网络服务提供者对于网络用户在存储空间上传的内容不负有积极的监管义务，而在本案中，被告小米公司开设了影视板块应当具备较高的注意义务，并且在小米科技的云存储空间中存在大量侵权作品，小米公司放任网络用户侵害信息网络传播权的行为，主观上具有明显过错，其行为不适用免责条款，应当承担侵权责任
【案例 4】“三网融合”背景下侵害作品信息网络传播权案❷	杭州市中级人民法院认为对于云存储平台提供者共同提供行为的处理，应当着重考量云存储平台提供者是否存在客观上的“作品的共同提供”以及“利益共享”。如果云存储平台提供者只提供了单纯技术手段，其行为不构成直接侵权，应当适用“通知—删除”规则处理；若平台运营商按自己的意志，对搜索内容进行整理、分类、推荐等行为使得公众可以更加明晰地找到侵权作品，此时有理由相信其对侵权内容是明知地提供了实质的帮助；若双方签订合作协议，并且实施了推广行为，或者明确约定从点击量抽成，利用大数据挖掘潜在用户等形式，可以认定有“共同提供”
【案例 5】爱奇艺公司诉华多公司《盗墓笔记》著作权侵权案❸	广州知识产权法院认为：第一，原告提供的网络平台的性质为带有直播功能的云存储平台，原告不具有监管的义务；第二，原告尽到了事前管理责任；第三，原告采取了删除措施，其处置措施并无失当之处；第四，原告并没有对涉案侵权直播进行推荐；第五，原告并没有获得经济利益；第六，原告作为技术服务提供者无法预见可能被侵权的内容或者侵权人可能会采取的侵权方式。综上，法院认定华多公司不承担侵权责任
【案例 6】乐视公司诉兰州大学信息网络传播权案❹	天津市第二中级人民法院认为，兰州大学对其用云存储技术搭建的云平台具有管理的责任，涉及的影视作品、传播范围已超过合理使用的范围。兰州大学应当对其用户发布的内容施以合理的注意，并进行适当地管理。因此，兰州大学应当承担民事责任
【案例 7】中青文文化传媒公司诉百度公司信息网络传播权案❺	北京市高级人民法院认为，云存储服务是否构成对著作权人的帮助侵权，应具备两个要件：（1）网络用户实施了未经著作权人许可提供作品的直接侵权行为；（2）该云存储服务提供者对云存储用户直接侵权行为具有明知或应知的过错，且未及时删除、屏蔽。认定云存储服务提供者对于网络用户利用其云存储实施的侵权行为是否应知，首先确定云存储服务提供者是否尽到了应尽的合理注意义务。云存储服务提供商应尽的注意义务应当以坚守诚信善意之人注意义务为基本标准，着重考虑云存储服务的特点，兼顾著作权人合法权益和网络行业健康发展

❶ 天津市第二中级人民法院（2017）津 0116 民初 1148 号。

❷ 杭州市中级人民法院（2017）浙 0192 民初 400 号。

❸ 广州知识产权法院（2017）粤 73 民终 2133 号。

❹ 天津市第二中级人民法院（2018）津 02 民终 2342 号。

❺ 北京市高级人民法院（2016）京民终 248 号。

（三）国际条约、美国间接侵权制度的借鉴

借鉴国际条约、他国立法以及司法实践的做法可以促进我国云存储著作权侵权规制制度的完善。一方面，我国的“信息网络传播权”规制的“提供行为”存在概念的模糊，通过探求 WCT 对“信息网络传播权”的立法原意以期能够清楚地界定“提供行为”的内涵和外延。另一方面，我国的“间接侵权制度”并不完善，通过借鉴美国的间接侵权制度，以期可以完善我国的“间接侵权制度”。

1. 探求 WCT 对“信息网络传播权”的立法原意

信息在云存储用户、云存储服务提供者的共同作用下获得传播的力量，在信息的网络传播过程中，云存储服务提供者有时并非遵循云存储用户的“本意”，而是从自己利益最大化的角度出发，将信息以非遵循云存储用户的“本意”的方式进行传播，这显然已非辅助行为，而是存在直接故意。正如将飞船发射至太空需要一级火箭、二级火箭的推动，在此基础上可能还需要加上“助推器”。一级火箭和二级火箭是独立的动力推动，这和“助推器”在整个发射过程所起到的作用并不一样。在研究“信息网络传播权”时，需要辨别类似“一级火箭”的提供行为和类似“助推器”帮助行为的不同。云存储服务提供者在信息传播过程中有时充当了“二级火箭”，而非“助推器”，这时应当认为云存储服务提供者的提供行为落入信息网络传播权的规制范围，云存储服务提供者应当承担直接侵权责任。

参照 WCT 第 8 条的后半句，《著作权法》第 10 条第 12 项规定了“信息网络传播权”。WCT 第 8 条的后半句为涉及“向公众传播的权利”的条款，即作者应当享有专有权，以授权将作品以有线或者无线的方式向公众传播，包括将作品向公众提供，使公众中的成员在其个人选定的时间可以获取这些作品。[1]由此可知，WCT 第 8 条的后半句为涉及“向公众传

[1] WIPO. Guide to the Copyright and Related Rights Treaties Administered by WIPO and Glossary of Copyright and Related Rights Terms [Z]. 2004: 211.

播的权利”的条款大致对应于我国《著作权法》规定的“信息网络传播权”和“广播权”，其保护范围却更广。WCT 第 8 条的后半句就如同大伞一般，将控制“交互式”网络传播行为的各种不同规定概括其中。WCT 第 8 条的后半句的规定源自《关于提交外交会议讨论有关文学艺术作品保护若干问题的条约实质性条款的基础提案》第 10 条（以下简称《提案》），❶ 该条款在传播前面加上“任何”，意在突出“向公众提供”的广度，作品的传播涉及一系列的传输行为，在传播过程中的任何一个环节，一旦构成将所存储的作品向公众提供，即属于“向公众提供”。WCT 第 8 条的后半句规定的“向公众传播的权利”控制的“向公众提供”的广度不仅包括初次提供，还包括“二次提供”。欧盟在相关立法中对 WCT 第 8 条的后半句做出了解释，指出“向公众传播”的含义是通过非发行作品有形复制品之外的任何方式或过程将作品向公众提供……向公众提供行为会涉及一系列传播行为以及复制，❷ 这和《提案》中的观点是一致的。

2. 借鉴柔性的美国间接侵权制度

我国的“间接侵权”制度很大程度上借鉴了美国的相关制度，这从一定程度上解决了部分网络著作权侵权问题。在探讨云存储著作权侵权问题时，我们也应当借鉴美国的“间接侵权”制度，以期在完善我国间接侵权制度的基础上更好地规制云存储相关著作权侵权问题。良好的制度应当如一把量尺，可以精确地测算出法律精确的范围，而这需要对推动制度产生的判例进行研究。❸ 美国的间接侵权制度将间接侵权分为辅助侵权、替代侵权以及引诱侵权，这犹如量尺上的三个刻度，对应着不同间接侵权模式，也对应着不同的主观状态。由于美国是判例法国家，新的判例可以

---

❶ 《提案》第 10 条第 14 款规定，“向公众传播”的含义是指“通过非发行作品有形复制品之外的任何方式或过程将作品向公众提供或者过程向公众提供，这包括通过有线和无线的方式……”。

❷ Commission of the European Community. Proposal for European Parliament and Council Directive on the Harmonization of certain Aspects of Copyright and Related Rights in the Information society [Z]. COM (97) 628final: 19.

❸ Oliver Wendell Holmes Jr. The path of law [J]. Harvard Law Review, 1997, 110 (5).

上升为法律，使得美国的间接侵权制度充满柔性。这犹如在量尺的三个刻度之间填补了诸多小的刻度，从而使得美国间接侵权制度可以得到更好的适用。我国的间接侵权制度将间接侵权分为帮助型共同侵权和教唆型共同侵权，并且立法时并没有做严格的区分，司法实践中也多被机械地适用。显然，我国现行的间接侵权制度需要借鉴美国的相关制度，这也是云存储相关著作权侵权问题得到更好规制的基础。

辅助侵权（Contributory Infringement），又称帮助侵权，可追溯至1971年Gershwin Publishing Corp的判决："在主观上'知道'的前提下，行为人存在引诱引发或者实质性帮助他人的侵权行为，承担辅助侵权责任。"该判例只是笼统地认为辅助侵权的构成要件为行为人的主观故意和引诱引发或者实质性帮助了他人的侵权行为。1984年美国联邦最高法院Sony案的判决推出了"实质非侵权理论"。该理论认为，当一种具有非实质性侵权用途的产品或服务用于侵权时，不能以产品或服务用于侵权而推定行为人存在主观过错。Sony案正是发生于那一时代，信息存储和传播技术的革新给版权法制度带来了冲击，一方面著作权人希望著作权专有权能够为其作品提供广泛的保护，另一方面相关企业运用新的技术创新对版权法制度进行试探，因而有必要思考借鉴，随着云存储的发展，我国的相关制度需要做适当的调整。在Napster案❶中，Napster公司为用户提供的服务同样具有实质非侵权用户，但法院认为Napster公司设置了大型的中央服务器，对用户的侵权行为可控制，最终被认定为需要承担辅助侵权责任。

替代侵权（Vicarious Infringement）最早出现于1963年的Shapiro案❷，该案中提出了认定替代侵权的两个要素：（1）控制要件，替代侵权者有能力制止侵权行为；（2）获利要件，替代侵权人从他人的侵权行为中获得了经济上的利益。在Napster案中，美国联邦第九巡回法院认为Napster公司构成替代侵权，正是对这两个要素的考量。显然，辅助侵权

❶ A&M Records, Inc. v. Napster, Inc., 239F. 3d 1004, 2001.

❷ Shapiro, Bernstein and Co. v. H. L. Green Co., 316F. 2d304 (2d Cir. 1963).

认定的条件较替代侵权更加苛刻，辅助侵权需要行为人提供实质的侵权帮助行为，而替代侵权则要求行为对侵权行为具有管理和控制的能力。美国1998年的《数字千年版权法》（DMCA）在第512条将替代侵权的两个标准囊括进了“避风港”制度。我国并未引入替代侵权的概念，但是将替代侵权的认定标准吸收进了《信息网络传播权司法解释》第9条第（1）项和第11条，并且对“直接获取经济利益”标准做了限制。

Napster案后，分布式文件检索技术应运而生，其可以使用户获得分享交流侵权作品的同时，又能够让网络服务提供者规避帮助侵权和替代侵权责任。为应对新的问题，引诱侵权（Inducing Infringement）得以在Grokster案[1]中建立。依据美国联邦最高法院的观点，引诱侵权是指生产者或者销售者在提供产品和服务时，存在清楚的意思表示或其他的积极行为表明其促进侵犯版权目的，应当承担引诱侵权责任。美国联邦最高法院提出了证明引诱侵权的三个要件：（1）存在促进侵权的主观意图；（2）提供具有侵权用途的产品；（3）产品的使用者构成直接侵权。关于行为人的主观要件，美国联邦最高法院也提出了三点需要考量的因素：（1）网络服务提供者对具有侵权意图的产品进行推广；（2）服务商没有对具有侵权用途的行为进行过滤；（3）网络服务商的商业模式本身依赖大量的侵权行为。引诱侵权理论是独立于帮助侵权和替代侵权的新理论，该理论使得技术进步和著作权人的利益间的矛盾得到了缓和，法院也没有必要通过扩张辅助侵权和替代侵权理论来认定相关行为人的责任。我国借鉴了美国的“引诱侵权”制度，在《信息传播权司法解释》中规定了“教唆侵权”，并在《信息传播权司法解释》第7条对诱导、鼓励行为的方式作出了列举规定，包括言语、推介技术支持、奖励积分等。该条显然只是我国司法实践的简单总结，和美国的间接侵权制度相比显得过于粗糙。

---

[1] MGM Studios，Inc. v. Grokster，Ltd.U. S. 913. 2005.

四、我国云存储平台规制中存在的问题

（一）对云存储平台缺乏准确的法律定位

如前文所述，我国司法实践中往往将云存储平台归入信息存储空间，认为云存储平台主要是为网络用户上传的内容提供存储空间，从而适用《信息网络传播权司法解释》的相关规定。这样的认识并不准确，云存储平台具有存储用户上传信息的功能，并可以为用户提供相应的下载服务。从这个角度看，云存储和传统的网络存储平台的功能是一致的。

然而，云存储平台具有传递、分享功能，并且云存储平台的复制和传播的效率得到了空前的提高，这使得云存储平台有能力自发地根据用户的需求将侵害著作权的文件充斥整个云存储平台。云存储平台的复制和传播效率的变化已经并非简单的量上的变化，而是引发了质变。云存储仿佛提供了一个虚化的“中央服务器”，这一虚化的中央服务器与所有云存储用户的个人存储空间相连。由于云存储平台的开放性，云存储平台与其他的搜索平台、社交平台具有极其良好的兼容性。正是由于云存储平台存在无数复制件，使得侵害著作权文件的删除变得难上加难。

毫无疑问，云存储平台不同于传统的网络存储平台，不能够简单地用传统的网络著作权侵权理论解决云存储下的著作权侵权问题。

（二）缺乏对云存储平台中“二次提供”行为的认识

前文已述，参照 WCT 第 8 条的后半句，《著作权法》第 10 条第（12）项规定了“信息网络传播”，而依据《提案》第 10 条第 14 款和欧盟对 WCT 第 8 条的后半句的解读，可以看出信息网络传播的提供行为包括“初始提供”和“二次提供”。这符合法律的逻辑。许多情况下，初始提供者的能量终究有限，如果把严重的侵权后果全部归结于他显然是不公平的。

云存储平台的许多用户将侵害著作权的文件上传至“云端”，往往只是为了个人日后的“合理使用”，或者供朋友间交流使用，或许并没有将侵害著作权文件分享给他人的目的。2016 年，百度公司也标榜自己专注

于个人网盘服务，即个人信息的备份、存储、下载服务。但是信息上传至“云端”缺乏有效而合理的规制，侵害著作权信息很快在云存储空间扩散开来。许多用户的本意只是将文件上传至个人存储空间，或者上传至自己的“圈子”（只有相识的朋友可见），而云存储平台将用户上传的侵害著作权的文件上传至个人存储空间的同时，也将侵害著作权的文件带至“云端”。笔者试举一例说明，有考生C将准考证上传至云存储，可以合理地推测这位考生C并不想让自己的准考证泄露到“云端”，只是想让该准考证保存到个人的存储空间。然而笔者通过盘搜，可以轻松地搜索到这位考生的准考证pdf版，如图1所示。该例至少说明关于将信息上传至“云端”，云存储平台和用户间并不一定达成了合意。从某种程度上讲，许多用户不了解云存储的功能，听信云存储平台的宣传所言，将侵害著作权的文件上传至他们认为的“个人存储”空间，却被云存储平台“二次提供”给了其他用户，也正是因为云存储平台的“二次提供”行为，云存储平台的著作权侵权变得更加严重。

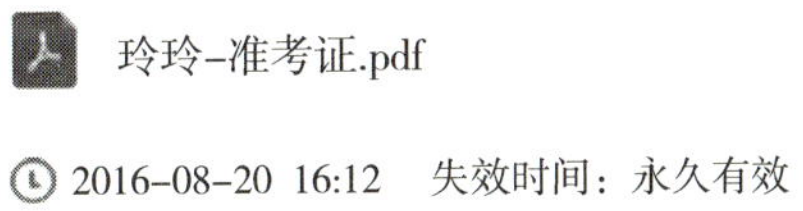

图1 玲玲-准考证链接图例

（三）间接侵权制度本土化的局限性

1. 我国间接侵权立法的严重滞后性

法律本身就具有滞后性，而间接侵权制度规制的对象是瞬息万变的网络，我国间接侵权的相关立法，如《侵权责任法》《信息网络传播条例》《信息网络传播权司法解释》立法之时考虑了当时的网络著作权侵权问题，却无法预料若干年后的技术发展，更无法预料技术发展对著作权保护的冲击。我国法院往往依据《信息网络传播权司法解释》分析涉及云存储平台的案件，无异于以旧标准来考量不断迅猛发展的新事物。

从辅助侵权、“Sony规则”到替代侵权，再到后来的“引诱侵权”，美国根据科技的发展不断调整间接侵权制度。随着对云存储平台极高的复制、传播效率、大容量以及还原度高等特点的认识，美国法院将审查的重点放在了 DMCA 第 512 条（a）款[1]，云存储服务提供者是否阻止了直接侵权人重复侵权的行为，是否采取了合理的措施，这和以往的审查重点并不相同。在此之前，针对云存储平台，美国的法院会依据 DMCA 第 512 条规定的“避风港规则”重点审查以下三项：（1）云存储平台服务提供者是否在主观上明知或者应知侵权行为；（2）云存储平台服务提供者是否从其有能力监管或控制的侵权行为中直接获得经济利益；（3）云存储平台服务提供者在收到被侵权人的通知后是否及时移除侵权内容。在 Veoh 案中，Veoh 公司让用户使用新 e-mail 地址注册登录，即被认为是采取了“合理的措施”，可以适用“避风港规则”。在 2018 年 Cox 案[2]中，法院的审查明显变得更加严格化，Cox 的具体案情和法院观点如表 6 所示。

表 6　Cox 案的案情和法院观点

案件	案　情	法院观点
Cox 案	2018 年，美国联邦第四巡回法院审理了 BMG（版权拥有者）诉 Cox（云存储平台服务提供者）著作权纠纷案，用户利用 Cox 提供的云存储平台共享并下载 BMG 公司享有版权的音乐文件，BMG 认为 Cox 应当承担侵权责任，而 Cox 公司则以实施了“重复侵权人政策”，如暂时性地停止服务、向云存储用户发送警告、点击选择包含警告字样的选项等“合理措施”进行抗辩	美国联邦第四巡回法院认为，Cox 从未真实而有效地主动冻结或封停用户的账户，被关闭的账户一段时间后又被重新激活，Cox 从“不关停用户账户”的行为中直接获得了可观的经济收益，Cox 忽略了数以百计的侵权通知，而这些通知可以帮助其更好监控侵权用户，因而认为 Cox 公司未实施合理的注意义务，不适用“避风港规则”

[1] Robert P. Merges. Intellectual Property in the New Technological Age [M]. 4th ed.New York: Aspen Publishers, 2006: 814-816.

[2] Stanford University Libraries. BMG Rights Management v. Cox Communications [Z/OL]. [2020-02-26]. https: //fairuse. stanford. edu/case/bmg-rights-management-v-cox-communications/.

美国的间接侵权制度的发展有其内在的逻辑，2018 年 Cox 案说明美国又根据技术发展对间接侵权制度以填补判例的方式做出新的调整。我国最高人民法院也借鉴了英美法系的做法编撰指导性案例，然而指导性案例的效力和美国判例效力不可同日而语，我国只能通过立法或者修改法律的方式对间接侵权制度做调整，这是我国的间接侵权立法严重滞后于技术发展的主要原因。我国作为大陆法系国家，不能机械地模仿或照搬英美法系国家的经验和教训，而是应当探究有益于经济效率提升的利益平衡机制，使我国间接侵权制度在司法实践中的适用更加标准化、确定化。

2. 认定间接侵权的复杂性

美国法院在认定间接侵权时，会综合考虑诸多的因素，这是美国司法实践的传统，如前文所述，美国联邦最高法院对引诱侵权的成立和主观要件的认定分别提出了需要考量的因素。在《文件分享已经不存在！文件分享永垂不朽!》一文中，作者整理了美国法院认定云存储服务提供商间接责任的重要考虑因素，如表 7 所示。

表 7　云存储服务提供者承担间接责任的案件对比❶

案件	商业模式	是否适用“避风港规则”	侵权内容所占的比重	主观过错的标准
Veoh 案	包含大量宽泛的内容，没有追求利润	是	5%~10%	明确知道具体侵权的内容，但是没有主动调查的义务
Youtube 案	侵权内容能够带来大量的访问量和广告收益	是	一小部分	明确知道特定的侵权内容，概括性的知道是不足以判断主观过错的，且被告及时删除了侵权通知中的内容条目
Rapid Share 案	奖励制度会鼓励侵权	否	大多属于合法使用	明确知道侵权内容，被告努力删除了原告未充分通知中的内容

❶ Christian E. Mammen. File Sharing is Dead! Long Live File Sharing! Recent Developments in the law of Secondary Liability for Copyright Infringement [J]. Hastings Communications and Entertainment Law Journ, 2011, 33 (3).

续表

案件	商业模式	是否适用“避风港规则”	侵权内容所占的比重	主观过错的标准
Lime Wire 案	侵权内容带来了网站访问量	否	93%	明确知道用户的侵权行为
Fung 案	明确指向侵权内容的传播	否	90%～95%	大体知道侵权内容的存在构成主观过错

技术的发展是迅猛的，从事相关技术领域的技术人员，甚至专家学者都无法把握技术的本质。以云计算技术为例，起初相关领域的技术专家认为该技术只是炒作，因为云计算仅仅提供一项方案将若干网络技术组合在一起，以达到整合计算机资源大幅提高服务质量和效率的目的，然而这一组合产生了意想不到技术效果，引发了网络的革新。可见技术的本质不容易把握，法院如果只是机械地使用归入法、关系比较分析法，依据严重滞后的法条分析云存储著作权保护的相关案件，必然导致云存储著作权保护出现问题。

（四）权利人陷入维权的困境

司法实践中，直接侵权的认定并无争议，而对于间接侵权的认定则存在较大的争议，法院对间接侵权尤其是间接侵权主观要件的认定并没有统一的标准。权利人选择起诉云存储往往有败诉的风险。在陈某诉百度公司著作权权属、侵权纠纷案❶中，法院认为涉案图书由网络用户在百度知道中提问后，由网络用户进行回答，在答案中附有链接地址，点击进入用户网盘账号可下载涉案图书，百度网盘为信息存储空间服务，在收到正式通知书之前，百度公司不可能“明知”或“应知”。本案中，陈某未发送过有效的通知，而百度公司在知悉后已经进行了处理，涉案图书的传播已经停止。同时，百度公司并未针对涉案图书的传播收费，未从涉案图书的传播中获得直接经济利益。综上，百度公司对涉案

❶ 北京知识产权法院（2017）京73民终2038号。

侵权行为不存在主观过错，因而法院认为百度公司不构成侵权。云存储中著作权人的权利得不到合理、有效的保护，侵权图书依然存在于云存储空间，笔者于2018年8月30日通过盘搜可以轻松地搜索到涉案图书《八〇后作家访谈录》，如图2所示。判决书中对涉案图书的传播已经停止的事实认定是错误的，这也从一侧面反映了我国司法实践对“云存储平台”的认识不足。

图2 《八〇后作家访谈录》链接图例

许多著作权人基于对我国司法现状的认识，苦心寻找直接侵权者起诉，其维权效果并不显著。案例8中（见表8），华图公司未起诉云存储服务提供者，而是选择起诉直接侵权人，权利人获赔112 230元。其实，侵权问题远没有得到解决，一则被告作为一个淘宝店主，根本无能力赔偿巨额的赔款，二则相关侵权视频仍然在存储空间泛滥成灾。无独有偶，案例9（见表8）中，新东方公司未起诉云存储服务提供者，而是选择起诉直接侵权人以及网络服务者天猫公司，权利人获得赔偿8500元。事实上，权利人赢得了诉讼，却只得到了微薄的赔偿，而相关侵权作品在云存储空间仍然广泛存在。云存储下的资源链接和传统的资源链接不同，删除、屏蔽等传统的内容过滤技术无法阻断其在云存储空间传播。通过盘搜、盘搜搜等云盘专属的搜索引擎，搜索到的华图案涉案相关视频资源链接约达2000条，新东方案涉案视频资源链接约达767条。因此，著作权人往往陷入维权的困境。

表 8　华图案和新东方案简析

【案例 8】华图诉联众公司著作权权属、侵权纠纷案❶（简称“华图案”）	华图公司录制授课视频，并通过华图网校的网站有偿提供给学员观看。联众公司在天猫商城经营的“自然网服旗舰店”，未经著作权人许可以极低的价格（商品平均售价 30 元）利用百度云存储向用户销售华图公司享有权利的授课视频。法院认为，联众公司未经许可，擅自将涉案录像制品在信息网络中传播，使得公众可以在其个人选定的时间和地点观看。联众公司侵害了华图公司享有的信息网络传播权，依法应当承担停止侵害和赔偿损失的民事责任
【案例 9】新东方诉皖枫林公司侵害作品信息网络传播权纠纷案❷（简称“新东方案”）	皖枫林公司在“天猫”平台开设皖枫林图书专营店，其利用百度云存储将新东方享有著作权的教学视频、音频、电子文书等资料赠送给买家，截至 2015 年 9 月 25 日已赠出约 4140 套侵权资料，给新东方公司造成巨大的损失。一审法院认为，皖枫林公司通过向买家提供百度网盘链接及密码的方式，使买家能够在其个人选定的时间和地点免费下载获得上述资料，侵犯了新东方公司享有的信息网络传播权，应承担赔偿损失的民事责任

五、云存储平台侵权问题的解决路径

探求云存储平台侵权问题的解决路径，必须认识到除了法律规制着云存储平台的同时，网络代码、习俗、市场等约束也在同时规制着云存储平台。威廉·米歇尔认为：“架构、法律和习俗维持和代表着任何（在现实空间）破坏的平衡，在我们构筑网络社区并居住其中的时候，我们必须建立和保持类似的平衡，尽管这些平衡会被嵌入软件结构和电子接入控制之中，而并非架构安排之中。”❸ 现实世界受到架构的规制，而在网络空间代码取代了架构，代码在规制网络空间、云存储平台中起到了重要的作用。甚至有些文章认为，法律的种种作用只是类似于“外部调养”，而真正可以从内部进行解决的方式还是优化代码。王利明指出，互联网领域技术和应用的涉及范围过于广泛，互联网本质是一种信息技术资源，因而网

---

❶ 杭州市余杭区人民法院（2016）浙 0110 民初 468 号。

❷ 北京知识产权法院（2017）京 73 民终 983 号。

❸ William J. Mitchell. City of Bits: Space, Place, and the Infobahn [M]. Cambridge: MIT Press, 1996: 79.

络空间的规制需要借助服务公约、服务协议、自治规制、技术规制、法律立法等手段共同调整。[1] 笔者认为，处理云存储平台侵权问题需要从技术层面、法律层面、商业模式三个层面入手。

（一）技术层面

1. 优化代码规制“文件分享”

云存储平台的用户可以分为企业用户和普通用户（事实上，某些云存储服务提供者，如有道云笔记已经采取了这样的分类）。普通用户又可分为著作权人和一般普通用户。企业以盈利为目的，且如果企业从事了著作权侵权行为，无论其规模大小，权利人都较容易维权，华图案和新东方案都说明了这一点，因而对于企业用户的分享功能不应当限制。对于著作权人，显然不应当限制其分享功能，而对于一般普通用户，其上传文件的本意一般认为是为了个人日常备份、在朋友的圈子中分享交流，并无向云存储其他陌生用户分享文件的意图，因而应当限制一般普通用户的文件分享功能。一般普通用户的“圈子”不大可能超过 1000 人，故而对于普通用户的“文件分享”应当限制在 1000 人以内，针对有特别需求的用户应当让其向云存储服务提供者提出申请。将用户分类，且在服务协议中植入新的架构可以有效地优化代码，规制“文件分享”，同时这也可作为著作权侵权之诉发生之时认定责任的基础。

云存储具有分享的功能是云存储空间著作权侵权问题泛滥成灾的一个重要原因，因此通过优化代码的方式规制云存储平台的文件分享功能势在必行。通过在网络服务协议中植入新的架构，可以实现对“文件分享”的规制。互联网是建立在一个 TCP/IP 技术相关协议组之上的系统携带一串数据（比如一个文件），然后将它装入数据包，标记上数据包的发送地和接收地，这些地址被称为 IP 地址。换言之，只要标记了 IP 地址，数据包随即被发送，为了达到规制“文件分享”的目的，一些新的架构完全

[1] 王利明．论互联网立法的重点问题［J］．法律科学（西北政法大学学报），2016（5）：110-117.

可以被植入 TCP/CP 协议之上。

2. 内容过滤技术

内容过滤技术广泛地应用于网络中的版权保护，W3C 早在 1995 年就曾提出因特网内容过滤技术的标准。❶ 美国法院在认定间接侵权时常将行为人是否采取了过滤措施作为行为人主观上是否存在过错的考量因素。在 Napster 案❷和 Grokster 案❸中，法院审查了 Napster 公司和 Grokster 公司是否具有事先采取有效方法降低该软件用于侵权用途的可能性，即两家公司是否进行了人工审查并采取内容过滤技术。而被侵权人寻求司法救济时，内容过滤技术也是网络空间中停止著作权侵权的有效且必不可少的技术方式。因此，内容过滤技术实则贯穿网络著作权保护的全过程，对云存储相关著作权的保护也必不可少。

我国《信息网络传播权司法解释》第 7 条和第 13 条分别将行为人未采取删除、屏蔽、断开链接等必要措施（内容过滤措施）作为认定帮助侵权和间接侵权主观要件的考量因素。我国于 2018 年 7 月 16 日展开的“剑网 2018”专项整治活动，其保护版权的主要手段也正是通过内容过滤技术。内容过滤技术虽然应用广泛，但也存在应用范围上的限制。内容过滤技术势必要对用户的文件进行审查，这很可能侵犯公民的个人信息权益以及其他民事权益。因此，除了对于内容明显违法或者诸如《信息网络传播权司法解释》第 12 条规定的热播影视作品等内容明显侵权的一类作品采取事前的内容过滤技术，对于不能明显判断的可能违法或者侵权的文件不能轻易使用内容过滤技术。

对于云存储空间，内容过滤技术往往存在“失灵”的危机。信息上传至云端，可能会被无限复制，且以极高的速度传播，故而云端存在无数的文件备份，而且文件的存储状态是动态的，不能轻易被捕捉到的。故而

---

❶ 章燕翼．现代电信名词术语解释［M］．2 版．北京：人民邮电出版社，2009：81.

❷ A&M Records，Inc. v. Napster，Inc.，239F. 3d 1004，2001.

❸ MGM Studios，Inc. v. Grokster，Ltd. U. S. 913. 2005.

以智能分析法为基础的内容过滤技术在云存储空间对著作权保护的作用降低了，但内容过滤技术仍然是云存储下著作权保护的常见方法。内容过滤技术好比警察，而侵权文件好比盗贼，由于在云存储空间，盗贼拥有了闪电般的奔跑能力，而使得这位警察显得一筹莫展。不过可以预想在不久的将来，可以深度学习的人工智能技术被融合至内容过滤技术中，内容过滤技术的准确率、过滤效率得到极大提高，必能够在云存储空间著作权保护领域起到很好的作用。当下，内容过滤技术应当与标记侵害著作权文件的优化算法、人工审查相结合，从而提高发现、跟踪侵权文件的效率，这必将有利于云存储下著作权的保护。

3. 技术规制在百度网盘中的具体应用

在百度网盘的运营中，百度公司采取低调的策略，表面上看为云存储著作权的保护采取了许多技术手段。实际上，在这样一个“流量为王”的时代，如果有云存储服务提供者愿意彻底运用技术手段规制云存储中的侵权资源，也就意味着云存储服务提供者放弃巨大的客户流量和巨大的客户流量带来的丰厚利润。百度公司首先在网盘资源的下载页显著位置设有举报链接（见图3），百度客服会根据举报通知及时做出回应，采取“内容过滤技术”对举报的资源进行屏蔽，百度用户的客户端中显示该资源侵害著作权，已经被删除。与此同时，百度公司对网盘用户的分享做了一些限制，当云盘用户点击其他陌生的网盘用户的分享页面时，已经无法看到该模式网盘用户的分享资源列表，可是百度公司采取了隐蔽的做法，网盘用户只要点击关注陌生的其他网盘用户，在网盘网页更多菜单的下拉菜单“分享动态”便可以看到其他用户分享的资源。

值得关注的是，百度网盘中的资源存储采取的是并联存储方式，和传统的网络信息存储空间不同，网盘中的文件并不会因为原始文件的删除、原始链接的删除或者某一个复制件的删除而丧失分享功能。如此看来，百度公司采取的技术规制大多流于表面。

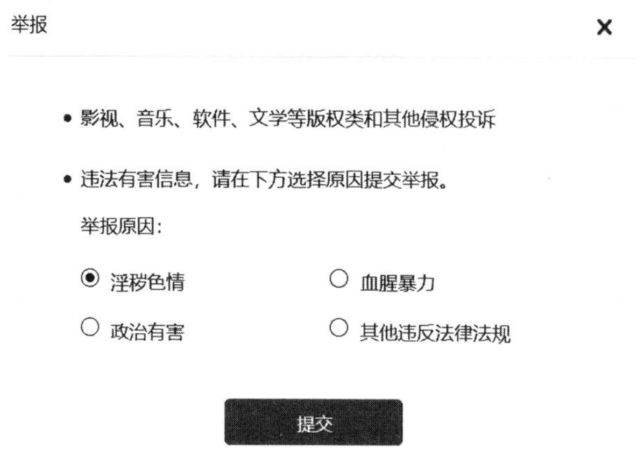

图3　百度网盘中的举报链接图例

（二）法律层面

1. “二次提供行为”纳入信息网络传播行为

本文认为，为更好地规制云存储相关著作权侵权问题，信息网络传播权规制的信息网传播行为应当包括“初次提供行为”和“二次提供行为”。“二次提供行为”区别于“辅助行为”，应当属于信息网络传播权规制的“提供行为”范畴，而侵害信息网络传播权这一专有权的行为构成直接侵权，无须考虑行为的主观过错。提供辅助行为，如果行为人主观上有过错的，应当构成间接侵权。支持实质呈现的学者也认为，认定“提供作品行为”的“服务器标准”太过僵化，“用户感知标准”又太过主观，应当采用“实质呈现标准”将信息网络传播权规制的行为分为原始的作品提供行为以及作品展示行为。[1] 该观点中所提出的“作品展示行为”一定程度上相当于“二次提供行为”，进一步分析可知，“二次提供行为”概念的外延大于“作品展示行为”，因此，本文认为应当将“二次提供行为”纳入信息网络传播行为且包含“作品展示行为”。

---

[1] 崔国斌．得形忘意的服务器标准［J］．知识产权，2016（8）：7.

以张金平对“二次提供行为”的观点为基础，[1] 笔者认为，二次提供行为是指初始提供作品的行为发生之后，作品中间接收者以自己的名义将作品向公众提供的行为。二次提供行为的构成要件为：(1) 行为在提供作品的路径上已经采取了必要的措施，且采取措施后的效果为初始提供者无法预料的；(2) 作品中间接收者以自己的名义将作品再次发出；(3) 结果上进入了根据作品性质、足以满足公众之合理需求的状态。显而易见，“二次提供行为”区别于“辅助行为”。

2. 完善间接侵权制度

本文认为，帮助侵权、引诱侵权和替代侵权犹如量尺上三个刻度，对应于不同间接侵权模式，对应着不同的主观状态，而其他的相关因素犹如在量尺的三个刻度之间诸多小的刻度（例如商业模式）。唯有完善的间接侵权制度，方能精确评价云存储相关著作权侵权问题，从而认定云存储服务提供者的责任。应当进一步完善《信息网络传播条例》《信息网络传播权司法解释》涉及间接侵权的相关规定，在日后《著作权法》修订时增加独立的章节规定“间接侵权制度”，对其归责原则、构成要件、责任的承担、责任的限制以及免责等作出明确而系统的规定，进一步在《民法典》中规定“间接侵权制度”。

(1) 完善辅助侵权和教唆侵权的主观要件。

帮助侵权的行为人主观态度上具有帮助的故意，主观要件明确规定为“明知”和“应知”，行为人对其所实施的实质性帮助行为应当有一个概括认识，并且有帮助的意图。同时，《著作权法》修订时应当细化“明知”和“应知”的标准。

教唆侵权存在教唆行为（如散布设备的行为），其主观上具有对教唆行为的认识和教唆的意图（如推广设备侵权功能的意图），其中教唆意图在认定教唆侵权中极为重要。具体地，教唆意图应当表现为“明确表示”

---

[1] 张金平．信息网络传播权中“向公众提供”的内涵［J］．清华法学，2018（2）：125-143.

或者“采取积极步骤”等体现出“可归责性”和“目的性”的意思表示。如何认定行为人采取了积极步骤，进而认定教唆意图存在困难。本文认为可以参考美国联邦最高法院审理 Grokster 案[1]时提出的观点，“未采取过滤措施”和“商业模式的侵权的依赖性”作为认定教唆意图的佐证。[2]

（2）引入替代侵权制度。

在完善辅助侵权和教唆侵权制度的基础上，应当引入替代侵权制度。替代侵权制度是独立于辅助侵权和教唆侵权制度之外的对行为人施加更加严厉责任的制度，认定要件是获利要件和控制要件，并未要求行为人的主观要件，但是从美国审理相关替代侵权的案件中可以看出，法院对直接经济利益的认定方式隐隐包含对行为人非法意图的判定。替代侵权制度是从合理分配风险承担和提高侵权预防效率的角度出发而设立的，如果网络服务提供者的经营活动不合理增加了他人的财产风险，因此将侵权成本转移到经营者身上，将由网络服务提供者承担侵权责任。随着技术的迅猛发展，网络服务提供者对网络空间控制管理能力越来越强，云存储服务提供者对云存储空间的控制也非传统网络环境可比，引入替代侵权正是时代的需要、技术发展的必然。明确地规定替代侵权制度也有利于厘清辅助侵权和教唆侵权的构成要件。当然替代侵权责任可能与我国侵权法体系中的“用人单位责任”（雇主责任）相混淆，因此立法时有必要将两个名称、概念、构成要件作出区分。

司法实践中认定替代责任时，应当以行为人具有监控能力、控制管理能力为起点，然而法院在认定行为人有无监控能力、控制管理能力时，实行举证责任倒置，一则因为网络技术、云存储技术的复杂性、专业性；二则因为让著作权人举证并不现实。最后，在认定行为人是否“直接获得

---

[1] MGM Studios，Inc. v. Grokster，Ltd. U. S. 913. 2005.

[2] 关于引诱侵权人的主观要件，美国联邦最高法院提出了三点需要考量的因素：（1）网络服务提供者对具有侵权意图的产品进行推广；（2）服务商没有对具有侵权用途的行为进行过滤；（3）网络服务商的商业模式本身依赖于大量的侵权行为。

经济利益”时，可以采取列举的方式和原则规定相结合的立法方式。[1]

3. 明确云存储服务提供者责任

云存储对著作权的冲击，不止在于极高的复制和传播效率，更重要的是云存储将网络用户以隐蔽的方式、高效的方式连接起来，实现资源的高速分享。在我国的司法实践中，云存储服务往往被认定为技术中立，加之云存储服务提供者的经营越来越低调，因而鲜有云存储服务提供者被追究责任的情形。

结合前文的分析，如果云存储服务提供者的网络服务行为符合“二次提供行为”的构成要件，则侵害了信息网络传播权，无须考虑其主观责任，构成直接侵权。如果云存储服务提供者的行为只是辅助行为、教唆行为，落入帮助、教唆侵权规制的保护范围，则应当承担间接侵权责任。我国司法实践中认为应当依据侵权法理论，认定帮助、教唆侵权的行为人和网络用户承担共同侵权责任。甚至有些法院在认定帮助、教唆侵权时杂糅共同侵权的认定标准，将云存储服务提供者和用户存在分工合作作为认定间接侵权的前提条件。从《信息网络传播权司法解释》的表述来看，立法者也认为网络服务提供者（云存储服务提供者）和用户应当承担共同侵权的连带责任。

依张新宝教授的观点，补充责任制度既可以填补受害人的损害，又可以通过求偿顺位限制被侵权人的求偿选择权利，同时服务补充责任者对直接责任人的追偿权，较好地平衡了各方的利益，体现了公平原则。[2] 间接侵权责任不同于共同侵权责任，其是应对网络迅猛发展的特殊产物，应当根据激励理论、利益平衡要求综合考量教唆、帮助侵权者以及替代侵权者的责任，认定网络服务提供者和用户都承担连带责任是片面的，也不利于互联网长期发展。可以规定教唆侵权者和帮助侵权者承担补充责任，替代侵权者承担连带责任。

---

[1] 杨善勇．网络版权间接侵权民事责任研究［D］．开封：河南大学，2011：25.

[2] 张新宝．我国侵权责任法中的补充责任［J］．法学杂志，2010（6）：3.

4. 规定惩罚性赔偿

我国《著作权法》(2010年修订)第49条规定了著作权侵权的赔偿标准，其中，第49条第1款规定了赔偿顺位：先按权利人的实际损失赔偿，难以计算实际损失的，按照侵权人的违法所得赔偿，侵权人违法所得难以计算的，由法院判决赔偿的数额。与此同时，第49条第2款规定了赔偿标准的上限不得超过50万元。如此看来，我国并未规定著作权侵权的惩罚性赔偿，而是遵循填平原则。在现今云存储中著作权侵权如此泛滥的情况下，应当规定惩罚性赔偿，同时50万元的赔偿上限显然存在问题。

在腾讯公司诉暴风公司《中国好声音(第三季)》信息网络传播权侵权案❶中，法院认为如果机械地依据《著作权法》第49条确定赔偿数额显然是不合理的，应当依据相关法律规定结合市场价值分析法确定赔偿数额，应当通过鼓励当事人举证及参照有关标准等多种方法尽力查明客观的市场价格。当客观的市场价格确实难以查明时，可以在释明的前提下，通过举证责任转移、妨碍举证等方法进行司法定价。在《奔跑吧兄弟(第三季)》作品信息网络传播权纠纷案❷中，法院通过对每个作品赔偿数额的逐一分析，认定被告应当赔偿495万元，使得案件的总赔偿数额远高于50万元的赔偿标准。由此可以看出，法院实际已经看出《著作权法》第49条规定赔偿标准的不合理之处。

综上所述，我国应当在《著作权法》中规定惩罚性赔偿，同时将我国《著作权法》第49条第2款规定的赔偿限额删除。《著作权法》(2020年修订)增加了惩罚性赔偿，并将法定赔偿额上限提至500万元。

(三) 商业模式

王利明教授在谈到互联网领域立法的重点问题时指出，互联网领域立

---

❶ 北京知识产权法院(2017)京73民终1263号。

❷ 杭州市互联网法院(2017)浙8601民初673号。

法应当充分发挥行业的自治能力。[1] 云存储的分享模式本身有着巨大的发展潜力，且已经引发了新一轮的分享浪潮。云存储对著作权制度的冲击不可不重视，却又不能片面采用法律和政府监管强制打压，这势必不利于技术的发展、我国科学文明的进步。理想的方法是让著作权人和技术方共同开发出合乎法律规制的商业模式，既让技术方可以在作品的分享传播中分一杯羹，又实现保护著作权的目的。

1. 探寻新的合作模式

所谓的新模式是深深扎根于现有的商业模式基础之上的，许多影视作品的权利人通过与视频聚合平台（如优酷视频、腾讯视频、乐视视频和爱奇艺视频）的合作实现双方的共赢。一方面影视作品的权利人通过著作权许可获得丰厚的利润，另一方面视频聚合平台也通过充值会员、广告收入实现盈利。与此同时，视频聚合平台可以实现影视作品著作权的集中管理，这有利于著作权的保护。事实上，现在的许多涉及影视作品著作权侵权的案件其原告都是视频聚合平台的提供者。这些视频聚合平台实际上也是将海量的视频存储于云存储，但只要其购买了作品的版权，就不太可能出现平台的著作权侵权问题。

笔者认为，应当扩大该模式的应用，云存储平台中的各类作品，如电子书作品、影视作品、类电作品等，都可以采取这种模式。在著作权人和云存储服务提供者合作的基础上，可以考虑数字版权管理系统、补偿金机制的引入。与此同时也应当对该模式进行必要的规制。优酷视频产生之初，其平台上存在侵权视频，究其原因是因为优酷视频允许用户无限制地上传视频。这必然会出现平台中的著作权侵权泛滥。之后优酷视频认识到该问题，限制了用户分享功能，并对用户分享的视频进行一定程度的审查，从而在保护著作权的同时实现了平台的营利，而有的平台通过云存储未经权利人的许可分享国外热播的影视作品，这显然是需要规制的。

---

[1] 王利明．论互联网立法的重点问题［J］．法律科学（西北政法大学学报），2016（5）：110-117.

2. 云存储平台分级运营模式

如前文所述，企业等法人组织运用云存储技术分享作品不应当被过度限制。如果企业等法人组织从事著作权侵权行为，权利人也较容易找到适格的被告，提起诉讼，而著作权人上传自己的作品就更不应该限制，唯有一般普通用户，应当限制其分享功能。如此，云存储平台针对不同的对象采取不同的运营模式进而达到兼顾著作权保护和自身营利的目的。

云存储平台可以将运营模式分为四级，第一级为云存储平台自营，即云存储平台自身利用云存储资源，建立相应的模块分享已购买版权的作品；第二级为企业等法人借用云存储平台分享作品，云存储平台应当尽合理的注意义务和一定的审查义务；第三级为著作权人，云存储平台无须审查，也无须限制著作权人的分享功能；第四级为一般普通用户，云存储平台需要对该级别用户的分享进行限制。因为探求一般普通用户的本意乃是为备份数据，将资源分享到“圈子”，所以无须给予一般普通用户太大的分享权限。

六、结　　语

相较于传统的网络空间，云存储模糊了中央服务器和分散式服务器之间的区别。云存储空间不但具有极高的复制、传播效率，将网络用户以隐蔽而高效的方式动态连接起来，实现资源的高速分享，而且采用“并联存储模式”，使得利用“内容过滤技术”删除云存储中的资源变得异常困难。云存储服务提供者可以从技术层面采用“内容过滤技术”与优化代码技术、人工审查相结合的方式推进云存储空间著作权的保护。同时，云存储服务提供者在商业模式层面应当探寻新的合作模式，采取云存储平台的分级运营模式，在兼顾著作权保护的基础上实现自身的营利。在法律层面上，应当将“二次提供行为”纳入信息网络传播行为，从而扩大信息网络传播权的保护范围，实现对云存储中“直接侵权”的规制。此外，我国云存储中的“间接侵权行为”得不到有效的规制，很大程度在于我国的间接侵权制度不完善，应当在我国《著作权法》中完整地规定间接侵权制度，而非以总结司法实践的方式将几种不同类型的间接侵权构成要件杂糅地规定在一起，且应当引入美国的“替代侵权”制度，这就犹如“宙斯盾”防御系统，既需要火炮，也需要导弹，完整的系统方能发挥良好的防御作用。此外，为更好地规制云存储中“间接侵权行为”，应当在《著作权法》中明确规定惩罚性赔偿制度。